産業革命と政府　国家の見える手

産業革命と政府

――国家の見える手――

L・マグヌソン著
玉 木 俊 明訳

知泉書館

Nation, State and the Industrial Revolution

The visible hand

by

Lars Magnusson

日本語版への序文

一九世紀のあいだに、世界経済史で通常「大いなる相違」とよばれる出来事が生じた。西欧と西欧から派生した地域で産業革命がテイクオフし、世界の他地域の多くは、少なくとも相対的には、経済的に遅れた状態に陥ったのである。多くの国々の多数の研究者が示してきたように、工業化は、西洋におけるＧＤＰの上昇を含意しただけではなく、アジア、中東、ラテンアメリカの多数の地域にとって、一九世紀の世界市場の登場は、程度の差はあれ、工業の停滞を意味した。その理由はむろんたくさんあり、外的・内的両方の要因がある。けれども、西洋の産業革命が世界にもたらした衝撃波を考慮に入れずして、格差がこのように広がっていったことを理解することはできない。所得と経済的繁栄の相違が広がったばかりか、大規模に機械生産が導入されたために、外見上多様な相違が生じることになった。したがって産業革命はまた、国々と大陸での権力の関係が相対的に変化することを含意する。西洋は軍事的・政治的にますます強力になった。植民地主義が強化されたことは、このような劇的な変化がもたらした帰結の一例にすぎない。

ある程度まで、西洋の産業革命は、一八世紀中葉から市場が拡大することで可能となった分業の増加――経済成長の「スミス的」な形態――の結果であった。ついで、「リカード的」な成長が生じ、石炭と蒸気をもちいた生産のために機械が利用されたのである。けれども、本書の主張は、工業化は、市場と新技術の影響によって「自然に生まれた」だけではなく、諸章の数多くの事例が提示するように、国家の権力によって支援されたために生じたということである。一九世紀初頭のナポレオン戦争後はとくに、政治家は、工業力が政治力と軍事力にたいしてもっていた潜在能力を認識していた。大艦隊をつくり、一定の秩序で兵士をすみやかに行軍させる可能性があると考えていたのだ。工業化が進むと、そのための資金が提供されるばかりか、人口増にも役立つ。権力を希求する地政学的な競争において、工業力こそ、勝者と敗者を分ける決定的要因となった。

日本語版への読者にたいして、本書はヨーロッパと、ある程度まではそこから派生した国であるアメリカ合衆国の産業革命を論じていると言わなければならない。しかし、本書での議論は、かなりの程度、世界の他地域にもあてはまる。このような意味で、本書が、われわれが現在生きている世界にたいする洞察を提示していることを望むばかりである。

二〇一一年九月　ウプサラ

ラース・マグヌソン

著者紹介

産業革命と近代的（国民）国家の創出は、一九世紀のヨーロッパで発生したもっとも重要な歴史的過程の二つである。国家などの統治集団が、一八世紀から、資本主義の市場社会の発展において、重要な役割を果たしてきた。だが、近代的な市場経済は、おおむね、市場と統治組織間の相互作用により生まれた。とはいえ、少なくとも、近代経済がどのように機能し作用するのかということにかんしてしばしば言われてきたのは、これとはまったく違うことである。政府の介入は少なければ少ないほど良い、といわれてきたのである。それよりはるかに頻繁に教えられてきたのは、近代的な資本主義市場経済は、「自由放任」が推進した一八世紀中葉の連合王国に起源を有する産業革命と、旧来の「統制経済政策」国家 *dirigiste* state による支配から徐々に開放されてきた自由市場の勝利の所産であるということであった。

それに対し、本書は、こう論じる。この時代と近代的な産業資本主義の台頭についてより良く理解するためには、さまざまな形態をもつ産業革命を、国家形成の政治的・制度的文脈、さらには近代的な国民国家の創出と関連づけることが必要である。マグヌソン教授は、近代的な資本主義市場経済確立にたいする国家と政府の統治の役割を認めないような歴史叙述は、本質的に欠陥があると主張する。

この新しいモノグラフで、著者は、近代的産業経済の基盤を創出し、その成長を刺激するために政府が介入した数多くの、かなり重要な方法を解明する。したがって、本書は、経済史、歴史、さらに社会科学全般を対象とする学生と研究者にとって興味深いものとなろう。

ラース・マグヌソンは、現在スウェーデン・ウプサラ大学経済史学部の教授兼学部長である。

はじめに

二〇〇八年九月、世界最強の金融機関の一つであるリーマンブラザーズが倒産し、グローバルな金融市場が根幹から揺さぶられた。世界中が異様な光景だと思って凝視したのは、同社の金融担当マネージャーと従業員がウォールストリートとロンドン中心部の瀟洒な屋敷を去り、職を失って通りへと歩いてく姿であった。また間違いなく、これは非常に珍しい出来事であった。資本主義国家が――この場合、アメリカ合衆国であるが――、一つの巨大な金融機関を閉ざすことを許可したのだ。遅くとも一九世紀中葉から、失敗した銀行やサブプライムの貸し手の物語には、別の結末があることにわれわれは慣れ親しんできた。少なくとも、いわゆる「実体経済」に大きな影響を与えるほどのものであれば、結末は違っていた。通常、このような組織は、国家の介入によって救済されてきた。国家は、多少なりとも熱狂的になり、最後の貸し手として乗り出すようになった。銀行と金融機関が壊滅的打撃を受けた結果は悲惨なものでありえたし、どのような政府も、受動的な傍観者でいるとすれば、政治的な自殺行為となったであろう。したがって、リーマンを救済しないという勇気ある決定の後、アメリカ合衆国政府は――それに多数の他国も続いたが――、方針を転換し、このような状況で通常おこなわれることを実行に移した。財政的支援を与え、市場を矯正するために介入したのである。市場が、適切に機能していたようには思われなかったからである。

一般に、政府と他の統治集団が、遅くとも一八世紀以来発展してきた種類の資本主義市場社会で重要な役割を果たしてきた。介入は、公然となされることもあったが、秘密裏におこなわれるほうが多かった。けれども、近代的市場経済は、おおむね、市場と統治の相互作用の産物である。それゆえこの二つは、同じコインの両面を示す。しかしわれわれは、少なくとも近代経済がどのように作用し、機能すべきかということについては、明らかにそれとは異なる話を聞かされることが多い。可能なかぎり、政府の介入を避けるべきだといわれてきたのである。それ以上に頻繁に耳にしてきたのは、近代資本主義市場経済は、産業革命による産物であり、それは自由放任が原動力となった一八世紀中葉の連合王国を起源とし、自由市場が勝利し、徐々に市場を旧来の統制経済政策国家の手から自由にしていったことを意味するということである。それゆえ、イングランドに起源があり、最小国家と市場を起動力とする成長がおこった。そのため、一九世紀のあいだに、ヨーロッパの多くの場所で産業経済が確立された。人によっては嘆かわしいと感じた理由のため、一九世紀末に保護主義が復活し、国家による介入が増えた。それゆえ、このような秩序は立ち行かなくなった。とはいえ、少なくとも熱烈な自由主義改革者のなかには、事態は、一九七〇年代以降あるべき姿に戻ったと感じたものもいた。新たな局面の規制緩和にふたたび突入したのである。それがまた、リーマンブラザーズの崩壊と、失敗を演じていた金融機関と企業に向けられた政府による一連の巨額の財政的支援のために、ふたたび停止した。これが、二〇〇八年九月以降に生じた劇的な出来事にたいする反応であった。

本書の目的は、基本的に近代的な資本主義市場経済の確立に対して国家と政府の統治の役割を認めないような歴史叙述には、どこか根本的に欠陥があると主張することにある。より限定するなら、ここでの議論は、政府の介入はまた、われわれが「産業革命」とよぶ、とくに一九世紀における一連の出来事において、重要な役割を果たしたということである。この時代のヨーロッパにおいて生じたもっとも確実なこととして、ある種の目的を遂行し、特定の目標を達成するために、国家が経済に介入したといいたいのである。古くからある数多くの規制と制度が、このような変化の過程で消滅したが、新しい制度とルールがつくられたのは、とりわけ、より強力で「近代的」になるための一つの手段として、国家が経済成長と産業の転換を支援する必要性があったからである。一九世紀のあいだにヨーロッパで生じた二つの変化の過程が看取できる。それは、産業革命と近代的でより効率的な（そしてまたときには国民）国家の興隆である。いくぶん不可解なことだが、ほとんどの歴史叙述において、二つの過程は、別々に扱われている。

この計画は、二〇〇五年にスウェーデン語で上梓された書物を単に翻訳するだけのつもりではじまった。そのタイトルは、『見える手 —— 国民・国家と工業化の構築』*Den synliga handen – Nation, stat och det industriella bygget* になる。しかし、たいていはそうなってしまうが、テキストを翻訳しようと格闘しているうちに、たくさんの新素材を加えたため、まったく異なる本になった。翻訳は、単に言葉を変えるだけの問題ではない。違う国民に対して書いていると、変化を必要とするのは単語だけではない。別の文脈に置き換えなければならないのだ。私を助け、少なくとも英文の何割かを正しくしてくれたソフィア・ムルヘム博士と、この計画をはじめるように励ましてくださったスウェーデン語版の出版社のトグニー・ヴァーデンシューにとくに感謝する。だが、私がもっとも恩義を感じているのは、学生諸君と、忍耐強く私の話を聞いてくれて、彼らよりたぶん少し年長であり、助言と論評をしてくれた、学問の世界に生きる人々である。（三〇年以上にわたり、私の学問上の故郷である）ウプサラをはじめとする多くの場所で、私は講義をし、セミナーで発表するという恩恵を与えられてきた。本書を書きはじめた場所がフィレンツェの欧州大学院、すなわちサン・ドメニコ修道院であったのはたぶん偶然ではない。ここは、私にとって、経済と政治組織が互いに絡み合っているとどこよりも自然に感じられる場所だからである。

この機関で出会った同僚、友人に深謝する。彼らこそ、たぶん自分たちは気づいていないだろうが、私に霊感を吹き込み、研究の引き金となった人々だからである！

二〇〇九年一月　ウプサラ

ラース・マグヌソン

目　次

産業革命と政府

——国家の見える手——

一　序　章

数十年前の開発経済学の研究では、ある特定の国家形成、すなわち「軟性国家」'soft state' の原因、性質、影響にとくに焦点があてられていた。「軟性国家」とは安定した制度を欠き、あまり予測できない政治的・行政的習慣があり、特別の手続きが必要な政体である。記念碑的作品となった『アジアのドラマ』（一九六八）でこのように描いたのは、グンナー・ミュルダールであった。ミュルダールの考えでは、このような国家は（ヴェーバーのいう）近代的で清廉な官僚制がなく、競争相手がもつ独自の利害関係のために分断される。しかも、このような国家が形成されるときの経済には、高い取引費用がつきまとう。だから、成長のための能力が乏しい。根本的に不確実であることを特徴とする経済では、リスクを引き受ける動機をもつためには、予想される純収益額は非常に高くなければならない。[1] マイケル・マンは、「近代的」（ヴェーバー的な）国家にかんする古典的定義を用いて、四つの要素に分類した。

（1）異なった一連の制度と人々の組織化

（2）政治的関係が中心部から表層部へと向かうという意味での中心性

（3）領域の境界が定められた地域が、その境界を越えて影響力をおよぼす

（4）　権威により拘束されるルールが形成され、それが物的な暴力装置の独占によって支持される[2]「軟性」ないし「穴だらけの」国家を議論するに際し、ミュルダールは主として第三世界、とりわけ東南アジアに言及した。彼の見解によれば――それは、いまなおもっともありふれた考え方である――、ヨーロッパは、近世の一六―一七世紀のあいだに絶対主義が興隆したため、このような軟性国家の支配から免れていたのである。このまぎれもないウィッグ的歴史解釈［進歩史観］の一つは、現在もなお影響力が強い。それは、ヨーロッパの成功談を、制度的・法的な改革、「近代的」所有権、特定の利害集団による（レントシーキング）〔政府の部局に働きかけることで、法制度や政策を変更させ、独自の利益を獲得する行為〕活動を相殺した効率的な国家官僚制度の結果を描いているからである。以下にみるように、近世国家とその作用がもたらす性質と機能を理解したいのであれば、これは、かなり議論の余地がある出発点である。このような観点はここではとらない。むしろわれわれが論じたいのは、近世国家は、だいたいが「軟性」ないし「分権」国家に似ていたということである。一九世紀になるまで、「近代国家」について語ることはできない。そのような国家は、独自の政治経済的目標があり、それは現実に実行し達成することができたからである。だからマイケル・マンは、近代国家の「自律的権力」の最終的確立の日付を、二〇世紀にまで遅らせることさえしたのである。[3]このような形成期に、経済に介入し、経済成長と革新のために作動可能な戦略と計画を定式化できる効率的国家が出現したことが看取される。そのため、ほぼ同時期の経済分野で、「産業革命」として描きがちな経済の構造的変革があったことが確認される。

近年になって、ウィッグ的歴史解釈――それは、ヨーロッパが成功し、世界の他地域が遅れた理由の主要な説明として、制度的変革とその実行の成功が重要だと強調した――の代案となる言説が登場した。（いわゆる世界経済史のカリフォルニア学派）のケネス・ポメランツのように、アジア側（主として中国）の観点からヨーロッパの奇跡についてみようとする研究者の意見では、ヨーロッパが有していた主要な利点は、労働節約的な技術を大規模に利用でき、石炭に基盤をおいた工業経済が確立した点にあった。(4) それゆえ、おおむね一八世紀末にいたるまで、中国とたとえばイギリスは、非常に似た発展の経路をたどっていた。歴史家のなかには、アジアとヨーロッパで一八世紀まで少なくともある程度共有したこの発展過程を、経済発展の「スミス的な行程」と分類するものもいる。一方、「有機的経済」に触れる研究者（とりわけアンソニー・リグリー）もいる。それは、一九世紀までヨーロッパとアジアの両方で、普及していったのである。「有機的」とは、石炭をベースとする技術の複合体の到来以前の産業は、農業部門内部の（いまだ低い）生産性に大きく依存していたという意味である。だからまた、リグリーが提起した見解によれば、石炭をベースにした経済の出現が相違をつくったのであり、それはイギリスが近代的意味での持続可能な成長を達成した理由の大部分を説明するのである。

このような解釈の図式に従うなら、スミス的な経済とは、なおも小規模な技術が支配的であり、農業が、食糧と原材料という形態で提供可能なものによって完全に制限されている小規模な経済を意味する。そのことはすでに、ソースティン・ヴェブレンが十分に理解していた。彼は、一九一四年に、こう書いた。「アダム・スミスがある程度理解した大規模な工業とは……、機械を使った技術ではなく、広範な分業を有する手仕事と、彼の時代に広まりつつあった『家内工業』にもとづいたものであった(5)」。それはまた、本質的に、まだマルサスの罠に捕らえられていた経済である。人口が増大（一八世紀のイギリスのように）したので、国内の産業といわゆるプロト工業化が大きな規模で勃興した。スミスが主張したように、分業の水準は市場規模によって決定された。しかしながら、収穫逓減の法則は、絶えずこのような農業とプロト工業の経済につきまとった。人口増大によって、長期的観点からみた分業の影響は停滞しているか、あるいは、生産性を低下させていたことさえあったはずなのである。スミス自身は、この種の理論を完全に定式化したわけではない（それは、リカードとマルサスにゆだねられた）。彼が予見した生産性の停滞への救済策とは、専門特化の増大、すなわち、分業を拡大することであった。しかし、機械が生産性を劇的に上昇させることができるということは、彼の頭にはなかった（彼の有名なピン製作所の事例を参照せよ）。このような重要な洞察は、一九世紀の古典派の経済学者の業績の誕生を待たなければならなかった。しかも、同時代人のほとんどは、機械を導入した結果としてえられる劇的な効果については疑わしく思っていた。それでもなお、一八〇五年に、チャールズ・ホールはその著書『ヨーロッパの諸国家における人々にたいする文明の影響』において、貧民の貧困と（プロト）工業の発展は、それぞれを切り離すことができない要因となっていると何度も主張した。これには、中国の事例がとりわけ強力な確証となる。彼は論じる。「商業、マニュファクチャー、文明は、ヨーロッパのどの国と比べても、中国ではるかに長期にわたり定着してきた。もちろん、それらが定着するにつれ、それらの影響力と重要性がともに増大してきた。その結果、中国の貧民の悲惨さは、理解できる範囲を超えそうな地点にある(6)」。

このような背景に対して、ジョヴァンニ・アリギは経済発展のスミス的な道とリカード的な道とを明確に区別しようとした。すなわち、後者の場合、（蒸気と石炭が動力源となる機械のように）労働・土地節約的な技術が導入された(7)。何かの理由でスミス的な道を選択した国々は、一九世紀の中国と同じ行程を歩むことになるのである。リカード的な道をとった人々は工業のテイクオフを経験する。それゆえ、産業革命は、西洋ではスパートしたが、他地域ではそれに失敗した理由を理解するための鍵である。リグリーにとっては、産業革命は、「ここ数世紀間の世界史の中央の座に位置する出来事」であった(8)。それに対し、ポメランツは、こういう。産業革命こそ「他の点では突出していない西欧経済の中心部が稀にみる飛躍をし、一九世紀の新しい世界経済の特権的な中心部分になり、急増した人口にそれまでにないほど高い生活水準を提供できた主要な理由を説明するのにふさわしい」[9]。

このような解釈に従えば（むろん、批判されていないわけではない）[10]、ヨーロッパがスミス的な道を歩んだなら、一九世紀の中国のようなアジアの国々と同様、マルサスの罠に陥った公算がすこぶる高いことは明白である。新しい鉱物のエネルギーが供給されなかったなら、ヨーロッパは、一九世紀の中国に絶えずつきまとったのと同様の窮状を乗り越えることはできなかったであろう。土地は疲弊し、労働は過剰に供給され、生産性は縮小し、停滞が生じたはずだ。だが、この解釈に従うなら、一九世紀の転換期になっても、イギリスと中国（あるいはドイツとフランスなど）の発展水準は、あまり違わなかった。ようするに、ランデスがいったように、相違をもたらしたのは、産業革命という「筋力とエンジン」であった[11]。あるいは、一八二四年に経済学者ジョン・ルークがいったように、「一七六〇年以降導入された新たな種類の機械を破壊せよ。そうすれば、たちまちのうちに国中に飢饉が広まる。イングランドは崩壊し、驚くべき上部構造は砕けちり、塵になるであろう」[12]。

このような「筋力とエンジン」という解釈が、どの程度ヨーロッパの奇跡を説明できるかということについては、むろん、議論の余地がある。この解釈が「新しい」のは、ここ数十年間非常に当然のこととして受け入れられてきた制度学派の解釈に挑戦しているからであるが、同時に、トインビーやマルクスのような過去の大家にまでさかのぼるという意味で「古い」のである。しかし、かなり妥当だと思われるとはいえ、批判的な論評をする人々から指摘されているように、この解釈は産業革命のある種の側面（たとえば、石炭と蒸気機関の使用を産業革命とほぼ同一視する）を過度に強調しており、それと同時に、一八世紀の東南アジアとヨーロッパの経済的・社会的・政治的・制度的な相違を大幅に過小評価している。西欧で機械が大量に導入されたため、それまでにない速度で、一九世紀に生産性が上昇したことに疑いの余地はない。アダム・スミスのような思想家や、たとえば近代的科学技術（なかでも便利な機械装置）に魅了されたが、それが土地をベースとする経済の制約を乗り越える可能性をあまり認めることはなかったフランスの百科全書派にとって、このように生産性が上昇することは想定外のことでさえあった。（ボウルトン＆ワット商会などの企業が設立された方法にそって）バーミンガムにおける初期の機械産業が「装身具などの取引」'toy trade' とよばれたのは、象徴的なことだったのである。[13] しかも、一九世紀に達成されたことの多くは、産業革命なしではほとんど考えられなかった。たぶん、もっとも重要なことに、産業革命がなかったとすれば、はたして、生活水準の上昇と、それと同時に、イギリスや多くのヨーロッパ大陸諸国における長期的な人口上昇が、現実と同じ速さでおこりえたのかということがある。産業革命がなければ、一八四〇年代と一八六〇年代にアイルランドで生じたような飢饉による破滅の事例がもっと発生したとは考えられないのであろうか。ヨーロッパの産業革命が、生産と所得の増加にどの程度寄与したのかということはいまだに議論の余地があるが、より長期的視野からみた場合、その重要性を低く見積もることは不可能に近い。

したがって、一八世紀後半から一九世紀にかけて、ヨーロッパの支配者とエリートが産業革命とその潜在能力に大きな関心を寄せたことは、驚くべきことではない。彼らは、一六八八年のクーデタ（いわゆる名誉革命）ののち、どのようにしてイギリスが強力な海軍と広大な帝国を築くことができたのかということを観察した。それを基盤として、産業革命が続き、イギリスがヨーロッパの諸国家のなかで、もっとも裕福で強力な国家になったのである。だからこそ、多くの人々がみたように、軍事的成功と産業と経済の成長には明確な関係があった。しかし、彼らは工業が拡大する偉業にたいする畏敬の念を述べると、議論を逆転させた。ヨーロッパの戦場だけでなく、遠く離れた水域と植民地のプランテーションにおいても、鉄製の大砲と軍隊のための安価な消費財を製造することがなければ、現在においても将来においても、イギリスがはたしてどれほど効率的に戦うことができるのかという ことを俎上に乗せたのである。いったいどの国が、包囲されている時期と戦時に、消費を維持するのに十分な商品を生産することができるのか。イギリスは、ナポレオンによる大陸制度〔大陸封鎖令〕さえも生き延びた。誰もが認めるように、また、こんにちでは、専門家のあいだでの判断でもあるが、大陸制度は、イギリスを国際貿易から孤立させるのに、きわめて有効な手段であった。[14] したがって、ヨーロッパの権力者たちは、新技術を発展させ経済成長を高める産業革命の衝撃に目を見張ったのである。彼らは、たしかに、このとき同時に、社会的な不安の原因となる産業革命の潜在能力に脅えていた。いわゆる「社会問題」を、一九世紀の大半を通じて気にかけていた。だが、ロマン派と空想的社会主義者は、「われら失いし世界」を嘆き、旧来の農業的でより安定した社会を根絶やしにしてしまったことに抗議したものである。とはいえ、取り残されることから生じる代償を進んで支払おうとするものはほとんどいなかった。すでに述べたように、ヨーロッパの指導者と政治家は、軍事目的を達成するために、産業革命の諸要因を解明することにもっとも強い興味を抱いた人々であったのかもしれない。石炭、鋼鉄、機械が、競合している国民国家における軍事力と国家の力の基盤であるとこれまで以上に気づかされるようになった。したがって、工業化のレースで最初の発動者となることは、政治的・軍事的成功、さらには国家の力という点でも重要であった。土地という資源に頼らずに巨大な人口を維持できる国民経済なら、他の競合国家と比較して非常に有利である。指導者と政治家が明確に理解していたように、伝統的な農業経済と比較して、工業経済は、はるかに多くの人口を養うことができた。結局、重要なのは規模であった。人口が多い国家であれば、多くの兵士に命令できるし、さらにまた、税収も外国貿易も増やせる。植民地事業に従事することも、世界においてより大きな支配力を行使することもできる。

しかし、驚いてはならないが、結局、一九世紀の支配者（国王、君主、政治家、軍事高官）は、彼らの金、権力、影響力を進んで行使し、産業革命に投資したのである。より多くの工業の確立に貢献するのは、「国家の利益に関係する問題」であった。国家が関与しない産業革命にかんする歴史的説明をすることはまだ可能であろう。しかしいままではほとんどどこでも認められているように、国家の見える手（広い意味での公的な統治）が、産業の成長の刺激剤となり、工業用施設の設立をうながし、さらにそれに投資したばかりか、新しく、そして強力な経済要因だと思われるものに役立つインフラストラクチャーを導入し、商業推進のためのコマをそれまでよりずっと速く回転させることができる制度を確立したのである。しかし、多くの研究者、門外漢、イデオローグが、一九世紀を国家の規制緩和の世紀であり、経済学の主導原理として「自由放任」が導入された世紀だと言い続けているのである。このようなことでは、現実におこっていたことを正確に記述することはほとんど不可能である。この問題については、後で議論の対象にしよう。

いま、ここで問題にしなければならないのは、経済学者が、多少なりとも労働を機械によって置き換えることで、産業革命が一般的には生産性が急速に高まったことにもとづく近代的経済成長を確立させた主要因となったと、いつ、どのようにして認めはじめたのかということである。経済学者が現実にそう認めた以上、すでにみたように、以前の世代の人々が創り上げた考え方に異議を唱えなければならない。すなわち、生産性の上昇は、主として分業の増大の結果として生じたという考え方を否定する必要がある。この場合、アダム・スミスが俎上に取り上げるべき中心人物となるのは明らかだ。『国富論』において、スミスは、中国を実例としてふたたび用い、停滞（動かない国家）は、より長期的観点からは、産業成長の当然の帰結だと考える。スミスが産業の成長について話をする場合、マニュファクチャー、前貸問屋制など、主として伝統的な技術を用い、集中化を排除した産業形態について言及するのである。スミスは、「適切な機械を適用することで、労働は楽になり短縮される」ことに気づいていたが、機械とは「労働を節約するために」、労働者が組み立てる「巧妙な機械」だとなおも述べていたのである。(15)

このように先見の明がなかったため、スミスは次の世代の経済学者からあからさまな批判を受けた。一八〇四年、ローダーデール伯は、こう論じた。機械が分業の原理を単に拡大したものではないとスミスは認識できなかったので、それが革命的な衝撃をもたらすことに気づかなかったのだ、と。「分業により……いくつかの精密ですぐれた作品を製造することができるだろうが」、その代わり「一つ一つの労働部門を機能させるために、資本を効率的に使うことが有効であると認めなければならない」と、ローダーデール伯はいう。(16)

しかしながら、スミスの同時代人のなかで、機械の役割は、生産性を増大させ、それにより多くの人口を養うことであると認めた人物が少なくとも一人いた。ジェームズ・ステュアートは、『経済の原理』（一七六七年）で、人口が増大すれば、「欲しいもの」は増える。つまり、需要の水準が上昇する。そのためまた、産業と分業が増える巨大な人口を創出するために、勤勉な労働者の労働と実り豊かな土壌の役割の重要性を強調した。つぎに、人口と論じたのである。ステュアートがここで言及しているのは、プロト工業の拡大にとどまらない。分業の増加を通じて生産性が上昇することにも触れている。ステュアートは、大著の第一編の一九章で、機械の問題を取り上げている。そして、「製造業に機械が導入されたことは、どの程度国家の利益になるのか、あるいは人々にとって有害なのか」という疑問を投げかける。その解答は、機械の導入は、あまりに拙速であれば有害でありえるというものである。換言すれば、こんにちなら「構造的失業」とよばれる状況が出現するであろう。しかしながら、長期的には、「マニュファクチャーに導入された機械は、人々を追放する。もう、その部門では人間はあり余っているからであるが、他の部門ですぐに雇用されるかもしれない」[17]。ステュアートは続ける。「生産物を増やしたり労働と人間の創意を促進するものなら、機械に代表されるすべての手段の導入を考慮に入れなければならない」[18]。機械がもつ最大の利点の一つは、モノを食べずに生産するので、「生活の糧」を減らすことはなく、仕事をするのに「食べ物を与える労働者の数を増やしたので出費がかさむということがない」点にある。しかも、機械の導入によって生まれる明確な効果は、「永続的である。さらに、贅沢な暮らしをする人々に仕事を提供するため、労働と出費を節約するあらゆる方法を導入することは、絶対に欠かせないのである」[19]。

ステュアートの事例が示すのは、啓蒙的な経済学者は、すでに一八世紀最後の四半期において、生産性を上昇させ、マルサスの罠の苦境と「有機的社会」の制約を乗り越えるための手段として、機械をすでに意識していたことである。たしかに、マクシン・バーグが指摘したように、このような見解は、一九世紀に突入するときになってはるかに定説に近いものになった。だが、「経済の形成に対しては、機械と工業化が中心となる」と指摘したとき、彼女は少しばかり自分の事例を誇張したようである[20]。多くの研究者が指摘したとおり、地代の上昇、利潤率と最低限度の生活賃金の低下という悲惨な絵が、なおもイギリスにおけるナポレオン以後の時代の現実経済につきまとったからである。しかし、それと同時に、一九世紀前半の古典派経済学をめぐる議論において、悲観論者のリカード学派の影響が過度に強調されてきた。バーグは正しくも、より楽観的な側に立つ。リカード自身に対してさえ楽観的であった。リカードに対しては、「利益が低下するという傾向は……学問と技術の進展によって、現実世界でつねに食い止められていた」という[21]。ナッソー・シニア、サミュエル・ベイリー、ジョージ‐プレット・スクロープ、リチャード・ジョーンズのような古典派の経済学者を考慮に入れると、それがはるかに鮮明になる。彼らは、「機械による力の影響と成長」が非常に大きな利益をもたらすと強調した。しかも、すでに一八〇四年の時点で、ローダーデール伯は、こう指摘していた。

ヒトが、労働に代えて機械という形態で資本を使うことは、ヒトの性格の特異性と顕著な特徴の一つである。この特異な能力がなければ、他の動物がそうであるように、みずからの欲求に応じて供給しようというヒトの努力は、両手、歯、両足を使ってしかできないことに制限されるかもしれない。(22)

明らかに、一九世紀初頭の経済学者の大半は、経済成長と多数の人々の雇用のために、機械の積極的な役割と新しい工業力〔の重要性〕を認識していたという結論が導きだせる。「リカード的な道」が模倣すべき非常に興味をそそるモデルであり、機械の輸出禁止が一八二〇年代のイギリスで華々しい政治問題になったことからも、同じ時代の支配エリートの大半が、この道が正しいと積極的に認めていたことは明らかなように思われる。それは、職工・機械の結社禁止法にかんする特別委員会が提出し、そして道具と機械の輸出にかんする委員会において議会が調査した主題であった。一八四〇年代に、新しい委員会が、機械の輸出の問題を調査するために任命された。現実には、機械の輸出を禁止する法律は、イギリスでは一八四一年まで残存していた。(23)しかも、このような禁止法が、たとえばマクシン・バーグが述べたように、「マンチェスターの自由貿易を主張する製造業者によって」強力な支持をえたことは明らかである。(24)彼らが、いつも商務省でロビー活動をしていたことは、自由貿易というレトリックが一般的な趨勢であったので、間違いなく例外的なことであった。同時に、産業スパイが、ドイツの諸邦、ベルギー、スウェーデン、ノルウェーによって支援を受け、バーミンガム、シェフィールド、マンチェスターのような場所に送られた。このようなスパイ行為は、一八世紀末には珍しいものではなかったが、それが増加したのは、ナポレオン戦争終了後のことであった。イギリスの工業界で働いていたこれらのスパイのなかには、彼らの「グランドツアー」で職務上放浪する渡り職人がいた。だが、彼らの隠された使命とは、現実にそうだったように、敵のただなかに入り、学んで観察することであった。彼らは故国の親方に報告書、精巧な発明品の設計図、商品のサンプルを送ったのである。(25)

本書の目的と範囲

本書の目的は、歴史的に「工業化の時代」、ないしより単純に「産業革命」とよばれ、そのように推定されてきた時代における経済と国家の関係を研究することである。まず第一に、どの程度、さらにどのような点で、国家が活動的媒介として、一九世紀のヨーロッパで発生したさまざまな産業革命の現実の形態を刺激し形成したのか、ということがある。ここで、最初で主要な発動者として、イギリスが特別な事例として取り上げられるのは言を俟たない。第二に、国家がどの程度、さらに何のために、この変化の過程に積極的に関与したのかという問題についてある程度論じる。そのために、少なくともより単純なカリフォルニア学派のテーゼと、産業革命は特定の制度とは関係なくはじまったという見解を検討する。ポメランツのような研究者にとって、市場メカニズムがすべてであり、制度の影響はほとんどない。しかしながら、公平にいえば、国家の見える手と国家が創った制度が、現実に産業革命で活発な役割を演じ、その役割の範囲内で、市場メカニズムに介入したのである。産業革命は、新資源（石炭）の問題や機械と工場制度の導入にはとどまらない。経済成長と経済の構造変化を達成するために、これらの新資源を組織化し、それに資金を提供し、調節した方法にも依存していた。さらに、本書の目的には、たんに、産業革命にとって「適正な」制度的枠組みを提供するという観点でしか国家の役割を論じないような制度学派の経済史家に対しての挑戦もある。たとえば、自由な市場の影響力をスムースかつ急速に機能させるために、国家が「適切な」所有権関係、十分に機能する通貨・信用制度、完全市場を創出するという考え方への挑戦である。本書では以下、国家がそれ以上に活動的な媒介であったということが論じられる。

むろん、「国家」と「産業革命」という概念は、どちらも、かなり曖昧でつかみどころがない。多様な解釈が可能である。こんにち、「産業革命」という用語をもちいるなら、ほとんどの人は、機械化された生産と工場制度は遅々として進まなかったので、革命という表現を用いることはできないと論ずるであろう。だから、より持続可能な近代的成長は、なかなか出現しなかった。イギリスにおいては、ナポレオン戦争後にまでおよぶ産業拡張の最初の半世紀は、伝統的形態の産業の成長、すなわちプロト工業化によっておおむね特徴づけられる。しかし、「産業革命」という名称で、経済成長の増加や持続について言及しているのか、あるいは経済の構造的変化(多少とも急速な工業部門の増加と農業部門の終焉)のどちらを論じているのかということになるなら、それは明らかではない。他方、当時の人々の多くが周辺でおこっていたと信じたことを無視することは困難である。非常に恐るべき範囲で経済的・社会的変化の過程が進行したので、少なくとも彼らは、革命ないし歴史の転換という観点から描写しようと思ったのである。

産業革命にかんする性質と特徴については、思慮を欠く一般的見解がある。それは、完全に捨て去るべきではないにせよ、表現を変えるべきかもしれない。これまでの歴史研究では、産業革命は、一元的な現象だとみなされることが多かった。つまり、どこでも同じような要素によって触発され、たいていは、類似ないしまったく同じ結果にいたる。さらに、イギリスの産業革命がすべての産業革命にたいする青写真として使用された。このような理念型にたいする例外は、国家の「特殊性」であると片付けられた。したがって、それらは一般的法則から逸脱した結果であり、経済的遅れおよび市場経済があまり進んでいない国家だという説明がなされる。あるいは、それに代わって、特定の国家の経路（ドイツの場合のように）である「特有の道」は、国家があまりに介入しすぎた結果であったとされる。しかし、われわれが認めなければならない事実は、産業革命とは多面的な現象であり、地域的・歴史的状況に応じて異なる形態をとる、ということである。一九世紀に西欧で発生した産業の転換は——他地域ではもっと後になっておこった——、どの地域においても長期間にわたり発生した社会的・政治的・経済的過程に深く根ざす。それゆえ、産業の生産形態の導入は、別の地域で発生していることによる影響も受ける。生産の社会関係の形態の帰結、所有権の種類の構造、さらに階層の異なる人々の所得水準などは、産業革命をおこした諸要因がおかれた状況によっても影響を受ける。したがってその後の歴史叙述では、産業革命における「国家の状況」が強調されるようになった[26]。しかし、このようなアプローチをあまり強調してはならない。さまざまな産業革命は多様な地方と国家の状況に応じて発生したが、地域的、さらにはグローバルな環境に深く根ざしていたのである。産業の一部門の成長を理解し、他部門の衰退を観察しようとするなら、国境があるためにうまくいかないことがあまりに多い。とはいえ、このような成長と衰退は、たいていの場合、国家やさまざまな地方当局が作り上げた特定の制度でのみで生じるということではない[27]。

どちらかといえば、「国家」（state）という概念のほうが、正確に説明するにははるかに複雑で困難である。国家の意味と起源にかんする膨大な文献のなかで、共通の理解があるようである。それは、西欧の国家は、近世末に「軟性」ないし「分権」国家から発展したのであり、大半の統治形態において、多様な地方当局が、非常に影響力のある役割を演じたということである。マイケル・マンが「領土的封建」国家とよんだのは、この種の国家である。過去一五〇年間のうちにそれに取って代わったのは、近代的な「国民国家である。その領土を中央集権的に支配し監視する構造が、国民国家には浸透している」[28]。とはいえ、この種の国家を支配したのは、地方当局と権力者集団だけではなかった。統治はまた、地位と特権に左右された。ほとんどの国では、諸身分、さまざまな種類の団体、地位にもとづく自由などが、重要な役割を果たした。近代の経済学は、さまざまな利害集団のレントシーキング行動が、近世の国家形成の非常に大きな特徴であると強調したのである。

しかしながら、一八―一九世紀には、「近代国家」ないし「領域国家」とよばれるものが出現した。これは、理念的には、ここに述べた分権的な特徴のほとんどが消滅した国家である。それは、以前にはなかった水準の権威を要求できた、より影響力のある国家である。やがて、規制と介入のための手段を発達させる。経済面においても、それはあてはまる。しかも国家は、合法性のある公益に役立つ意識を形成しようとする。国家は、何か特定の利益団体に奉仕するのではない。官僚制度は優秀であり、とりわけ誠実である。たしかに、どのような理念型にもあてはまるように、現実世界でその存在を見いだすことは困難である。一九世紀においては、領域国家は、まだ排他的なエリートによって支配されていた。彼らが、主として自分たち独自の利益に奉仕したのである。国家のほとんどはまた、腐敗した行政官を雇用した。それは、マックス・ヴェーバーが考えていた私心のない公僕の模範にはほど遠かった。しかし、「軟性」ないし「分権」国家が「領域」国家に徐々に取って代わられたことは、明らかに、規制と統治をする権限を与えられたより強力な国家が確立されたことを暗示する。政治的・経済的観点から、国家はますます強力な行為者になる。

この種の「領域」国家が、ナポレオン戦争が終了しウィーン会議（一八一五年）によって新秩序が確立される以前に存在したと考えるのは困難だということについては、共通の理解があるようだ。しかしそれよりずっと以前には、「近代」国家形成の足跡を見いだすことができないというわけではない。たとえば、こういう議論がなされてきた。イギリスの中央政府が潜在能力をより強く発揮させたのは、一八世紀のあいだ（一六八八年以降）のことであり、効率的な課税と絶えず増加する公債がその基盤となった、と。この基盤にもとづき、イギリスは船隊を建造し、帝国主義的勢力としてのフランス人とオランダ人を打ち破ることができたのである。したがって、財政＝軍事国家は、一八―一九世紀においてイギリスがグローバルな勢力になる中軸となる要因であった(29)。長期的にみて、多くの人々が論じるように、イギリスが経済的な強者となり、最初に産業経済を発展させることができたのは、最終的にはそのためであった。より最近になって、イギリス史家の（残念なことに早世した）S・R・エプスティインは、一八世紀のイギリスにおける政治的変化と経済成長のあいだにある緊密な関係を強調した。

> 資本主義市場と個人の所有権を確立するには、社会階級と特権にもとづいて政治的主権の中央集権化を成し遂げ、非中央集権的なレントシーキングを廃止することが必要になる。換言すれば、明確な国家の所有権確立が必要である。自然権と自然市場の理論とは反対に、自治権と所有権にもとづいた近代的個人主義への主要な先行条件は……近代国家の勃興である。すなわち、立法部、行政部、司法部の権力に区分がなされた国家の勃興である。制度的権力のさまざまな中心のあいだで司法権の管轄が厳密に定められ、完全で合法的な支配者が強制的な集団合意の権限を国家に与える、これらの重要な制度的変化は、イギリスでは一七世紀後半から、他のヨーロッパでは、一八―一九世紀のあいだに達成された(30)。

しかしながら、ハノーファー朝イギリスにかんする同時代の重要な特徴は（この用語を考えだしたウィリアム・

コベットによれば)、「古き腐敗」と描写される――アダム・スミスのような急進主義者によって、そのようにいわれただけではなかった――ものであった。この特徴は、特定の排他的な利害関係に関係なく統治をおこなう中央政府の能力を過大視することへの警鐘となる。いずれにせよ、ヨーロッパの他地域の多くで、分権国家particularistic stateが一九世紀にいたるまで生き延びたのである。最後に樹立された強力な領域国家は、明らかに一九世紀の申し子である。それは、産業革命にもあてはまり、イギリスがたぶん現実に唯一の例外だというのは、偶然の出来事なのだろうか。

統制経済政策から自由放任へ

このような背景をもとにするなら、奇妙なことに気づくかもしれない。すなわち、経済政策と統治の歴史を論じる標準的な文献では、支配的となる「決定的な話」(ポスト構造主義者が定式化したように)があり、それは、西欧が、一七―一八世紀のあいだに権威主義的な統制経済政策国家から移行していると強調する。いくつかの(国民経済の)目標を達成するために、経済に介入し、自由放任経済にたどり着くのに成功した。この見解によれば、自由放任国家は、一九世紀前半に徐々に出現してきたのである。それゆえこの叙述によれば、輸出貿易政策については、保護主義に取って代わって自由貿易が基準となった。国内交易については、生産要素と財の自由な動きにたいするそれ以前の制限の多くが除去された。しかも、この叙述によれば、もっぱら経済の工業・商業部門への支援を目標にする国家が、古い貿易と産業政策から撤退した。これより以前の社会的問題においてある種のパターナリズムを支援していた範囲にかぎるが、この種の政策は徐々に除去された。ようするに、主要な政策として、国家による規制が、自由市場の役割が強調される別の政策へと置き換えられたのである。もっとも先鋭的な形態において、このテーゼは経済史の標準的な教科書では、次のように提示される。

一七五〇年から一八八〇年にかけ、西欧の政府が経済面の自律性を尊重することが、実質的に一つのイデオロギーとなった。イギリス工場法やビスマルクの社会保険制度のように散発的におこなわれる侵入を除けば、政府は、求められたときにだけ助けることで満足していたのである。(31)

しかしながら、たぶんほとんどの人がこんにちでは同意するように、右の事柄は、一九世紀のあいだに実際おこっていたことにたいして、非常にバイアスのかかった見解を提示するのである。旧来の規制の枠組みの多くの特徴が、一九世紀前半の西欧諸国ではすでに崩壊していたことは間違いない。だが、この過程は、規制緩和というより再規制化として特徴づけるほうがよい。それゆえ、われわれが観察できることは、最小国家(夜警国家)の確立ではなく、むしろ、第一に、国家が経済面に積極的に介入し続け、第二に、さらにますます、より強力で効率的なプレーヤーになったということなのである。「軟性国家」ないし「分権国家」がもつ多数の様相を除去することで、国家は権威と権力の基盤を拡大することができた。国家は、いまや以前には考えられなかった方法で経済に介入するようになった。夜警国家は、意図的に経済に介入することはない国家として描かれることが大半であった。そんなことをすれば、市場の諸力が自由にプレーするのが妨げられるかもしれないと知っていたからである。ネオ・リベラリズムのイデオローグたちが、規制を受けていない一九世紀の自由な国家(一八八〇年まで)すなわち、最小国家と歴史的に提示されるものを探究する場合、おおむね神話への言及を意味する。ほとんどの人々は、むろん、このような理念型の国家は、現実の歴史では決して現れなかったと同意するであろう。だが、多くの人々はなお、産業革命の時代に、このような最小国家の確立に向かう発展が明確にみられたとなお主張するであろう。

さらに、このような経済的規制緩和が、産業革命の到来と社会に新たに現れたブルジョワ階級の勃興から直接派生したものであるといわれたとき――現在もしばしばいわれているのだが――、もっと懐疑的になるべきでもある。このような公式――最初はマルクスとエンゲルスの『共産党宣言』によって力説された――は、実際、一九世紀の大半を通じてヨーロッパで現実に生じたことと比較するなら、非常に的外れだと思われる。経済改革と、古い規制に取って代わってできた新しい規制が、いつでもどこでも、新しい産業ブルジョワジーの代表、あるいは少なくともその代弁者によって達成されたというのは、まったく真実ではない。ヨーロッパのどこでも、はるかに複雑な社会・経済のパターンが出現していた。多くの国々では、「古い」エリートが経済的・社会的改革の先駆者となり、ギルドによる規制、貿易と産業の保護などの古い特権を廃止する傾向がみられた。経済成長を増加させ、産業の変革と変化に刺激を与えるために、改革法案を推進した。それと同様、ほとんどどこでも、保護、特権、特別扱いのために発言を続ける産業ブルジョワジーのメンバーがいた。産業ブルジョワジーは、彼らがいうほどには、いつでもどこでも、革命的な勢力となったわけではない。しかも、ほとんどのヨーロッパ諸国では、軍人、国家官僚、さらには貴族のような古いエリート集団が権力の座にいただけではなく、以前よりも勢力を増した(32)。これは、たしかに一八四八年以前とウィーン条約の時代にあてはまる。けれども、革命的な一八四八年という乱痴気騒ぎの年 Tolle Jahr が終わっても、少なくとも大陸ヨーロッパの大半は、古い支配階級の手中にあった。すでに述べたように、だからといって彼らが、貿易と商業の自由化を導入し、鉄道に資金を提供し、農業改革をして、より「資本主義的な」農業を創出するために、改革法案の導入をやめることはなかった。彼らは、市場経済の衝撃と産業革命の力を十分に理解していたので、このような力を制御し、しかもそれをあやつるために、新規制を導入しようとした。かといって、産業の成長と転換の結果、新しく登場したエネルギーを発する階級と手を握らなかったというわけではない。反対に、多くの場所で、複雑な権力構造が出現し、国家、軍部、土地所有者、産業資本家（銀行家を含む）からなるさまざまなエリート集団が、協力し、永続的で強力なネットワークを形成したのである。

歴史的言説にまとわりつく別の命題は、一九世紀の規制緩和という神話である。すでに論じたように、市場の規制緩和は、かならずしも「新しい」社会階級の政治的ロビー活動の帰結ではなかった。たとえば、フィリップ・ハーリングが示したように、イギリスにとって、安価な政府という「ヴィクトリア朝中期の最小主義国家」は、おおむね分別をもつカントリー・ジェントルマンと借地農が、納税者が納めた金の無駄遣いをさせないよう、役人をたえず厳しい批判の目にさらしていたことから生じた結果である。[33] そのような国家が、どの時代と地域においても、新「自由」、自由貿易、ないし自由放任という思想が飛躍的に上昇したことによる産物であったということは、とうていありそうにない。近代の歴史叙述においては、たとえばナポレオン戦争が終了した頃に登場した新自由主義の経済的理想の役割にたいする新しい形態の規制（規制緩和ではない）をめぐり、現在の歴史学では激しい議論が交わされている。この点においてもウィッグ的な叙述がある。それは、イギリスに起源があり、その後ヨーロッパに広まった経済学におけるアダム・スミスと古典派の経済学者、さらに政治的改革の影響を強調する。とくにイギリスにおいては、一八二〇年代のよりリベラルな関税の出現〔関税の引き下げ〕、一八四六年の穀物法廃止、その数年後の航海法の撤廃は、しばしばスミス的な（リベラルな）考え方を適用した直接の結果だとみなされてきた。しかしながら、この主張は、現代の経済史家からはきわめて批判的に受け止められている。たとえばボイド・ヒルトンは、イギリスでは、一八二〇年代、一八三〇年代、一八四〇年代にかんしては、経済政策の形成にかんするリベラルな考えよりも日常的な問題のほうが重要であったと示すことができた。アイルランドの穀物不足、乏しい国家予算、国際的貿易情勢（不況の危険）などがそれにあたる[34]。穀物法廃止が、リチャード・コブデンとマンチェスター学派の煽動なしでは考えられなかったことはほぼ間違いない。他方、古くからの航海法が一八四九年に廃止されたときの議論は、かなり現実的な問題を扱っており、重大な原理原則は、ほんの小さな役割しか演じていなかったようである[35]。イギリスの外側に目を向けるなら、それはずっと鮮明になる。実際、スミス的な考えが一九世紀中葉以前の他のヨーロッパ諸国の経済的（リベラルな）改革に寄与したかどうか、かなり疑わしい。たとえば、ギルドや他の規制の廃止、外国との貿易の関税の引き下げがその改革にあたる。たしかに、スミスは一九世紀最初の数十年間に、イギリス以外の多数の国々で知られていた名前である。他方、われわれが知っておくべきは、のちの時代とは違い、スミスはかならずしも過激な自由貿易主義者、自由放任のイデオローグと解釈されてはいなかったことである。遠国のスウェーデンやドイツ諸邦においては、スミスはむしろ重農主義者への批判や（商業や農業の利益と比較した場合の）工業の擁護者として知られていた。新自由主義者かつ自由貿易主義者というアダム・スミスの解釈は、ずっと後になって出されたものであった[36]。

そのため結局、別の誤解が抱かれるようになった。それは、一九世紀初頭のとくにイギリスの一般的性格の描写にとって大きな意味があった。一九世紀初頭の経済にかんする近年の学術研究を参照するなら、標準的な教科書で通常示されているほど、自由放任と自由貿易がイギリスで支配的であったことは疑わしいようにみえる。イギリスとフランス以外のほとんどの国については、実像は明らかである。「統制経済政策」国家像が、いまだに優位を占めていた。ドイツ語を話す国々とスカンディナヴィア、ロシアにおいては、教科書と教育で使われた経済学とは、旧来の官房学の伝統の申し子のようなものであった[37]。しかし、アダム・スミスも古典派の経済学者も、たびたび比較されるようなマンチェスター学派のようなリベラリストではなかったということも、だんだんと受け入れられていった。一九世紀中葉から、自由貿易主義者が発明したそれ以外の歴史的解釈もある。彼らは、アダム・スミスとその支持者を、学問的支えとして使ったのである[38]。スミスについては、デニス・オブライエンが、ずいぶん前にこう指摘した。「『国富論』をよく読めば読むほど、スミスの政府にたいする見解は、一見して感じるほどには否定的ではない[39]」。むろん、よく知られたことだが、スミスは、航海法を、「たぶんイングランドでもっとも賢明な通商上の規制」だと称揚し、不完全な情報と公共善のための利益が、一般的な自由貿易と相反する多数の事例があると知ることができた[40]。古典派の経済学にかんしては、国家の介入と社会改革を、かつて考えられていたよりもはるかに支持していたことが認められている。ロバート・トレンスのように保護主義者として目立った人物もいたが、関税については、厳密な互恵主義を主張した点で例外であったことはいうまでもない。この点では、ナッサウ・シニアのほうが、代表的な事例かもしれない。彼は、トレンスを「重商主義的偏見の持ち主」だと徹底的に批判した。しかし自由貿易の一般的なルールは、「戦時の安全性」が脅かされたり、輸入側の人々の集団が関係する国内の生産者に「危害が加えられそうな」ときには、維持することはできないと強調した[41]。とりわけナッサウ・シニアは規制を声高に主張したが、トレンスの立場と大きく違っていたわけではない。全体として、一九世紀初頭の経済学者は、政府に対しては、かなり現実的な態度をとった。彼らは、リチャード・コブデンとマンチェスター学派が少し後になって国家の介入にかんして発展させることになった立場とは非常に違うスタンスをとった。スミスに従って、彼らはより開かれた貿易と市場の力がもつルールにおおむね好意を抱いていた。他方、彼らは、国家もまた経済成長・発展のための役割を果たしているとすすんで認めたのである。

事実と神話

経済史家や経済学者は、一九世紀にたいして、いまでもこのように定式化した規制緩和の歴史（事実と言説の両面において）に執着している。その程度については、少なくとも二つの状況から考えてより慎重になるべきである。第一に、現在の社会科学は、国家（ないし公共の統治）と市場経済とのあいだの相互関係の複雑性――いつもそうであった――を強調する傾向がある。時代遅れの市場と統治の二分法を使用するより、むしろ現在も過去も両方の要素が混合して作用していたと想定するほうが有効である。制度学派の経済学者が気づかせてくれるように、「自由な市場」のようなものはほとんどなかった。市場とは、人工的な構築物である。市場は、特定の目的のために規制される。また、歴史的な構造がある。つまり、市場は少なくともある程度は経路依存的であり、だからこそ、市場によって規制の程度が異なる十分な理由がある。どこにでもみられる一つの事例は、鉄道などの輸送事業である。輸送事業は半公共的なものだと思われたであろうが、長期的規制を受けたより厄介な事業の事例は、アメリカの砂糖産業であろう(42)。明らかに、さまざまな国が独自の規制をおこなった。それは、少なくともある程度、どちらの市場がより規制されているのかを決定する。

その場合、どちらを向こうが、現実世界の経済は、市場メカニズムの見えざる手と公的な介入という見える手によって特徴づけられる。それはたとえば、過去数十年間この組み合わせを利用し、経済を発展させ近代化した発展途上国の多数の国にあてはまる。しかし、市場だけでは用をなさなかったが、すべての国家介入が効果的であったわけではない。成功は、明らかに何を目的とするかに、そしてはるかに重要なことに、国家が政策を適切に実行できるかどうかにかかっていた。経済発展の専門家であるアトゥル・コーリが「ばらばらになった多数の階級」ないし「ネオ世襲的な」国家とよんだ国家は、成功する可能性は低かった（われわれは、「軟性」および「分裂」国家にふたたび立ち戻る）。しかし、多くの場合、成長と発展を育むために、国家は、明確な産業政策（保護主義を含む）と市場の力を組み合わせることができたようである。(43) 残念なことに、国家が別の方法で介入するか、まったく介入しないかのどちらのほうが良いかということを知ることはできないのである。歴史とは、簡単に成果が生まれる実験室ではない。しかし、このような介入がほとんどどこでもみられ、さらに、少なくとも場合によっては大きな成功を収めることができた。そこから、一九世紀の事例から引き出される含意がいくつか読み取れる。この半世紀のあいだに経済成長と産業の転換をもたらしたように思われる定式が、それ以前の時代やヨーロッパとはまったく関係なかったとか、重要ではなかったということはありそうにない。

第二に、規制緩和説は、数値の問題とはうまく調和しなかった。正確な時系列のデータは悪名高いまでに構築が難しいとしても、現存するデータから、一九世紀においては、ほとんどのヨーロッパ諸国のGDPに占める公的部門のシェアが着実に上昇することが示されるように思われる。たとえ規制緩和説が妥当だと思えたにせよ、期待できるほどに政府のシェアが低下したような証拠はほとんどない。したがって、ほとんどどこでも、産業の転換の過程には、公共支出の増加がつきまとったのである。しかも、一九世紀の公共支出の趨勢は、相対的には明らかに上昇傾向を示した。パトリック・オブライエンらが論じたように、これはおそらく一八世紀の大半の期間のイギリスにもあてはまる。それは、（土地への）税と他の収入（関税、内国消費税など）が国家にますます流れ込んだ結果であった。(44) この収入のほとんどは間違いなく、海軍と軍事目的のために使われた。国家支出が増加したことは明らかに戦争との相関関係があったし、公共支出の背後にある主要な要因として軍事支出があったことは、一九世紀中葉までのほとんどのヨーロッパ諸国にもあてはまる。

理論的には、これは当然、他の公共財や縮小しつつある行政のために費やす資金が少なくなることを暗示する。しかしながら、このような仮説には、有力な証拠はない。現存している数値から判断するなら、ナポレオン戦争後に、イギリスにおける公共部門の支出が全体として少し低下したことを示す証拠がある。しかし、その低下は劇的なものではなく、一八二〇年代以降、趨勢は明らかにふたたび上昇傾向になった(45)。すでに述べたように、数値の低下は、主として、ナポレオン戦争期に異常なまでに増加した陸海軍への出費が減少したために生じた。それゆえ、パトリック・オブライエンによれば、固定価格に換算した場合、一八二〇―二五年の軍事支出は、一七七八―八二年のほぼ三倍になった(46)。これはまた、政府が雇用した人々の数が、一八二〇年代から三〇年代にかけて増加したことを意味する(47)。他方、GDPのシェアとして相対的に計測すれば、イギリスの公共支出は、一八一八年の空前の二四％から、一八七〇年の七％にまで低下したのは明らかなようだ。したがって、最小ないし拒食症的ではなかったとしても、この時代のイギリス国家は、相対的には痩せていった(48)。

しかしながら、他のほとんどのヨーロッパ諸国の趨勢はまったく違っていた。公共支出は、絶対額でも、相対的にも、一八二〇年代から上昇している(49)。しかも、この時代の大半の国家にとって、いわゆるワーグナーの法則を支持する確固とした歴史的証拠があるようだ。すなわち、長期的経済成長の結果、公共支出は、GDPにおける公共部門のシェアを経時的に高める傾向があった。最近になって、経済学者ジョン・ソーントンは、(イギリスを含めた)多数のヨーロッパ諸国の歴史的データを調査し、明確な結論を出した。一九世紀のヨーロッパにおける経済部門間の所得の発展と分配を研究するなら、ワーグナーの法則を支持する強力な証拠がある、と(50)。

経済への国家の介入の論理

新古典派の経済学は、ある経済の産出高を最大にするために、完全な競争状況下で「自由な」市場がどのようにして作用するかという理論である。国家ないしあらゆる種類の公的な規制者が登場すると、この状況は、説明が必要な歪みであると記述される。標準的な経済学の教科書の説明によれば、国家が市場システムの自由な動きに介入することについては、良い理由も悪い理由もある。標準的な新古典派の経済学においては、国家は主として市場の失敗を矯正するために登場するのである。すでに百年前に、アルフレッド・マーシャルはこう論じた。福祉の損失を含意する市場の欠陥は、福祉全体を最大限に活用することを目的とした国家によって相殺することができる、と。しかしながら、このような一般的見解に対しては、のちの時代の多くの経済学者が二つの観点から基本的に反対した。第一に、啓蒙的な政府の支配者の善意が、最良の結果をもたらすということはまったく確実ではない。現実の世界では、人間の好意が思わぬ結果を招くことがある。それは、何らかの理由で、市場を規制しようとしている国家にもあてはまる。たとえば、アヴィナシュ・ディキシットが論じたように、政策の目的と結果とを区別する必要がある。そのあいだにあるのが、前もって考えられていたよりも効率の悪い解決法と劣った社会福祉をもたらすような実行過程であった。換言すれば、意図せざる結果がもたらされる過程があるのかもしれない。たしかに、このような実行の過程で、何かほかの政策の実行がもたらすよりも、福祉と効率性ははるかに悪くなるかもしれない(51)。結局このように、政策の実行の結果が不確実だと思われたときに、国家ないしその代理機関は、介入を避けるべきだったのだろうか。他方、いったい誰がわかったというのだろうか。これらの問題については、正確な知識はない。ここではたぶん、試行錯誤の過程は避けられないであろう。だから、市場の失敗を市場への介入の指導原理として使用することは、簡単なことではない。第一に、実際には、市場の失敗とは何かを決定することは大変困難であり、第二に、前もって、経済への公的介入の事後的な結果を計算することにはリスクがある。

ディキシットはここで、政治的意思決定の分野内部での不確実性、複雑性、情報の問題、便宜主義、資産特殊性〔ある資産が、特定の企業との取引には高い価値をもつが、別の企業との取引には低い価値しかもたない性質を指す〕からなるよく知られた取引費用の概念を適用する。この概念を政策の場に適用することで、ディキシットは、このような抑制が働くのだから、政策の分析は、政策の目的と結果の相違を含むべきだということを示す。この相違の理由は、契約の不完全性があるからだ。一般に、政治的契約が経済的契約ほどには完全ではないのは、政治環境の取引費用のほうが高いためである。その理由の一つとして、多くの政治的契約が長期的性格をもつことがあげられる。ディキシットが指摘するように、契約が不完全であるため、所与の規則が作用する方法は多様である。しかも、このような曖昧さを、自身の目的のために参加している人々が操作することができるのだ[52]。

市場の失敗の原理を説明する――ないし、それにもとづいて現実の政策行動をとる――ことが困難なので、別の観点、すなわち公共選択の議論を形成する経済学者もいる。この「学派」は、むしろ多くの場合、「市場の失敗」は、現実には、まったく別の（そしてより）邪悪な目的のために企てられた国家ないし公的な介入を偽装したものであると主張する。選挙に勝ちたいと願う政治家なら、強力で特別な利益を満たすために規制の導入を選択することができる。利己的な行為者であれば、独占的利益を「獲得」するために規制を用いることができる[53]。一般に、公共選択の理論は、国家を利己的で合理的に利益の最大化をはかる個人の結合体だとみなす。この場合、さまざまな集団によるレントシーキング行動は、規制的な秩序の形成過程において重要だとみなされる。しかも、異なる利害集団の権力をめぐる競争は、特定の政策が選択される過程で枢要であるとみられる。さらに、マンクル・オルソンらが論じたように、巨大で等質的な集団がいれば、彼らが望む方法で政治に影響をおよぼす可能性が高くなる。(54)

歴史的にみて、公的な統治、国家、そして経済の関係を解きほぐそうとするとき、経済理論がある程度有効な道具になる可能性があることはたしかである。個人の側ないし強力な利害集団（商人、製造業者、軍人、領主、貪欲で権力に飢えた政治家など）の一部が、ここで主として扱っている一八―一九世紀において、レントシーキング行動をとっていることをみつけられないということはありえない。この時代に「市場の失敗」として描出されるようなことがなかったわけではない。情報の非対称性から生じる独占は（ジョージ・アカロフとジョゼフ・スティグリッツが描いたように）(55)、一八―一九世紀の一般的経済状況を論じたり、特定の市場の働きを覗きみる場合でさえ、決して無関係ではなかったのである。だが、このような合理的・抽象的理論の問題は、一般的な出発点しか提供できないということである。通常、歴史の現実はあまりに複雑なので、単純化した理論をもとに説明することはできない。また明らかに、ある時代には市場の失敗だと思われたことが、別の時代にはごく当たり前の市場での行動だとみなされうるのである。公的な介入を嘆願するために市場の失敗の説明を利用することが流行していることは間違いない。さらに、市場はたぶん標準的な経済理論に従っているようにはみえない。それをすすんで受け入れるかどうかは、国によって、さらに実際、こんにちしばしば「資本主義の多様性」とよばれるもののあいだで非常に違っているように思われるのである。(56)

話題を公共選択の理論に転じると、おもな欠点の一つは、利害集団が、ほとんどの場合、安定した選好をもつ合理的な行為者だと考えられていることである。(57) 基調となる重要な仮説は、利害集団内部の行為者は、私欲に気づいているうえにそれを理解しているということである。社会学者と政治学者が、このような前提に重大な反論を投げかけたことには、十分な理由がある。それにたいして、利害集団の選好の形成とそのために生じた変化は、さまざまな国で規制が増えたことにたいする理解を深めるためにきわめて重要であったと、多くの人々がしばしば論じた。(58)

このような背景を考えるなら、オーソドックスな経済的説明は、はるかに重大な問題に直面しなければならないかもしれない。一般に、新古典派経済学の出発点は、国家（ないしあらゆる種類の公的政府）と自由市場への二分法にある。第一に市場、ついで国王がいて、支配者、国家が現れ、多数の異なった（主として利己的な）目的のために市場において自由に活動するという型にはまった史的議論は、一般に適用可能だとは思われない。問題は、経済的な規制を経時的に論じる場合、これが有益な出発点かどうかということである。これまで、現実世界の経済はすべて、公的・私的な利益とイニシアティヴを結合させたので、市場と政治は、たえず複雑に絡み合ってきたという前提から出発すべきであるかもしれない。しかし市場が単なる交換のメカニズム以上のもの、すなわち、最高額の入札者がすべてを勝ち取る競売以上のものである（レオン・ワルラスは、市場にかんする最高の隠喩だとみなした）ということを、最初から強調しておいたほうが良いのではないか。もっと具体的にいうと、現実世界の市場は、本当に、地域的特性と自然の特質によって異なると主張すべきである。屋根も窓もあり、誰かが何かの理由でそれらを保護する。したがって、市場で生じていることは、経時的に変化する特別なゲームの理論によって統治されているのである。

それゆえ、規制を歴史的な現象ととらえるとき、やがて適切に処理されるさまざまな規制体制について言及するのが有益である。ここで、われわれは出発点に立ち戻る。一八―一九世紀のあいだに、ほとんどの場所で、規制体制の理念型が推移したことがわかる（むろん、規制体制は多様であった）。すでに示したように、「軟性」、「地方分権的」、「分裂的」、「旧体制の」国家から、「近代的」ないし「領域」国家へと推移したという観点から歴史家はこの過程を定義した。したがって、領域国家が、経済的な手段を用いていくつかの目標と目的を達成しようとしたが、その意欲は変化した。有効性については、変化はたぶんもっと大きかった。そのため、新ルールと規制のもとで経済に「介入」するための技術的手法がやがて開発された。体験学習で試行錯誤を重ね、場当たり主義的方法で実行されることがきわめて多かった。しかし、われわれは、規制と介入行為の背後にある主要な目的の一つに盲目であってはならない。すなわち、国家の権力と影響力を、国の内外で強めることに注意すべきである。

イギリスが最初の発動者だったのはなぜか?

イギリスが最初に産業革命を経験したのは事実である。一七世紀のオランダが世界の羨望の的であり、他国が成功するための道を示したのとまったく同様、イギリスは、一九世紀前半に模倣されるモデルになった。イギリスで最初に産業革命が発生した理由は、一世紀以上にわたり、歴史家を夢中にさせてきた問題である。ほぼ確実に、その理由は多様かつ複雑である。それをすべてここで繰り返す必要はなかろう。しかしながら、国家の見える手がそのなかから除外されることがあまりにも多い。シーダ・スコッチポールらが約三十年前に歴史研究に関連して論じたように、「国家を復活させる」べきときがきたのである。だが今回は、一般経済史にかんすることで復活させるのだ。(59)

世界中の歴史家が想起させてくれるように、西欧、ことにイギリスが産業革命をもたらし、数千年間にもわたってほとんどの農業社会につきまとってきたマルサスの罠から離脱した理由は、決して自明ではなかった。たとえば一七世紀初頭のヨーロッパの舞台からだけみるなら、北イタリアこそ大きな産業の未来があるとみなすほうが理にかなっていたであろう。フィレンツェやヴェネツィアのような都市国家は、昔から工業が繁栄していた。すでに一三世紀において、フィレンツェには産業革命が開花するために必要な条件がほとんど揃っていた。とくに毛織物産業では強くみられたが、皮革の生産・なめしなどの生産分野においても、裕福な商人によって前貸問屋制工業に資金が提供され、組織化されていた。一三世紀初頭のフィレンツェは、キリスト教世界最大の都市であった。しかし、フィレンツェだけが重要だったわけではない。トスカナで先進的な生産をしていた他の都市のなかに、プラート、ルッカ、アレッツォがあった。さらに、他の北イタリアでも、ミラノ、ヴェネツィア、モデナのような大都市とその近隣地域も繁栄し、前貸問屋制のもとで工業が組織化された(60)。ヴェネツィアでは、もっとも重要な産業は、むろん造船業であった。少なくともある点まで、船舶の建造は、大規模産業の様相を示していた。いわゆる国立造船所 Arsenal は、一五世紀中葉に三千名以上の労働者を雇用していた。フェルナン・ブローデルによれば、彼らは、「偉大なサン・マルコのマランゴーナの鐘によって毎日召集された(61)」。さらに、このように幅広い基盤をもつ産業が、国際経済の文脈のなかで機能していた。つまり、繊維工業と他の生産物は、当然リヴォルノ、ヴェネツィア、ジェノヴァのような港を経由して北方ヨーロッパ全体に輸送された。北イタリアがヨーロッパ全体の金融事業の中心になったことにたいし、この基盤が大きく寄与した。とりわけヴェネツィアは、東方と南方からもたらされる香辛料や絹（さらに地金）のような高級品が扱われる商品集散地であった。同時期に基盤が形成されたのは、この種の高級品が再輸出されたからでもある。とはいえ、われわれは、フィレンツェ、ミラノ、ヴェネツィア、さらにその後は、ジェノヴァのような都市の金融業の勃興期の工業の役割を過小評価するべきではない。とりわけ一六世紀末には、ジェノヴァがヨーロッパの金融業をほぼ満遍なく管理していたけれども、ブローデルによれば、歴史家は、長いあいだ、「それに気づくことさえなかった」のである。[62] しかし、このときには、北イタリアとその工業の偉大な日々は過ぎ去っていた。経済力の中心は、北方ヨーロッパ、そしてとくに北西の隅に移行したのである。

だからこそ、前貸問屋制ないしプロト工業——しばしばかなり水準の高い分業を利用した——は、三百—四百年後のイギリスと同じ路線に沿った機械化と工場生産を発展させなかったのはなぜか、という問いが発せられるのである。フィレンツェにかんしては、専門家たちが多くの説明を提示してきた。とくに、一四世紀中葉の黒死病でヨーロッパの人口が減少して以降、市場規模が十分なほどに大きくならなかったとか、労働者と前貸問屋に従事する人々のあいだの階級闘争が一三五〇年以降蔓延し、一三七八年の毛織物織工による有名なチオンピの乱以降爆発的に増えたということがある。はたして、支配権を奪われないようにするため、ギルドが新しい生産手段の導入をストップしたのだろうか。あるいは、変化が妨げられたのは、イタリアの都市国家の社会構造の固有の事柄に原因があったのか。重要な役割を演じたのは、地中海から北海と大西洋に経済力がシフトしたことだったのだろうか。しかしながら、まずシフトが生じた理由を説明する必要がある。このシフトは自明のものではないし、経済学の用語だけで説明するのは容易ではない。

したがって、まだなされていないのは、フィレンツェ、ヴェネツィアさらに、ジェノヴァのような都市の政府の役割ないし、単なる都市国家以上のものにはなれなかった理由にかんする議論である。一五〇〇年以降、趨勢は、領土より大きな政治的実体と国家に対してたしかに有利になった。外国からの侵略者から身を守だけではなく、と収入を拡大することができたからである。「ジェノヴァ人の時代」（一五五七―一六二七）は、互いに戦争をおこなう強力な国家の時代のなかで縮小されていった。それは、たぶん特異なことではない。とりわけ外国の勢力が商船隊を妨害し、ジェノヴァが海上で航海することができないようにしたとき、あるいは、地中海で海賊が栄華をきわめたときに、自国を防御するための海軍がなかったことが致命的であった。三十年戦争が続いていたときにスペイン国家が倒産し、旧来の貿易ルートと商業・金融の経路が崩壊すると、ジェノヴァの死を告げる鐘が鳴らされた。

基本的に、それと同じことがフィレンツェでおこったが、メディチ家が全力を尽くして自分たちのためにより政治的な空間をつくり、現実にトスカナの支配者になった。しかしながら、トスカナの地位は、政治的にも軍事的にも弱く、この地域はスペイン（ハプスブルク家）とフランスというより強大な国家の戦場の犠牲となった。一六世紀中葉から、トスカナはハプスブルク帝国の一部となった。その結果、トスカナは、勢力をその地域の内部に注ぎ込んだ。ブルゴーニュ公国と同様、トスカナ大公国は、国家とはみなせない国家であった。結局、商人と製造業者は、独自の利害に応じて行動できる力強い国家を建設することはできなかった。フィレンツェが、ロレンツォ・イル・マニーフィコ（一四六九―九二）の統治下で最初の絶対主義国家だとみなされることが多かったので、これは、少しばかり逆説的なことである。ともあれ、マキァベッリであれば、これらの実際に悲しい出来事について何を考えていたかはわかる(63)。

しかしながら、イタリアがたとえば一五世紀に産業革命を創出することがなく、むしろ長期的には脱工業化に直面した事実は、たぶん、三世紀後にオランダが同じ状況に陥ったことほどには奇妙ではないであろう。まず、西欧の北西の隅の地域は、重要なマニュファクチャー部門があり、一四―一五世紀のうちに、すでに繁栄している都市が多数あったことが確認されていた。ブリッュへ、ブリュッセル、アントウェルペンのような都市では、リネンなどの製品の製造が、強力なギルドによって組織化されていた。ギルドの基盤は、多くが、現実には分業の原理にもとづいた問屋制家内工業におかれていた（アダム・スミスであれば、我が意をえたりと感じたかもしれない）。しかも、問屋制家内工業は、なかでも繊維工業においては、中世後期の不況に続く一六世紀のあいだにふたたび急速に発展した。

一六世紀のあいだ、アントウェルペンは、ヨーロッパ北部における巨大な生産の中心地であるだけではなく、金融・商業活動の主要なハブであった。スペイン領ハプスブルク家が独立戦争の期間中に同市を封鎖し、最終的には掠奪したとき、労働者、産業資本家、商人が自由な北部諸州、なかでもアムステルダムに移動した。一六世紀終わり頃から、アムステルダムは、主導的な金融・商業拠点となり、フェルナン・ブローデルとイマニュエル・ウォーラーステインの用語を用いるなら、「世界経済」が、この地を基盤としていたのである。

したがって、アムステルダムとオランダ共和国内にあるその後背地は、産業革命にいたる成長と変貌の過程を開始するのに必要なすべてのものを所有していたように思われる。しかし、そうはならなかった。なぜなのだろうか。

いつもながら、このような一般的疑問にたいする唯一の解答があるわけではない。おおまかにいえば、一七二〇年代以降のオランダの全般的「衰退」――相対的な――から学習すべきだという国内史を重視する立場と、外国貿易を強調する立場がある。ほぼ間違いなく、アムステルダムとオランダ共和国の「黄金時代」の運命を決定したのは、二つの要因の結合であった。大著『最初の近代経済』でヤン・ド・フリースとファン・デア・ワウデが明らかにしたことは、第一に、大きな意味で一六世紀終わり頃から国際貿易でオランダが優勢であったのは、「国内産業の基調となる能力」が機能したからだ、ということである。すなわち、農業と漁業の繁栄であったが、はるかに重要なのは、初期的な工業部門であった[64]。第二に、オランダの衰退は非常に緩やかなものであり、所得と生産の絶対額では、少なくとも一七八〇年まで（一人あたりの国民所得で計算すれば）、絶対的な衰退があったということには問題がある。第三に、彼らは、イングランドとアムステルダムが帝国と貿易面での優越をめざして闘争するときに海軍力の役割を完全に無視することなく、新旧の経済の担い手の運命の違いだと思われたことを指摘する。一七世紀から一八世紀初頭にかけてオランダは主導的な地位にいたので、競争相手には受容できないほどに賃金と物価が上昇した。二人の著者が示したように、オランダの繊維工業の労働者の生活水準は、イングランドの繊維工業の労働者よりも高かった。長期的には、当初存在した生産性のギャップ――オランダの利益につながった――は、次第に少なくなっていった。つまり、オランダの工業は、イングランドの（おもに毛織物）工業にたいして以前ほどの優位性はなくなっていった[65]。したがって、「最初の近代経済」――それは、結局、「旧来のもの」（すなわち、石炭を使った蒸気機関ではなく水力と風力を用いた）――は、限界に達したのである。これは、カリフォルニア学派が以前に述べた、マルサスの天井に突き当たる工業化以前の時代の経済というテーゼにきわめて適合的である。しかしながら、問題は、オランダ経済がはたしてこのような原始的な状態のまま一八世紀にまで突入したのかどうか、ということにある。多様化の水準が上がり、もっとも大事なこととして国際貿易における強い地位を利用する能力があったのだから、問題はほかにあると考えるほうが妥当ではないか。長期間にわたり、アムステルダムはバルト海地方からの穀物と原材料の配送に頼っていた。この意味で、すでに国内交易を通して、ずいぶん前からマルサスの罠の向こう側に行っていたのである。したがって、バルト海と北海の貿易における支配的地位を維持するために生じた問題が、少なくともある程度オランダの相対的衰退に影響したということは、ありえないだろうか。

このような疑問を抱きながら、オランダの衰退をめぐる、これらとは別の主要な叙述に話題を移そう。デヴィッド・オームロッドらによれば、オランダが長期的にイングランド人によって敗北させられた理由は、オランダ国家があまりに弱く、分権的で、むろんアムステルダムが支配的な地位を握る独立した都市と都市国家の枠から出ることができなかったことと関係があった。しかし、オームロッドが強調するように、この偉大な都市は、みずからの特権と集団的地位を強く擁護する独立した商人が形成する寡頭制の共和国内部において、他と同列の都市以上のものではなかった(66)。全体としてみれば、「生命力に溢れる商業利害関係者を代表する」強力な国家が登場することはなかった(67)。次章で論じるように、オランダ共和国は、イングランドと同程度に強力な保護政策を発展させることはなかった。オランダ人がそれを望まなかったからではなく、国家が弱体で、さまざまな利害関係で紛糾していたという可能性のほうがずっと高い。オランダは、イングランドとは違い、統合された国民経済ではなかった。しかも、アムステルダムの地位は、ロンドンのそれとは大きく違っていた。ロンドンは、まさに政治的な首都であり、十分に統合された国民経済の経済的中心であった。アムステルダムは、世界中と通信する国際的な貿易・金融の集散地であった。そのことが、長期的には、アムステルダムを無防備にし、オランダの資本家が自国の産業を発展させるよりもイングランドの国債に熱心に投資していた一八世紀に、同市が遅れた理由を説明することになるのかもしれない(68)。

さらに、「暴力の時代における暴力の論理」(チャールズ・ウィルソン)は、長期的な経済発展において支配的であった人々に大きな衝撃となった。事実、国際的な政治権力のシステムにおいてオランダ共和国が弱い立場にいることは、すでに一七世紀末に明らかになっていた。オランダがイングランドとの戦争を三回続けておこなったのち、敵であったイングランドと協力をし、フランスからの脅威に備えなければならなくなった。一六八八年に総督のウィレムが絶望的に（なったが、奇妙なことに成功した）イングランドへの侵略をし、それ以来（何らかの理由で）「名誉革命」とよばれた政変が続いたため、そうせざるをえなかったのである。それはまぎれもなくオランダの（強さではなく）弱さの証であった。その結果、一七一三年のユトレヒトの講和で終わったスペイン継承戦争の後では、オランダ人は、イングランドとの同盟で従属的な役割しか果たさなくなった。しかも、ユトレヒトでえたものは、控えめにいっても、貧弱なものでしかなかった。オランダは、好戦的なフランス人に対しては弱い立場にいたにすぎない。フランス人は、以前には巨額の利益をえていた、レヴァント貿易、さらには他の地中海貿易から、アムステルダムを除外しようと全力をつくした。だが、イングランドとの関係では、フランスはあまり成功しなかった。イギリス海軍と軍艦は、はるかに強化された。それらの役割を研究しなければ、アムステルダムが徐々に地中海貿易から閉め出されていたときに、イギリス人が勝者となった理由を理解することはできない(69)。基本的に、同じ話が、バルト海と北海でも繰り返された。この場合、次章で論じるように、北方諸海の水域に投入される海軍力が増強されたことを背景とし、一六五一年から導入された航海法が、致命的な打撃を与えたようである。全体としてみれば、イギリス商船隊がアムステルダムの主導的地位を徐々に受け継いでいった。それは、一七二〇年代から非常に明確になった。これで十分ではなかったとしても、南北アメリカとインドにおける帝国主義的権力としてイングランドが台頭したことは、世界のほぼすべての地域でイギリスの貿易が優勢となる徴候であった。インドは、いつもこの関係で触れられるが、北米のプランテーションも、決して小さな問題ではなかった。一八世紀初頭に、百万人を超えるヨーロッパ人が、この地に居住していたからである(70)。

たしかに、商業面での優越を失ったことは、多くの点でオランダ経済にとって痛手であった。しかし、それがどの程度影響をおよぼしたために、近代的産業経済への転換で、オランダが最初ではなく二番手の発動者になったのかはわからない。工業のためのコストが高く、市場を喪失したことが組み合わさったということが、決定的な説明にもっとも近いのかもしれない。たぶん、オランダ経済の全般的危機は、一七八〇年頃にはじまり、大陸制度の影響により繁栄に終焉がもたらされた。だが、国家の見える手――オランダ共和国が自己の経済的・政治的利益を保護することができなかった――が、この物語で重要な役割を演じたことはたしかなように思われる。

これまで述べてきたことから、一九世紀が規制緩和と、全能の統制経済政策・重商主義国家の消滅の時代だとする古いドグマは、もはや擁護できないということは明らかであろう。それどころか、ヨーロッパについては、イギリスが例外であるとしても、それまでよりはるかに効率的に経済に介入できる強力な領域国家が出現したのは、一八世紀以降にすぎないことがわかったのである。「軟性」ないし「分権」国家が、領土と市民をすべてのものの安寧という名のもとで――だが、かならずしも現実のことでなかったが――より強力に支配できるようになった国家に置き換えられたことで、経済の新規制のための舞台が整ったのである。「国民経済」が支配し介入するという発想すべてが、このような変化の過程がなければ考えられないことであることは、疑いの余地がない。

それと同時に、工業化の過程が、西欧にはじまり、国から国へと広がった。ここでの主要な議論は、このような変化の二つの過程のあいだに、明確なつながりがあったということである。しかしながら、変化の過程は、たいていの場合、政治史、行政史、経済史の専門家によって、別々に研究されてきた。ここでの議論は、国家が、産業革命を「創出した」ということではない。この革命は、いうまでもなく、かなりの程度、国家間の貿易の増加、革新の普及、国境を越えた思想の交換、資本と労働の移動、供給側と需要側の両方への圧力の影響によって大きく触発された自生的な過程である。しかも、農業部門で生産が増加し、植民地と海外のいわゆる「プランテーション」の生産増により所得水準が上昇した結果、需要が増大した。それが、少し後に自立した成長へとテイクオフし発展した産業革命で、もっとも重要な役割を演じたことは確実である。ここでの議論は、むしろ、ヨーロッパ内部のさまざまな国と地域で発生した産業革命の形態——とたぶんスピードも——が、少なからず、政治家と中央・地方政府の行政官による見える手に左右されていたということである。国家の産業発展におけるこのような利益が、突然生じたものでないことも明らかなようである。とくにイギリスは、この点で、ヨーロッパの他の多くの国々のための事例を提示する。同時代のヨーロッパのエリートにとって明白だと思われたのは、工業力は、軍事的・政治的な力のバックボーンであったということである。それゆえ、彼らは、自国においても、「近代的」産業の確立を促進するために可能なすべてのことをすすんでおこなったのである。

このような戦略がさまざまなヨーロッパの国々の支配者の観点からどのようにみえたのかということについては、のちに述べたい。しかしまず第二章では、一九世紀にいたるまで——そして、ほとんどの地域ではそれ以降でさえ——なお支配的であった「軟性」、「分裂」、「分権」国家の経済学を取り扱う。なかでも、統制経済政策的な性質を帯びて発展している（国民）経済政策の潜在的・現実的可能性について論じる。第三—五章では、多数のヨーロッパ諸国の「国家的状況」を考察の対象に加えて、産業革命をめぐって少し叙述する。ここでは、とくにこの過程を形成した国家などの公的な機関を取り扱うが、さらにまた、産業の成長と発展を刺激するために資金と他の資源を投資するときに、この種の権力がもっていた目標と野望についても議論する。

二　近世国家の経済学《ポリティカル・エコノミー》

一七世紀がまさにはじまったとき、偉大な未来にたいする新しい概念が生まれた。「経済学」（Political Economy）がそれである。より正確にいえば、この用語を最初に使ったのは、フランスの詩人、冒険的企業家、鉄工業者のアントニー・ド・モントクレティアンであった。彼の『経済学』*Traicte de l'oeconomic politique*（一六一五）は、大部分が、外国のものすべてにたいする批判であった。彼は、異国の商人を「吸血動物」とよび、「美しいフランス」を賞賛するだけであった。フランス人は世界中でもっとも美しく、もっとも幸せで、もっとも自由な国民だと、彼は主張した。彼がとりわけ強調したのは、国家を繁栄させるために、マニュファクチャーの役割とより多くの手仕事を確立することが必要だということであった。けれども、このような成長戦略を促進するためにも、産業を保護するシステムが創出されなければならないと論じた。外国からのものをまったく買わないことが、愛国者の義務である。だが、人々がこの義務を忘れる程度に応じて、国家は高い関税という形態、あるいははるかに情け容赦のない政策を用いて、輸入をやめさせなければならない。

保護の必要性を議論したのは、モントクレティアンだけではなかった。彼より以前でより有力なフランスの〈保護主義の〉提唱者は、アンリ四世の従者バルテルミー・ド・ラフェマであった。彼は、一六世紀の転換期に一連のテキストのなかで、中央集権的なマニュファクチャーと他の形態の工業を確立し、関税などの保護主義的政策を用いて、国家が介入すべき計画を策定する必要があると論じた(1)。ラフェマもモントクレティアンも、経済の繁栄は、世界の他地域との競争で（軍事的にも）成功することができる強力な国家の先行条件だということに同意した。しかしながら、彼らがまた信じたのは、強力な国家が、経済成長の先行条件だということである。そのため、権力と豊かさは、密接に関連する現象であり、同じコインの裏表の関係にある（この背景に照らせば、彼らなら、一九三〇年代からの重商主義にたいする議論には当惑させられるであろう。権力ないし豊かさに最大の焦点があてられていたからである(2)。彼らの議論によれば、国王の金庫に金がなければ、戦争はおこなえない。君主の官房に入る金のフローを増やすために、土地と他の物件により多くの税金がかけられるようにならなければいけない。そのため、より訓練され能率的な税吏と行政官を雇用する必要がある。それと同時に、農民と商人の肩にあまりに多くの税などがかけられれば、長期的な観点からとらえるなら、国王の収入にとっては有害であるとたしかに気づいていた。すべての水を池に排出して魚を殺してしまうことがないようにするため、長期的な、しかも、君主とその軍事力の観点（マンクル・オルソンであれば、君主を、納税者が山賊行為のまねをしてはじめて生き延びることができる「常駐の山賊」とよぶかもしれない）からは、経済成長が必要であった(3)。

絶対主義国家

一六―一七世紀のヨーロッパ政治史を扱った一般の教科書では、封建制から絶対主義君主への移行が、かならずといってよいほど強調される(4)。この見解によれば、この二世紀間に観察されたのは、強力かつ強大な権力をもつ国王の出現である。国王は、非中央集権的な形態を特徴とする中世とは対照的に、領土を支配し、臣民に絶対的権力を主張することができた。封建君主において、王権は象徴的かつ儀式的なものであった。したがって、国王は「同輩中の第一人者」にすぎず、真の権力は（マルク・ブロックが描いたように）、癒しの手 royal touch という形態をとって、支配者に臣従を誓う公爵や男爵〔封建家臣〕に委譲された。忠誠の義務関係は、王と家臣の両方に義務があるという意味で互恵的であった。国王自身が、義務を果たすことができないとすれば、それがどういう点であっても、臣下の忠誠心は損なわれる危険性があった。同様に、家臣が慣習的な義務である国王の戦争への参加を怠った場合、国王は家臣を掠奪することができた。

しかしながら、これは封建理論であり、他のあらゆる理論と同様、中世の統治形態の現実をかならずしも反映しているわけではない。現実には、国王が有する本当の権力は、時代と場所により大きく違ったことは明らかなようだ。この時代にかんする歴史研究は、フランス（そしてある程度イングランド）をすべての事例の典型例だとみなす傾向があった。だが、このようなアングロ－フランス中心主義は、中世における他の多くのヨーロッパ地域の国王と君主の統治を研究する場合には、ほとんど役に立たない。一つには、封建制は多くの地域で導入されなかったか、されたとしてもごく一部にしか作用しなかったことが、たしかに知られているからである。いくつかの小さな地域では、臣民を非常に厳格に統治する能力があるきわめて強力な国王と君主を見いだすことができるのは確実である。

ところが、一六世紀以前のほとんどの事例では、正直にいえば、君主の行政能力はかなり脆弱であった。城から城へと移動し、納税者の金で饗宴をするという国王の側近にたいする一般的な概念は、かならずしも一から考えだされたものではなかった。君主とともに移動する人々のなかに、君主の家族、召使、番人、さらにまた、君主の家庭を世話する人々と財産の管理人がいた。フランスのような大規模な君主国においても、王と宮廷は、一四―一五世紀になってもまだオルレアン、ブロア、シャルトルにある王城を巡回しており、パリにいるのはほんのときたまであった。カトリーヌ・ド・メディチ以降ようやく、パリがフランス君主にとって「普通の」家となり、「国家」が永続的に居を構える場所になった。高貴な男爵と公爵は、特別な勤めをしたいなら、国王がいる場所まで行くのであり、その逆ではなかった。彼らは、パリへの訪問中、特別な場所を借りることさえした。アパルトマンに住み、現在のヴォージュ広場で滞在したのである。だが、「王の広場」という古い名称から、それが現実に何を意味するのかがはるかに明確になる。君主と貴族のあいだで権力関係が変化したのである。しかし、国王と宮廷が一箇所に集中するようになったほとんどの場所では、行政官の数――官房――は、一六世紀にいたるまでまだ非常に少なかったし、多くの場所では、それはずっと後まで続いた。この頃の権力は、行政官の数の問題ではなく、王室の支配者が行使することができる非中央集権的なネットワークをどこまで支配できるかということで決まった。

標準的な解釈では、このような小規模で非中央集権的な統治団体は、一六―一七世紀のあいだに、強力で絶対主義的な君主が支配する巨大な官僚制度によって取って代わられた。小規模な官房が、多数の特化した機能と団体に置き換えられたのである。支配するために、特別の部門、部局と委員会が創設され、すぐに部局員で満員になった。

それに加えて、君主は、以前の家臣の勢力を打ち破ることができた。多くの場所では、独立した領主と軍事的指導者が、国王とその行政機構が管理する宮廷貴族に取って代わられた。このような絶対君主制への移行を示す代表例としてしばしば使われたのは、イングランドにおけるテューダー家と、フランスにおけるヴァロワ朝である。国王ルイ一一世（在位　一四六一―八三）によって、フランス君主は、郊外の伯爵と男爵にたいするより効果的な支配権を行使するようになった。その次の世紀には、国王の権力は数回挑戦を受けたのだから、内乱の危機が去ったわけではなかった。もっともよく知られているのは、大変動をもたらしたユグノーとカトリックのあいだの闘争である。この争いは、アンリ二世が非常に不運なことに落馬して一五五九年に死去した後にはじまった。ルイ一四世が一六六一年に王座に就く（そして、世界に絶対主義支配者がどのように統治すべきかの見本を提供する）まで、弱い君主（ルイ一三世）の後に強い君主（フランソワ一世、ナバラ王アンリ）が登場した。一六四八年にはじまったフロンドの乱以降、地方の高等法院も分権主義の精神をもつ貴族も、少なくともフランス政治史の正統的見解では、権力の中心から引きずり降ろされたのである。

一七世紀初頭、ラフェマやモントクレティアンらのイデオローグが登場したことはまた、経済政策にかんする新しい考え方、すなわち、フランスの勢力と影響力を増大させるために、経済手段はどう利用すべきかとの考え方が確立する前兆となった。この基盤にもとづき、一六〇〇年以降、いわゆるコルベール・システムが確立された。ルイ一四世の財務総監であるルイ・コルベールの「システム」には、内国関税と関税の廃止が含まれていた。このようにして、フランスの国民市場をつくりあげる第一段階が開始された（だが、それが現実のものになるのは、一九世紀末直前のことだという人もいたであろう）[5]。外国貿易については、コルベールは、ほとんどの種類の輸入品にたいする高くて罰則的な関税を示唆した。この政策がとられた主要な理由は、コルベールは、未来はより多くの工業製品の製造と産業経済の確立にあると信じていたことにあった。マニュファクチャー部門を成長させるための基盤を形成するため、コルベールは、保護システムを提唱した。しかし、彼はまた、この部門が国家によって巨額の補助金を受けるシステムも発展させた。さらに、彼は官立マニュファクチャー部門の設立を支援した。たとえば、繊維産業、ガラス、ファスティヤン織、金属と鋼の職人などである[6]。むろん、マニュファクチャーへの国家の支援が、ずっと前からはじまっていたことはたしかだ。われわれはすでに、経済問題にかんする多産な著述家バルトロメー・ド・ラフェマについては言及した．彼は国王の仕立て屋から身を起こし、商業総監督官になった。それは現実に、彼が国家のマニュファクチャーのすべてを管理することを意味した。よりいっそう奮闘し野心的になったので、国家のマニュファクチャー部門への支援の効果は、一六六〇年から急速に上昇した。

フランスが繊維マニュファクチャー——パリのサンマルセ郊外にある小川であるヴィエーブル川の沼地の土手に位置していたコブランのマニュファクチャーが、理想的なモデルであった——、をつくりあげるために、コルベールによれば、その生産が保護される必要があった。主要な競争相手はフランドルの毛織物工業であったが、それればかりか、旧来の奢侈品の繊維製品の中心であるイタリア（リヨンとともに絹織物工業のハブであった）も含まれた。オランダ（アムステルダム）とイングランドに対して、フランスは、商船隊が北海とバルト海で高価な輸出入品を運ぶことをめぐって競争をした。この貿易で、フランスは小さな役割しか果たしていなかったが、少なくともフランスの輸出入を可能なかぎり自分たちで遂行しようとしていたことは、きわめて明瞭であった。

一七世紀のあいだ、保護主義政策の導入——ルイ一四世も模倣をしたイングランドの航海法など——のため、しばしば戦争がおこった。だから、同世紀の後半に、フランスは数多くの戦争に巻き込まれた。なかでも、オランダとイングランドが主要相手国であった。戦争のほとんどは、たとえ強国間の貿易とは無関係の争いに端を発したようにみえる場合であっても、貿易の問題と関係があった。たとえば、いわゆるフランドル戦争の勃発（一六六七）が、ブルゴーニュ国家の崩壊によって触発されたことは間違いない。だれがこの広大な領土を受け継ぐかという問題は、むろん当時の重要な問題であった。だが、それよりはるかに重要なのは、西欧の中心部にあるこの戦略上重要な地域となった土地で、だれが貿易を管理すべきかということであったようだ。これとだいたい同じことが、一六七二年のオランダ侵略戦争、一六七九年のルイ一四世のアルザスとロレーヌ（エルザスとロートリンゲン）併合についてもあてはまる。ルイ一四世の戦場での偉大な勝利は、かつての宿敵であったオランダとイングランドを急接近させた。名誉革命は、フランスに対抗するこの協定を確認したものにすぎない。それからはじまり、一六九七年のレイスウェイクの講和で終了した戦争は、ルイ一四世の拡張主義を止めた。しかし、貿易競争については、競争相手であるオランダとイングランドという二国の現状維持を確認することになった。この二国のどちらも貿易で圧倒的地位に立つことはできず、儲けの多い貿易ルートなどにかんする勢力と影響力をめぐる競争は、一八世紀になっても続くことになった。長期的には、イングランドが勝利を握り、オランダ共和国とフランスより優位に立った。だが、一七〇〇年の時点では、それは自明のことではなかった。フランス人とオランダ人が、ヨーロッパ外の公式帝国のほとんどを、成功を収めたイギリスの帝国主義者に譲り渡すことになることは、当時はわからなかったのである(7)。

フランスだけが、より非中央集権的な中世的国家の廃墟にもとづいて絶対主義君主国家を樹立しようとしていた国だったわけではない。国内と国外の両方で、経済力を増大させるために経済的手段を使用していた唯一の国でもなかった。エリィ・ヘクシャーをはじめとする多数の研究者が指摘したように、「国民」経済を樹立する戦略は、一六―一七世紀にはどこにでもみられたのであり、他国以上にそれに成功した国もあった。しかしながら、イギリスの観点からは、この種の政策の施行が――とくに外国からの輸入品に対して――もっとも成功していたようにみえる時代が、クロムウェルの共和国と、絶対主義君主が廃止された一六九〇年以降のことだったのは、一つの逆説である。一六五一年に最初の航海法が導入されたことは、間違いなく、イングランドに新しく生まれた保護主義的な傾向を示した。さらに、十分に認識されているように、一六九〇年代に、とりわけ輸入関税について、ふたたび保護主義の基調が現れた。とはいえ、ここでわれわれは、次のことを確認しておかなければならない。「絶対主義」権力を発展させようとしており、この目標に到達するための手段として（統制的な）経済政策を使用しようとしていた野心的な君主たちがいた。そして「絶対主義」権力の発展と（統制的な）経済政策のあいだには、明確な関係があったのである。

古い「分権」国家を根絶し、現実に経済に介入する効果的手段を発展させるのにどれほど成功したのかという問題に立ち戻る前に、ヨーロッパ近世の絶対主義君主の勃興の経済的先行条件にかんして、さらに数語、付け加えるべきかもしれない。たしかに、このような絶対主義国家の台頭は、あらゆる地域でみられる一五世紀後半からの経済成長に依存していた。マルサスの危機と（一三四〇年代終わり頃の黒死病からはじまった）疫病が重なった破局のために冷酷ともいえる結果が生まれてから、人口がふたたび増大した。そのとき、経済は全般的に上昇傾向になった。経済の農業部門と他の部門は、急速に成長した。これはまた、大西洋経済時代の幕開けでもあった。

ブローデルとウォーラーステインに代表される世界経済の理論家は、貿易と経済の優位が、一六世紀のあいだにヨーロッパの南部から北西部に移ったと論じた。世界システムのアプローチは、経済力の中核地域と、特定の時代にその地域を支配していた特定のリーダーを同一視する。たしかに、このような解釈には発見的な性質があり、単純さゆえに、世界システム論に役立つかもしれない。世界システムのアプローチが、とくに一六世紀のあいだに地中海世界ではなくヨーロッパの北西の隅におけるはるかに高い成長率を強調することは、疑いの余地なく正しい。しかし疑わしく思われるのは、明確に、主導的な都市を特定の時期のシステムの中核だととらえることである。この時代の国際的な貿易と交換にかんしては、多数の中核都市のあいだで、競争だけではなく、協力関係があることを強調するほうが有効かもしれない。一六世紀においては、ヴェネツィアとジェノヴァは、依然として重要な都市であった。バルト海地方の諸国のあいだでは、ハンザ同盟内部の協力が、依然として強力な要素であった。北西部では、アントウェルペンがたしかに巨大な中心であったが、ブリュッヘなどの都市もまた、貿易のハブとしてつねに重要であった。だから、このような都市と都市国家すべてのなかで、主導者を戴く必要はない。むしろ、都市・都市国家間の複雑な相互関係、運命の変遷、さらに時折おこる失敗を指摘すべきである。この種の世界システムの理論は、時代遅れであることが多く、より長期を分析対象としてはじめて明らかになることを、さも当然のこととして〔短期的分析のなかに〕受け入れている。さまざまな都市国家間で激しい競争があり、「絶対主義」国家が出現しつつあったために、新しい攻撃的な政策が発展していた。そのことを理解するためには、中核になるために戦うだけの価値があることは認めなければならない。

それと同様に、この種の世界システムの理論は、しばしばヨーロッパ中心主義的である。そして、この点は、ケネス・ポメランツらの近代のグローバル（経済）史家によっても発展させられた。世界システムの理論がヨーロッパ都市の役割を世界経済の中核だと指摘するとき、中国、日本、インド、さらに東南アジアの一部でも重要な中心があったことを忘れがちである。(8) したがって、われわれは、多数の中核があり、一連の周辺の移動をともなうシステムを強調する観点を発展させるよう努めるべきかもしれない。その場合、われわれの出発点は、自明なヨーロッパの優位ではなく、このような中核地域間の複雑な相互作用（および競争）を強調することにあろう。アジア大陸の役割は、東洋と西洋の広大な地域にわたって重要な貿易をしていたので、最終的にはランクを上げるべきかもしれない。

かといって、いうまでもなく、一六世紀以降のヨーロッパ北西部で強力な経済が勃興したことを過小評価してはならない。この地域の（プロト）工業生産と国際貿易で、最初にこれほど急速な成長を引き起こしたのは、主導的な帝国主義勢力であるスペインの勃興によるところが大きかった。価格革命とブラジルのミナスジェライス、ボリビアのポトシのようなアメリカ大陸の地域からの金銀の流入の役割は、長く議論されてきた。それがどれほどヨーロッパ北西部の貿易と産業に刺激を与えたのかについては一致した見解がないが、すべての人々が同意しているように思われるのは、少なくとも、ここで述べた経済活動の興隆に何らかの影響を与えたということである。新しい領土を征服し、その後プランテーションと鉱山業を確立した。それは、北方ヨーロッパが提供できた繊維製品などの需要を増加させた。このように新しく銀が流入したので、スペインは繊維製品などを購入し、それをアメリカに輸送することができた。アメリカから到着したほとんどの富はスペインのセビーリャにある強力な商人集団の取引所の金庫に入れられて陸揚げされ、大部分は土地に投資されたことはたしかである。けれども、このようなことから、アメリカ大陸に工業製品を輸送することが、それまで以上に重要になった。

一六世紀末のこのような状況が、非常に賞賛された「オランダの奇跡」の基盤をどの程度形成したのかを繰り返す必要はない。この問題については、少し後で触れたい。ここでは、アムステルダム繁栄の好機を創出したのは、オランダの反乱とスペイン・ハプスブルク朝の戦争、さらにアントウェルペンの封鎖であったといえば十分である。一七世紀初頭には、アムステルダムは、北海―バルト海間の貿易でたぶん最大の中間商人かつ集散地であり、そしてヨーロッパの南部と北部の（主として陸上）貿易、東南アジアとヨーロッパの貿易の主要な担い手として登場した。このような小さな国家――一七世紀中葉にイギリスのオランダ大使であったサー・チャールズ・テンプルが記したように、砂の上に立てられた小さな島にすぎなかった――が、これほどのことを成し遂げたのは、たしかに驚くべきことである。一七世紀には、これまでみてきたように、オランダの勢力はイングランドとフランスによる挑戦を受けた。そして、諺のとおり、その後のことは誰もが知っている。

同時に、ヨーロッパ北部の経済力がこのように驚くほどに上昇した内生的な要因がたしかに存在する。それは、絶対主義君主国家への移行と、その結果旧来の（封建的な）統治形態が衰退するということを含意した。西欧では人口と農業部門の生産が増大したことが重なった結果、都市が成長し、食糧、原材料、繊維製品、消費材一般、住宅用資材、金属の道具、ガラス、他の多くの商品への需要が増加した。それはさらに、プロト工業としてすでに描いていたもの、すなわち、前貸問屋制という形態をとって農村で組織化された家内生産が一般に飛躍的に増加した原因となった。このような形態の生産の発展は、ヨーロッパにおいて、東方ではチェコから、西方ではフランスまで、さらに北方のスカンディナヴィアから〔南方の〕イタリアまで、おおむね一六―一九世紀にわたって知られる。プロト工業の影響は、さまざまな形態と発展の経路を含めて、学界で活発に議論されてきたが、家内産業の普及が、とくに西欧において、より市場と商業生産に向けた発展を強化したことはたしかである。(9) 税吏の――そして究極的には国家の――観点からは、プロト工業が広がった結果人口が増大したことで、納税者になる可能性がある人々が増加した。都市数の増加は、同時に、国内と国外の交易の増加をもたらした。それは、こんにちであれば、一定の支配者の領土の課税ベース〔税の対象となる商品・サーヴィスの範囲〕とよばれるものを増大させるのと同じ働きをした。取引商品のフローの増大に課税することがもっとも確実な方法であった。それは、一五世紀終わり頃からの近世経済の全般的拡大の結果であり、君主や国王がほとんどの地域でおこなっていたことである。

また同時に、われわれが記憶しなければならないのは、この時代のヨーロッパ各国の経済は、いまだに農業経済であり、食糧と原材料という形態で農業が提供できるものに依存していたということだ。中世後期の不況をへて、農業の生産量と生産性は一五世紀中頃から上昇したので、農業人口が増えたばかりか、所得も増えた。土地への課税は、この時代のすべてのヨーロッパ諸国の主要な収入源であった。農業の拡大と改良は、土地からえられる収入が増加したことを意味した。この収入増のほとんどは、おそらく、領主の手に入った。しかし、何割かは、最終的に農民（農民は、彼らの地所に投資し、改良することができた）の手元にも入っていった。だが、国家もまた、地租を増大するという形態をとり、この過程から利益をえたことはたしかである。ヨーゼフ・シュンペーターが論じたような一六—一七世紀の（君主が「武器・国家を領主から取り上げた時代の後で生じた」）「租税国家」でさえ、むろん主として農業からの収入に依存していた。[10]より多くの税を徴収するために、この国家は、二つのことをおこなう必要があった。第一に、中世において政治的に大変強力であった分権主義的な封建領主階級にたいする権力を増加させ、第二に、税を徴収する能力を拡大し、たとえば官僚と行政官を雇用するなどして、ある程度、経済にたいする支配水準を高めることであった。君主がこの両方を同時にできる場所では、「絶対主義」国家が台頭した。だが、いうまでもなく、それがどこでも生じたわけではない。このようにヨーロッパが、「租税」国家ないし「絶対主義」国家に移行したことは、一六—一七世紀において、ヨーロッパの地理的配置が根本的に変化したことも意味した。誕生した国家があれば、消滅した国家もあった。北方ヨーロッパでは、効率的な租税国家であるスウェーデンが台頭し、三十年戦争（一六一八—四八）後のドイツ諸邦において、ブランデルブルクが栄光があり未来のある成り上がりものになっていった。われわれは、ルイ一四世の征服についてはすでに論じたし、一七〇〇年以降、ロシアが大国として登場している。しかも、西欧が、一六世紀初頭から遠く離れたアメリカとアジアにある帝国を発展させることができたのは、このような経済的・政治的基盤のうえにたっていたからである。このような土地を征服するには、船舶、大砲、武器のみならず、衣服を着せ食糧を与える人をより多く必要とした。明らかに、この時代にヨーロッパが国境を越えて拡大するには、国家の見える手が不可欠であった。

そのような国家には、みずからが利用できる新しい経済的資源があった。

経済学《ポリティカル・エコノミー》にかんする近世の言説

われわれがこれまで論じてきたのは、近世ヨーロッパにおける新しいタイプの国家、すなわち「絶対主義」国家や君主国家、（シュンペーターによるよく知られた用語を使えば）「租税国家」の出現である。しかも、本章と前章で指摘したのは、この国家が、権力と影響力を求めて競争がおこなわれている世界で、政治的・軍事的権力を拡大するために適切な経済の秩序と成長にたいする重要な役割を、どのようにして理解しはじめたのかということである。この時代の国家が、どの程度効率的な支配が可能なのかということは、むろんわれわれが立ち戻るべき、別の問題である。

一六世紀においてもそうであったが、とくに一七世紀に、国際貿易の役割が、政治家の関心の的になった。政治家は、君主ないし国家の力を強化するために、経済的手段をどのように利用することができるのかという議論をした。この議論においては、すでに言及したように、オランダが学習と羨望の対象の事例として主要な役割を演じた。よく知られているように、一六〇〇年以降たちまちのうちに、アムステルダムが世界中に軍事活動を広げ、金融・貿易活動の中心の座に登りつめた。アムステルダム商人が見せびらかすことができた途方もない財産が、世界を驚かせ、「富の困惑」を招いたのである。サイモン・シャーマによれば、この困惑が、オランダ人と彼らの自己のイメージに影響力をおよぼしたのである。(11) 他のヨーロッパ諸地域は驚かされ、このような富と贅沢が、あっという間にこのきわめて小さな国の貧しく湿気の多い土壌に、どうやって築かれたのかという問いを発しだした。どうしてこんなことができたのだろうか?

同時代である一七世紀の観察者たちは、この謎について、さまざまな解答を提示した。一つの反応は、オランダ人は、冷酷な競争のみならず、不屈の精神、激しい労働を通して、他の国々の貿易を支配したというものである。したがって、イギリス商人かつ著述家のトマス・マンは、一六二〇年代に、こう強調した。オランダ人は、イングランドのニシン漁師との競争に勝ち、彼らを北海から追いやったのだ、と。トマス・マンによれば、この基盤にもとづき、オランダ人によるバルト海・北海間の貿易独占が、一七世紀のうちにすすんだのである。これとは別の説明を提示したのは、ウィリアム・テンプルのような著述家であり、とりわけ専門特化と分業によって富がもたらされる結果を強調した。貿易は一方が儲かれば必ず片方が損をするというゲームではなく、需要が増大するスパイラルを創出する。そのためさらに、貿易の増大が加速化される。商人の国は農民の国よりもはるかに豊かだと、テンプルは書いた。しかも、貿易国は農業国よりも多くの市民を養える。だから、人口密度が高いことは富の証拠なのであり、それと同時に、需要を増加させ、さらに多くの生産をするように刺激する。とりわけテンプルは、オランダ共和国がこれほど「豊かさと欲望に溢れた国」になったのは、例外的に生産的な農業があったからだと論じたが[12]、この国の人々に富と権力をもたらしたのは貿易と産業であるということで、おおむね意見は一致していた。しかも、ここでふたたびテンプルの発言に戻ると、彼は、オランダ共和国がサクセスストーリーをたどることができたのは、健全な政治制度――「国制と秩序」――のためであったと強調した。共和国の自由な国制を称揚して、テンプルはいう。「私人間の相互の信頼関係がなければ貿易は増えないのと同様、政府と個々人の安全にかんする信頼がないなら、そして究極的には、政府の力、知恵、正義に由来する政府への信頼がなければ、貿易が成長ないし繁栄することは不可能である……[13]」。しかも、リベラルなオランダの国制のため、非国教徒がこの国に移住することが許された。その結果、多くの有能な商人と製造業者が、定住することができた。それは、開かれて競争的な社会的環境のために重要な先行条件を提供した。

しかし、われわれの話は、現実にはここからはじまるわけではない。政治権力の経済的基盤にかんする議論は、より広い政治的な議論のなかに位置づけて考えるべきである。すなわち、フィレンツェの政治思想家にまでさかのぼり、むろん、もっとも著名な人物として、ニコロ・マキァヴェッリも取り上げるべきである。よく知られているように、フィレンツェの叙述の政治的伝統は、おおむね愛国主義と他の共和国の価値観、さらに適切な統治がなされた高潔な国家において共和国の価値観がもつ役割を扱っている。したがって、しばしば犯される誤りは、一七世紀については一般的には経済問題、とくに外国貿易にかんする議論の現実的な文脈だけを強調することである。さらに、一七世紀初頭のイギリスでおこなわれた国際貿易、貿易黒字にかんする議論を、単に特定の商人の利害を反映するにすぎないと考えることは有益ではない。たしかに、一七世紀初頭の、トマス・マンやエドワード・ミッセルデン、同世紀末のジョサイア・チャイルドのような著述家は、商人の利益の熱烈な支持者であったが、彼らが現実的問題を越えた原理やイデオロギーに触れなかったわけではない。現実には、彼らは、少なくとも一部分は政治的な原理と国家の論拠を扱う慣用句を使用し、特別な利益を宣言したのである。とりわけ、『リウィウス論』と『君主論』で、マキァヴェッリは、有徳の国家が、新しい歴史的状況でどのように保持され、発展できたのかを詳述した。近代的君主の台頭である。このテーマは、一六世紀のあいだに、とりわけジョヴァンニ・ボテロとジャン・ボタンによって発展させられた。なかでも、一五五八年に上梓されたボテロの『国家理性論』において、政体（王国ないし共和国）が権力をめぐる国際貿易と外国との競争で果たす重要な役割が、激しく論じられた。マキァヴェッリは、経済の拡大と増加が君主の権力にもたらす役割の大きさをとくに強調した。それは、軍事遠征、貿易独占、競争での勝利により獲得されるものであった。この点は、すでに一七世紀に数多くの著述家が取り上げており、イギリスでは、マキァヴェッリを〔共和主義者の〕ハリントン〔一六一一―一六七七〕が解釈する場合の重要な箇所であった。しかし、これ以前においても、それは一七世紀イングランドのパンフレット書きのあいだに現れていた。この時代を研究しているほとんどの歴史家は、「重商主義者」が、経済の成長と拡大が、金と銀〈地金〉の流入の結果にすぎないと信じていたかどうか、すなわち、貨幣と貨幣が購入できるものを混同していないかということを活発に議論してきた。われわれは、この問題にここで深入りする必要はない。一七世紀初頭のマンやミッセルデンらの著述家は、「王国の蓄え」を増やす必要について議論していたという結論が導きだせる。同世紀の中葉、サミュエル・フォートレイは次のような見解をとった。「イングランドの利益と改善は、主として蓄えと貿易の増大による[14]」。

すでに、最初に上梓した小冊子である『重商主義論』において、われわれは、マンが東インド貿易を擁護したのは、この貿易が「消費せず、むしろ全体の蓄えとこの国の財宝を大いに増やすからである[15]」ということを学んだ。それゆえ、外国との貿易を増大させることは、国の利益になるのである。すでに、ここに経済の拡大〈ないし成長〉と国家の利益間の関係が明確に描かれている。しかも、マンが立てた原則は、むろん一六世紀以来多数の政治的パンフレットと論文ではどこにでもみられるものであった。そして、フィレンツェの伝統に明らかにみられたのである。すなわち、「商品の貿易は、国家間の取引が十分におこなわれる健全な慣行であるばかりか、〈私が名づけたように〉王国の財産の試金石そのものなのである[16]」。同様にマンのもっとも有名な小冊子の『外国貿易におけるイングランドの財宝』〈一六六四年印刷。しかし、そのほぼ四〇年前に書かれていた〉は、愛国主義的な作品であり、辛辣な用語で、オランダの商人と漁師の侵略にイングランド国家が対抗する理由を擁護する。ここで、彼は「われらが国の愛とサーヴィス」について語り、商人を「王国の蓄えの管理人」とよぶ。また、「私的な利益は……公共善に付随するだろう」と認める。彼は、商人を、王国の繁栄に欠かせない狡猾さ、知識、愛国的美徳をもっているために賞賛した。たしかに、マンは長年にわたりジェノヴァに航海していたはずであり、イタリアの歴史にかんする膨大な知識があったが、共和主義者ではなかった。彼は、マキァヴェッリの足跡に従った。ジョン・ポーコックが何年も前に強調したとおり、マキァヴェッリは、初期のフィレンツェの共和主義を近代的君主の公然たる支持へと転換したのである。だが、彼はヴェネツィアと、とくにジェノヴァを、貴族的共和国という理由で賞賛するが、（人民主義者ソデリーニ統治下のフィレンツェのような）民主主義的な共和国においては、自由と政府が「奴隷状態」に変わるかもしれない危険性があると感じている。とはいえ、このような共和国においては――そして、これはむろん、とりわけマキァヴェッリ独特の反響であるが――、私的な人々は、公的な財宝の助けがあれば、「自国の主権を擁護して生きるのに時間を費やす」のである。(17) だが、公共善は、君主が「私のものとお前のもの」のあいだの財産の区別を擁護する王国で、もっとも多く保存されているように思われる。オランダに対して、マンは、イングランドの利益を守る真の愛国者として話す。「キリスト教国では、どの国の人々も、国の内外で、日々の航海と貿易で、〔オランダ人ほど〕われわれを損ない、傷つけ、しのいでいる人々はいない」。イングランドにオランダからの定住者はいるが、「たしかに、彼らはわれわれではなく、また、わが国で生まれ育ったわけではない。なぜなら、彼らは依然としてオランダ人であり、彼らの心のなかには、イングランドの血は一滴たりとも流れていないからである(18)」。

それゆえ、一七世紀の間に――一八世紀と同様――国家の介入、外国との競争による脅威、国際貿易、オランダの成功のような事柄が、国家の利益と愛国主義という文脈で論じられたのは、まったく驚くべきことではないであろう。イストファン・フォントが最近論じたように、国際貿易、競争の脅威、経済的事柄における国家の見える手の役割をめぐる一七世紀から一八世紀初頭にかけてのイングランドにおける特有の議論――テヴィッド・ヒュームによれば、「貿易への嫉妬」の問題――は、「大部分が、国際貿易に国家の理性をあてはめることであった」[19]。これは一八世紀と同様、一七世紀においても重要なテーマであったオランダの事例が他の何よりも強く例示しているように思われるのは、国際貿易の増大が軍事力と国家の力の基礎だということであった。同時に、国家権力は、富の蓄積と保存のための先行条件だとみなされていた。だから、「貿易」は「権力」に従う傾向があった。チャールズ・ダヴナントが一八世紀の転換期に論じたとおり、歴史的な説明が示すように、貿易は、「はるかに強大な力をもつ隣国によって囲まれている小国で、まず受け入れられる」のである。しかし国家権力が欠如しているので、このような小国は、しばしば大国に攻撃され、その結果、彼らの商業は衰退した。「たった一回の戦いで、多年の勤勉により集めたものを一掃したのである」[20]。それゆえ、貿易には権力が欠かせなかった。だが同時に、権力は豊かさと貿易の関数であった。

分権国家の経済学《ポリティカル・エコノミー》

一六世紀から、より強力な「絶対主義」ないし「租税を基盤とした」国家が出現するようになった。国家の権力を増大させるために、国際貿易と多数の種類の国内資源など、さまざまな経済手段の管理をする傾向が強まった。しかしながら、このような努力が、いつでもどこでも成功したと結論づけるのはあまりに安易である。統制経済政策国家について論じる場合、それが、紙の上での計画にとどまらず、少なくともある程度は、その実行が成功したことを意味する。けれども、きわめて野心的であることが多い計画を成就させるために、経済にたいする管理を拡大する絶対主義国家の能力にかんしては、イデオロギーと現実のあいだにかなりの相違があることが頻繁にみられたようである。このような背景に照らすと、慎重な研究者は、経済資源を本当に制御する能力があるより効率的な国家は、一般的に一七五〇年以前には登場しなかったことを強調してきた（第一章でみたように、たぶんイギリスは例外であった）。例をあげよう。チャールズ・ティリーが次のように述べたとき、近世の一般的状況について言及しているのである。「ヨーロッパの強大な国家は、どれもが、強力な仲介者を通じて臣民を支配したのである。仲介者は、大きな自治を享受し、自分たちの利益にはならない国家の要求をしりぞけ、委託された国家権力の行使により、自分のための利益をえたのである[21]」。より直接的な統治をおこなう動きが一七世紀にはじまったが、なかなかはかどらなかった。同じ著者によれば、「国家が間接統治というほぼどこにでもみられるシステムから直接統治というシステムに積極的に移行したのは、国有化と専門特化の時代である一七五〇年以降のことであった。地方のコミュニティ、家庭、生産的企業における生活へとあたり前のように介入していったのである[22]」。ここで、ティリーは、一八世紀まではどこにでもみられた「分権国家」の一つの重要な機能に言及したのである。ある種の機能（税と関税の徴収など）を個人にゆだねたのだ。しかし、これまでみてきたように、これは、この種の分権主義の一面にすぎなかった。はるかに重要なのは、むろん、あらゆる形態の分権主義のルールが行き渡っていたことである。独立した諸身分と都市の団体、ギルドの半公共的な役割と機能、（イングランドのマーチャント・アドヴェンチャラーズのような）特許会社は、国王によって特権が付与された。このような背景に対し、ある種の国家で意見が一致し、統治のための強力な装置が効果的に開発される可能性について、われわれはあまり楽観的になるべきではない。この頃、国家はたしかにさまざまな意見があった。

ところが、状況はそれよりはるかに複雑であった。近世ヨーロッパのほとんどの部分で、国王ないし君主は、制限を受けた支配者であるばかりか、ある程度は、独自の経済的利益をもつ私人であったことを認めなければならない。とりわけ、一六―一七世紀のいわゆる「帝王学の書」――この時代のほとんどの国に共通の文献――を研究するなら、この種の君主的支配者の公的・私的な役割を区分するには困難が多いことがわかる。[23] 一方では、彼らには重要な公的義務があったことはたしかであるが、他方、権力の座を築くために私的な資源が必要だとしばしばみなされたことも当然である。それゆえ、国王になることができたのは、一般に、非常に豊かな財産をもった人だけであった。さらにまた、経済面では、国王は「同輩中の第一人者」である必要があった。

当時の教義によれば――このとき繁栄していた家父長の言説と同様、「帝王学の書」で表現されるように――権力の座を強化するために、君主は三つの方法で収入を増やすことができた。[24] 第一に、君主は敵と戦争することで、自分自身や家族の私領を増やすことができた。この種の戦争で、領土を拡大することができた。獲得した私有地に城を建築し、地代を支払う多数の農民を獲得できた。このような征服戦争は、領主としての国王の地位を上昇させるために遂行されたのである。それはとくに中世においては、決して異常なことではなかった。たしかにまた、国王は、節約しなければならない金額に応じて、より多くの土地を購入し、私有地を奉仕と交換することができた。しかしながら、近世ヨーロッパの大部分で戦争が遂行されていた近世において、とくに国内の不和や内乱の時代には、広大な土地資源を所有するのは、まだ重要なことであった。

第二に、君主は「公的な」目的のために、すなわち、王国の拡大のために戦争に訴えることができた。そこから生じる君主の個人的収入は、主として間接的なものだったであろう。ここでの主要な勝者は、封土として土地が分割された領主、伯爵、男爵であったろう。しかしながら、農民と市民が国王に税を支払わなければならなかった程度に応じて、国王も利益をえたことはいうまでもない。長年にわたり、その利益ははるかに大きくなっていった。それは、ほとんどの場合、新しい土地と領地からえられる国王の収入のうち、支配者としての国王に流れる比率が上昇したと思われるからである。どこでもそうだというわけではなかったが、多くの場合にそれはあてはまった。租税国家にゆっくりと移行するにつれ、これまでみたように、国王はまた、自身の課税ベースを拡大したことであろう。すなわち、土地に税がかけられるだけでなく、個人が支払う税が増加したのである。したがって、人口が多い国のほうが、通常の場合なら、君主に支払われる金は増加する。だから、この時代の支配者としての君主が、いつでもどこでも、より多くの領土を征服しそれに税をかけようとしていたのは、驚くべきことではない。

収入を増やすことを目的として、国王の私有地や公的な領土を拡大する戦略は、「拡大政策」とよばれてきた。しかし、公然と征服戦争をすることが、利用可能な唯一の方法ではなかった。税収を増大させる方法として、それ以外にすべての支配者としての君主が近世におこなったのは、他の王家ないし高貴な名家と戦略的ネットワークを構築することであった。戦略的な意図をもった婚姻は、この種のネットワーク形成の鍵であることが多かったが、他の方法も使われた。ある国の重要な個人や利益集団に賄賂や補助金を送ることがそれに含まれた。このような方法を用いて、かつては独立していたり別の国家の一部であった領土が、恒久的またはある一定期間、支配者に税を支払うようになりえたのである。

一見すると、このようにより平和的な方法のほうが、戦争を遂行するよりも費用がかからなかったように思われるかもしれない。戦争を遂行するには、金がかかり、リスクをともなっていたからだ。戦闘のほとんどをおこなう傭兵に支払いをするために、大量の金銀が必要であったばかりか、重要なのは、突如として君主に反抗する可能性がある家臣と貴族の忠誠心であった。とりわけ一四世紀から一五世紀にイングランド―フランス間で戦われた百年戦争は、陣営を変えた不忠な家臣と軍隊の話で溢れている。好むと好まざるとにかかわらず、数百年にわたりこのような気の毒な国家事情が変わらなかった（少なくとも統治する側の国王からみて）という事実は、受け入れなければならない。ドイツの領土で戦われた三十年戦争（一六一八―四八）の期間、プロテスタント側とカトリック（ハプスブルク）側を入れ替わった軍事的指導者と貴族の事例が数例みられる。しかし、平和的姻戚関係を通じて国家の領土を拡大する方法は、きわめて高くつくことがありえた。王妃の高価な持参金を支払うために支配者自身が抵当になることは、この時代に戦略的同盟関係を結ぼうとした多数の支配者に、まったく知れていない方法ではなかった。このような場合においても、王室の金庫に多額の金が必要であった。そして、姻戚同盟を受け入れる忠実な家臣と貴族にたいする金を必要とした。戦争になると、この戦略はリスクのある事業になった。

第三に、君主の収入を増大させる「集約的な」方法は、むろん、臣民が負担する税を増大させることであった。とりわけ近世のヨーロッパ大陸においては、「官房学」とよばれる教義と言説が、一六世紀から発展した。これは、君主が、臣民らに税を課し、君主の収入源を増やすための最良かつもっとも効率的な方法にかんする問題を明確に取り扱っていた(25)。この種の文献――一八世紀のドイツとオーストリアでもっとも少なくなった――に見いだされるのは、どのようにして課税ベースが新しい対象（消費、貿易など）にまでおよぶことができ、効率的な課税行政が形成されたのかというだけではなく、さまざまな形態の課税の最適水準を論じる手引書である。この種の水準をみつけることは、むろん当時も今も、きわめて重要なことである。こんにち、われわれは、ラッファー・カーブを使用し、インセンティヴの敏感さという観点からこの問題を議論するかもしれない。官房学の分厚い手引書では、コンセプトはより明確かつ無骨に表されているが、内容はほとんど同じであった。税金（ないし関税）

が非常に高くなり、脱税（ないし密輸）が多少とも確実におこなわれるのはいつか、ということであった。あるいは、より明確にいうなら、税金が高くなりすぎて、ある種の貿易や農民が従事する農業にたいする現実的妨げとなったのはいつか、ということであった。農民への税負担があまりに重くなると、農民は飢えるか、逃げ出すかのどちらかであったろう。[26] 官房学の著述家と（一七二〇年以降）この学問の講座で教授の座を占めていた人々が、こんにちのわれわれと同様、それについて曖昧な態度をとっていたことを理解すれば、慰めがもたらせられよう。

第四の戦略も、一八世紀の官房学の文献でとくに強調された。多数のヨーロッパ大陸の諸国家は、一八世紀のあいだに独自の人口政策を発展させた。実際にはその政策は、人口を増大させるためのものであった。出生率を上昇させるが、またある程度は、伝染病、ペスト、不潔な水などで生じる死亡率を低下させるために、領土を獲得するのではなく、「良い政策」（ポリツァイ）を行使したのである。同時代人にとっては、とりわけ幼児の平均余命を長くすることで、死亡率を下げることがもっとも大切だと思われたのかもしれない。近世ヨーロッパはほとんどどこでも、人口増大が抑制された。それは非常に幼い子供たちの死亡率が高く、多くの場所では、生まれて最初の一年間を生き延びるのは、三―四人に一人しかいなかったからである。ブランデルブルク・プロイセン、スウェーデンなどの国々では、幼児の健康管理促進という野心的試みが開始された。たとえば、産婆の公的管理を強め、産婆のあいだで何らかの最低限の専門的水準を導入するということがそれにあたる。一八世紀には、多くの場所で、学問を修めた専門的な医者からの嘆きが聞かれた。伝統的な産婆のシステムが、幼児死亡率の高さの主要な要因だからというわけだ。これが、どの程度まで本当だったかということは、当然、議論すべき問題である。[27] しかし、この信念がいくつかの国で公的な介入につながったことに疑いの余地はない。捨てられた子供の世話、捨て子養育院（メディチ家がフィレンツェで開始したものが最初だとして知られる）の設立、さらに少し年長の子供たちのためのワークハウスもまた、この時代の一般的政策であった。

幼児死亡率減少を目的として、社会状況をどのようにして改善するかということを研究・教育することは、ポリツァイの規律の一部であり、一七二〇年からは大学で（まずドイツで、ついでスウェーデン、さらにまたたぶんアントニオ・ジョノヴェーシらによってナポリで）教えられるようになり、ジェノヴァ人は、ナポリなどに定住した。新しい講座が、ハレ、フランクフルト・アン・デア・オーデル、〔ドイツのニーダーザクセンの〕リンテルン、ウプサラ、トゥルクなどの場所で創設された。これらの地域は、官房学の教育がポリツァイ、さらにいくつかの経済学 Oekonomie（農業、貿易、実業、法律）と結合された。プロイセンでは、フリードリヒ一世の軍隊の軍事牧師であったヨハン・ペター・ズスミルヒは、人口増の必要性にたいする主要な宣伝者であった。幼児死亡率を減少させる手段を論じることに加えて、彼は、出生率増加のための手段として、農業改善にかんする議論にとりわけ熱心であった。新たな土地の開墾、新規の機械的装備などの革新の導入、囲い込み、柵の性能向上、水路を掘削などの政府による支援によって、土地がより多くの人々を養うことができると、彼は考えたのである。なかでも、このような改良の結果として、女性が早く結婚し、そのために以前よりも生む子供の数が増えるかもしれないといった。著名な著作である『神の秩序』（一七四一）で、ズスミルヒは、適切な規制を導入し、人口が増大するように努めることが、思慮深い政治家の義務であると強調した(28)。

支配の限界

より多くの収入を受け取り、究極的には、より強力になるために経済に介入する近世の君主の欲求が、われわれがここで論じている時代に、上昇傾向にあったのは明らかである。それと同時に、これまで議論してきたように、国王と君主が行使可能な支配と影響のあり方に限界があることを強調することが必要である。国家が、独自の特徴があり効率的な統治手段を発展させるために必要とされる（チャールズ・ティリーがいった意味での）「直接的」支配ができるようになったのは、一九世紀というのちの段階のことにすぎなかった。一九世紀の国家がより効率的に支配するために必要な新たな形態を発展させはじめたのは、とくに四つの領域であった。これらの領域は、こんにちのわれわれならマクロ経済的な統治だと描出する事柄を扱っていたが、さらにまた、ミクロレベルでの介入をするために使われた。すなわち、予算・金融・工業・貿易政策である。これらはある程度は、われわれがこんにちなお使用している道具と同じものである。のちにみるように、一九世紀の国家は、経済のマクロ的基底を強化するために介入を限定することはなく、ほとんどどこでも、経済成長と産業経済の確立を支援するために、はるかに直接的に介入にしたのである。ここでの議論は、主として工業化以前の時代の近世ヨーロッパに存在した支配の限界を例証することである。

予算政策

厳密にいえば、雇用や産出高の一般的水準（ケインズが好んで使った）のような性質のマクロ経済の舵取りをするために国家予算を使用することは、一九世紀ではなく、二〇世紀の産物である。明らかに、二〇世紀頃までは、国民所得に占める公共部門の比率は、経済の活動全般に影響力をおよぼすほどには、大きくはなかった。したがって、経済活動を維持する手段として公共支出を増加させることは、小さな公共部門しかなく圧倒的な農業部門が大きい経済においては、ほとんど不可能であった。たとえば、インフレーションを抑えたり過熱した経済を冷却することを目的として予算の均衡を失わせる政策が、現実に重要になることは現代になるまではもっと困難であった。

これは、一九世紀以前の政治家や支配者が、少なくとも経済のいくつかの部門で、活動を上昇ないし凍結させる政策を実行することがなかったこともあるということを意味するわけではない。戦争は、「経済の総産出高を最大にする」ために戦われたわけではなかったが、確実に、公共支出を増加させ、それが、経済のさまざまな部門の活動に（鉄、鋼鉄、繊維製品、食糧などの需要増によって）影響をおよぼすことがありえたのである。自国の市民、外国商人、資本家や他の国から戦争を遂行するために金を借りた国家のリストは、近世国家の財政年報を研究するなら、現実にきわめて長いものになる。イングランドについては、一八世紀にこのような借金をしたため、政府の負債が大きくなり、そのため経済を刺激する効果が生まれたことは、こんにちでは研究者の共通理解となっている。[29] しかしながら、借金を戦争の財源にあて、さらに借金にもとづいてより平和な公的なプロジェクトをおこなった国家は、イングランドだけではなかった。一七世紀のスウェーデンも、それに該当する別の事例である。同世紀のうちにスウェーデンが大国の座に登り詰めることができた背景として、フランスからの援助金がなかったということは考えられない（たとえば、三十年戦争の期間にカトリックに対抗するプロテスタントの大義に対して！）[30]。それが経済成長をどの程度支援したのかということは、より議論の余地がある問題ではあるが、鉄鋼業が早くも一七世紀からスパートしたのは、国家予算がこのように「不均衡」でなければありえなかったことは明らかである。

しかし、国家が公共支出によって行使することができた影響力がどの程度のものだったのかということについては、ある程度懐疑的であることがおそらく何よりも大切である。一般に、現実にこの時代の長期的な経済成長とほとんどの人々の生活に現実的に影響をおよぼすには、この種の支出はあまりに小額であった。

金融政策

ある経済の統治手段として貨幣を使うことは、間違いなく、ヨーロッパ史において長い伝統があり、たぶん、予算政策よりも長期的にははるかに影響力のある要因である。国王や君主が法の番人として通貨を管理することには、長い歴史がある。しかも、この種の通貨の発行を独占することは、支配者が、ある領域にたいする権力を主張するのと同じことであった。国家の法的権威とは、ほとんどの場合、自身が硬貨を発行することを意味しよう。同時に、このような支配は、比較的どこにでもみられたというのが公平である。基本的に、それは、金融システムが正貨の重量と価値（金、銀、ある程度まで銅）に依存していたことに由来する。グレシャムの法則――この法則は、たしかに中世と近世には機能していた――によれば、悪貨はつねに、そしてどこでも良貨を駆逐するのである。良貨（銀や金の純分量が高い）は、さらに溶解され、交換のさいには、より純分量が低い硬貨が使用される。中世以来、ある種の硬貨の質が悪化する事例が数多くみられ、支配者が現実に貨幣の端を切り取ることで、自身の法の番人の基盤を掘り崩した。それゆえ、ドイツで三十年戦争中に出現した通貨の混乱状態は、剪貨《せんか》時代 Kipper-und Wipper Zeit とよばれた。金と銀の重量を減らすことで通貨を着服する大きな誘惑に駆られることがつねであり、このような近視眼的な慣行によって、国王はより多くの金を鋳造することができた。誰もその不正を見破れないかぎり、この政策はきわめてうまくいった。だが、問題は、硬貨の着服がみつからないのは、稀にしかなかったことである。悪鋳の影響は、多くの場合、悲惨であった。ほとんどの場合は、よく知られた影響として、インフレーションが生じた。しかしながら、貨幣が回収されるか貨幣の価値が上がれば、デフレーションの過程がはじまった。貨幣がすぐに不足し物価が落ち着くと、貿易量と金融活動が低下した。これは、近世経済ではいつでもどこにでもつきまとう運命であり、商人と資本家を破滅させ、職人と労働者を路上に追いやった。

貨幣を切り取り悪鋳することは、あまり賢明な政策ではなかったかもしれない（とはいえ、〔印刷〕のスピードを速くして、より多くの通貨を創出するより近代的な試みも賢明ではないかもしれない）。しかし、明らかに、なんとしてでも通貨の地金を必要としていた国王は、しばしばこのような習慣に頼ったのである。これは、まぎれもなく、ある種の金融政策であるが、こんにちの金融政策とはほんのわずかしか似ていない。けれども、通貨の総量を増加ないし減少させることで経済活動全体を効果的に舵取りするためには、強力な中央銀行の機能が必要とされる。硬貨を鋳造し印刷する排他的権利をもつ中央銀行だけが、この機能を適切に満たすことができる。ほとんどの国では、一九世紀までこのような独占を保持することはなかったか、そのときになってようやく、プライベートバンクや地方の銀行による通貨（銀行券）の発行を管理できる中央銀行を設立することができたのである。ヨーロッパの中央銀行が誕生した大半の日付が知られている。スウェーデンの中央銀行は一六八八年であったし、イングランドは一六九四年、フランスは一八〇〇年、オランダは一八一四年、オーストリアは一八一七年、ベルギーは一八五〇年、ドイツは一八七五年、日本は一八八二年、イタリアは一八九三年、アメリカ合衆国の連邦準備制度は一九一三年である。しかし、このような正確な日付の決定には、実はそれが間違っているかもしれないというリスクをともなう。国立銀行ないし中央銀行が、こんにちわれわれが知っているような完全に開花した制度が誕生したわけではないからである。国立銀行の歴史はそれぞれ異なっているが、全体として、それは国民経済を運営するために必要な管理方法をゆっくりと発展させたというのが公平である。すでにみたように、スウェーデンは一六八八年に最初の国立銀行である国立諸身分銀行Rikets och ständernas bankを創設した国である。しかしながら、二〇世紀初頭になってはじめて（!）、この銀行は、現代的な意味での中央銀行になったのである。そのときまで、こんにちのスウェーデン国立銀行Sveriges Riksbankは、プライベートバンクとほぼ同じ役割を果たしていた。その最初で最大の目的は、国家から多くの利益を受け取ることを期待して、貸し付けをすることであった。現行の利子率を決定するときに、スウェーデン国立銀行は、スウェーデン経済全体の福祉ではなく、このような利潤最大化の行動にもとづいていた(31)。国家の経済活動に影響を与えることを目的とし、利子率に影響をおよぼすためにみずからの力を利用することは、いうまでもなく、第一次世界大戦後、中央銀行が自身の役割の一覧表にようやく載せたものであった。

産業政策

金融政策が洗練されていくのとは対照的に、経済の成長と発展を加速化するために産業政策を利用し、経済に介入するのは、近世ヨーロッパの諸国家で当然のことであった。いくつかの経済活動を支援する――他の活動に水を差してまで――ことは、エリィ・ヘクシャーがずいぶん前に書き、貿易と産業を発展させるうえで特定の都市に力を入れた中世のステープル政策の、もっとも重要な基盤を形成したことは確実である。それはまた、いわゆる「ハウスホールディング政策」〔アリストテレスの「家計」にもとづいた考え方であり、経済活動は余剰をもたらすのではなく、家計の秩序を維持することを目的とするという考え〕の一部であり、ヘクシャーが近世支

配者の特徴とみなしたものである。(32)

そのため一九世紀になるまで、国王と国家がイニシアティヴをとり、いくつかの理由で戦略的に重要だとみなされた経済の部門を支援することは、至極当然のことであった。国王の歳入を増加させ、全般的な経済成長を創出し、たとえば戦時にいくつかの枢要な商品を十分に供給するのを支援したのである。多くの支配者が、近世のヨーロッパで商品を母港へと運んだり、北と南とを、東と西とを結ぶ利益ある貿易に参加する商船隊の設立を支援したのは間違いないことである。一六五一年から、有名な航海法がイングランドで導入された公の理由は、より巨大な船隊を建造することを目的とするというものであった。さらに、ある程度暗黙の理由となっていたのは、この時代には商船は簡単に軍艦に転換できたので、海軍も増大させられるということであった。これと同じ理由で、スウェーデン人はいわゆる航海法 Produktplakatet を一七二四年に導入し、また海岸に面する他の国々も航海にかんする法令を制定した。(33)しかも、スウェーデン、ロシア、ボヘミアなどの地域における鉄鋼業への公的な支援は、少なくともある程度、軍隊のための武器と火器の提供と関係していたことは明白だと思われる。たしかに、国家が自身の軍事産業をもつなら、経費がずいぶんと節約された。そうでなければ、国家は、武器を外国から購入しなければならないからである。同様に、北はスウェーデンとノルウェー(当時はデンマーク領)から、南はスペインからのヨーロッパの支配者が、鉱業――なかでも銀と銅――の活動を促進しそれに援助金を与える姿をみることができる。

しかも、とりわけ一七―一八世紀初頭においては、中央集権的な製造所を建設するために、多くの国家が多額の投資と多大な努力をした。ここでも、動機は場所により、そして時期により異なった。すでに、ルイ一四世のような君主が、一七世紀中葉にパリなどで工場を設立する大規模なプロジェクトを支援した様子をみてきた。それは、たとえばイタリアからの奢侈品、オランダからの粗悪なリネン、イングランドからの毛織物輸入の代替を目的とした。ある程度までは、このような政策も——フランスでもどこでも——都市ギルドの独占、そして農村の農民や職人によっておこなわれるプロト工業化の活動に対抗する手段であった。したがって中央集権的な製造所（多くは、まだわずかしか中央集権化しておらず、現実には前貸問屋制の活動に頼っていた）を設立することは、民間の金融業者や企業家が関係する場合には、国王が援助した愛国主義的な仕事であった。だが、それと同時に、国家が所有する製造所は、いくつかの国では、一七—一八世紀において、まったく知られなかったわけではない。そのような国家には、プロイセン、フランス、スウェーデンがあった。第三章と第四章で、さまざまな国々の事例を議論するさい、工業を促進するための国家の役割がより詳細に論じられる。

このように、国家がスポンサーになるマニュファクチャーでどの程度利益があがったのか、あるいは、国民経済の成長に寄与したのかどうかということにたいして、長期間にわたり激しい議論が交わされたが、一般的な合意にはいたっていないようである。ほぼ間違いなく、このような政策の影響は、場所により違っていた。ある程度までは、製造所の設立は、新市場の創出を含意し、より市場志向的な経済への移行をスピードアップしたかもしれない。しかも、国家によるこのような努力が、新生産方法の形態での革新を広め、機械を導入し、労働者と職人のあいだに学習過程を生み出した。この点にかんしては、国家のイニシアティヴが、たしかに明確な長期的影響をおよぼしたであろう。しかしながら、別の側面があったことはたしかだ。マニュファクチャーを促進しようという政策は、膨大な費用がかかった。その金は、別のことのために費やすことができたし、納税者の手元に残されたものだったかもしれない。農業を改良し、経済の他分野の（小規模な）生産の成長を刺激することもできたはずである。近世国家が実行したさまざまなタイプの産業政策の費用と利益を計算することは、現実にはかなり困難なことである。ここでは、マニュファクチャーへの国家の助成金およびそれに類する活動は、すでに近世のあいだに批判を招いていたと指摘すれば十分である。それゆえ、多数の同時代の批評家は、スポンサーとしての活動は金の無駄だと考えたであろう。国王の取り巻き連中による小さくて排他的な派閥のあいだで、レントシーキングかつ日和見主義的な行動を増やすだけだという理由からである。本来なら他部門で使われたほうがよかった資源を使い果たしたかもしれないのだ。たぶん、フランスにおけるいわゆるコルベール・システムに対して浴びせられたもっとも決定的な批判は、一七〇〇年頃にピエール・ド・ボワギルベールが放ったものである。彼が以下のように述べたとき、標的としていたのはフランス金融の偉大な管理官とその尊大な行政であった。

閣僚たち、彼らの補助者と代理人の利益は、彼らが働く部門の絶対的な権力者であることや、彼らの幻想に従って部門を指揮し、彼らに完全に依存する人々しか雇用しない点にある……それは、何ものにも束縛されず、無秩序と混乱のなかでより確実にみずからの仕事をおこなうためであった。(34)

しかも、ボワギルベールは、著作『フランスの詳細』で、フランス国家を破壊しているとして、コルベールを個人攻撃する。国王の歳入は一六六〇年にコルベールが権力を握って以来徐々に減少していると彼はいう。(35)したがって、コルベールの統制経済システムは消滅させられるべきであり、企業の自由と自由な貿易が一般的原理として立ち上げられるべきである。彼はまた、身分の低い人々により多くの金が行き渡るほうが、一国の繁栄にとって長期的には有利だと信じていた。

産業の保護と関税

『国富論』のなかで、アダム・スミスは「重商主義システム」を、主としてより多くの正貨を国にもちこむために産業を保護するシステムと描出した。スミスの考えでは、保護主義的な関税が導入されたのは、一国の生産を増やし、輸入品、とりわけ「最終製品」の輸入を制限するためであった。この「システム」にかんするスミスの記述は、おもにイングランドの史料からとられているが、近世のヨーロッパにおけるこの種の政策の一般的性格を強調する解釈も対象としている。「重商主義システム」にかんする彼の批判的見解によれば、このシステムは貨幣と富とを同一視するという誤った理論にもとづき、貿易黒字を望ましいものとする理論に依拠する。しかしスミスは、ときには、このシステムがうまく機能するという結論を導き出しがちであった。イングランドの場合、一八世紀中葉から重商主義システムが権力と富の増大に貢献し、反対にオランダとフランスに損失を与えたというのだ。こういった観点に立ってはじめて、われわれはスミスが――自由貿易経済の父だといわれる人物なので奇妙だと思われるので――、航海法の利点を強調する理由がわかるのである。スミスによれば、航海法は、イングランドの支配者がそれまで発明した最高の制度であった。

一七―一八世紀を通じて、多くの国家が、関税や輸出奨励金を利用し、保護制度を確立しようと尽力したのは明らかだ。イングランドにおいては、このような政策は、一七世紀から存在した。たとえば、オランダのステープルと羊毛の取引をする場合、王室による支援から特許会社ないし規制会社へと移行したのである。航海法以降、安価な商品が輸入される危険から、規模を拡大していた母国人の生産者を保護するために、「国家的」な生産システムが完全に確立されたのである。かつて非常に強力であったマーチャント・アドヴェンチャラーズが徐々に衰退し、一六八九年に毛織物貿易法令が出たことが、旧タイプの特権会社の死を告げる鐘となった。イングランドでは、もっとも保護主義的な時代は一六九〇年からはじまった。これまでみたように、現在の経済史家は、この種の保護主義が、一八世紀イギリスの経済的・政治的勢力だけではなく、同世紀中葉からはじまった産業革命に多大な貢献をしたという見解を共有しているようである。最近、とくにジョン・ナイが、イギリスは、一七世紀末から一九世紀にいたるまで、ヨーロッパのすべての近世国家のなかで、もっとも手強い保護主義政策をとったということに目を向けた。事実、ナイが論じるように、「頻繁に語られる物語」とは逆に、フランスは、一八六〇年にいたるまで、イギリスよりもはるかに自由主義的な貿易体制を敷いていたのである。(36)

しかしながら、他の国々も、このような政策を実行しようとしたが、あまり幸福な結果が待ち受けているわけではなかった。たとえば、これまでみてきたように、コルベールのシステムは、おおむね、フランスの国内産業を保護し、あまりに大量の輸入品を阻止しようとした試みであるとみなされてきた。また前章で、すでに一六一四年の政令 Placaats で、オランダが毛織物とリネンの貿易をどのようにして保護しようとしていたのかについて議論した。これは数回繰り返され（一六五五、一七二五）、イングランドからの完成品の毛織物輸入を禁止し、原料である羊毛と未完成で飾りのない毛織物の原料の輸入だけを認めたものであった。(37)

ここは、保護システムとその影響を長々と論じる箇所ではない。われわれが強調することができるのは、こんにちなら輸入代替とよばれることが、一七世紀以降のヨーロッパの多くの場所で共通の政策になっていたことである。しかしながら、アダム・スミスの時代以降、重商主義システムに大きな関心がはらわれてきたのだから、保護政策が現実にどの程度実行されたのか、そして近世国家がその種の政策を遂行するために十分な力をはたして行使したのかという問題を論じるための労力を、ほとんど費やしてこなかったのは奇妙である。

一七世紀中葉以後のイングランドの保護主義を論じる現代の研究者は、保護主義の実行が成功し、保護システムが意図したとおりに機能し、外国製品を閉め出し、母国での産業の勃興を促進したのは当然のことだと考えるのがふつうである。それは、少なくともイングランドにはある程度あてはまるかもしれないが、イングランドの効率性についてさえ、われわれはもっと慎重になるべきである。デヴィッド・オームロッドらが示した――われわれがすでにみた――ように、保護政策は一六九〇年以降も、イギリスの産業拡大に対して、少なくともある時点までは成功していたようにみえるのである。(38) この当時、おおむね、保護政策は意図されたとおりの働きをした。しかしながら、なかでもチャールズ・ウィルソンが指摘したように、イングランドの関税政策には複数の目的があり、そのなかには互いの利害が衝突しているものもあった。一七世紀終わり頃、保護主義的な関税が設けられたのは、羊毛産業のように重要な産業を保護するためであった。ブリストルのジョン・ケリーのような商人が、一八世紀転換期に小冊子を次々に配布したのは、この産業を保護するためであった。原毛の輸出は、結局、一六一四年、一六六〇年、一六六二年とその後にも禁止された。ところが、われわれは、この種の法令が、どの程度成功したのかということについて、知ることはできないかもしれない。最初の数十年間、スコットランドからオランダの港に羊毛が非合法的に輸出されているという不満の声が多数聞かれた。したがって、イギリス諸島から輸出された原毛の何割かが、オランダに到着することがありえた。(39)

エリザベス・フーンは、七〇年前に上梓された一八世紀イングランドの関税システムにかんする古典的研究で、二つの主要な機能が衝突しえたことを明らかにした。それは、巨額の金を財務府に戻すことと、ある種の貿易保護政策の強制であった。「歳入」と関税における貿易政策は、しばしば別物として扱われていたが、巨額の金の徴収が、商業原理の犠牲になったことも時折あった[40]。しかし、残念なことに、ときにはまた、「商業上の原理」が犠牲にされ、貪欲な国家が短期的収入をえようとした可能性はあったのであろうか。それがどの程度のものであったのかは、推量しかできない。だが、フーンが輪郭を描いた関税システムは非常に複雑であり、透明性が薄く、非効率的で、腐敗した慣習があるという当時の人々による非難も頻発した。それゆえ、中央当局――財務府に命令を出す政府から発生し、ついで関税監督官委員会に指示を出した――が、地方港 outports とよばれるロンドンより規模が小さい輸出港で生じていることを管理するのはほぼ不可能であった。「金を徴収する特権を獲得するために支払いをする諸個人に」事務所を貸し出すシステムがしばしば使われ、そのために、不正と密貿易がはびこったようである。同様に、このような人々には、できるだけ多くの金を徴収する直接的なインセンティヴが湧いたので、商業的な規制も操作されたかもしれない（たとえば、外国からの輸入品にたいする過酷な扱いをなくすなら、収入が増えた）。

この種の禁止事項すべてに関係して、それ以外に生じた問題は、生産者と商人のさまざまな集団の経済的利害関係が衝突することがありえた、ということである。原毛の輸出を禁止することは――半完成品の毛織物の輸出禁止と同様――、まぎれもなく、ブリストルなどの毛織物製造業者の利益につながったのである。そのため、このような商品の価格が低下し、十分な供給が保証された。他方、原毛の生産者と輸出商人は、商品をオランダのステープルに輸送することで大きな利益をえることができた。産業革命以前のイングランド―ヨーロッパ間の貿易関係にかんする研究のほとんどは、伝統的に毛織物産業の事例を扱ってきた。しかし、右の事態と同様、たとえば、製造業と石炭と穀物という形態の原材料を抽出する人々のあいだにも利害の衝突があった。一般に繊維製造業者バーミンガムの装身具などの産業とシェフィールドの刃物産業がしばしば主張したように、このような原材料は、輸出されるべきではなく、（安価に）国内で使用するために保持されるべきものであった。[41]国家が、このような利害の対立をうまく操ることは、かならずしも容易ではなかった。したがって、ほぼすべての期間を通じて、法令と規制を出すだけでは十分ではなかった。それらを強制するにも、現実には、忠実で中立的な行政官の手を借りるしかなかった。だが、法律制定者も、さまざまな利害関係によって影響された。そのため、この時代の関税政策がこれほどあてにならないものだった理由は、異なる利害集団が絶えず権力をめぐる争いを続けていたことを考慮に入れるなら説明できよう。それは背徳的腐敗と同じこととはかぎらず、旧来の社会規範慣習からまだ脱していない国家がある程度自然に機能しているものとみなすことができるのかもしれない。

政府当局がどの程度一貫していたかを説明するのは非常に興味深いことである。赤字予算が蔓延している――そして、一八世紀に巨額の国債を発行するようになった――状況においては、課税可能なものならどんな微細な点でも見逃さないように考えられた。おそらくこういう背景があったからこそ、まだ優勢だった輸出関税の多くが、国内産業保護のために機能したのである。たしかに、ラルフ・デーヴィスやデヴィッド・オームロッドらは、一六九〇年代以降のイングランドの関税政策は、国内生産を促進しようとする点において、より重要になったと主張した。[42]それがはるかに明らかになったのは、一七二一年のウォルポールによる改革がおこなわれたときであり、輸出品にかかる税金の多くが廃止されたのである。[43]しかし、王室は、さまざまな利害関係のバランスをとらねばならず、すでにみたように、この場合には自分たち独自の利益もあった。したがって、チャールズ・ウィルソンによれば、「政府は、財政上の要求と一つの産業の利益のあいだでバランスをとろうとしたが、その場合、他の産業がもたらす可能性がある利益と比較した」のである。[44]一八世紀イギリスにかんするより詳細な関税研究があるなら、ほぼ間違いなく、保護政策が最終的にかならずしも実行されたわけではなく、国家はさまざまな目的のあいだでの妥協を余儀なくされたことを示すであろう。さらに、国家行政に従事するさまざまな機構――たとえば関税局、財務府、商工業に責任をもつ人々――の意見は多様であり、互いに孤立することさえたびたびであった。

ここでいくぶん詳細な議論の対象としているのは、イングランドの事例である。他の国々については、ほとんどの場合、早くとも一八世紀終わり頃まで、徹底的で効果的な産業保護政策を見いだすことはできない。これ以前には、「統制経済政策国家」と「軟性国家」が、野心的な政策のシェーマは、いつでもどこでも実行されるとはかぎらないことを保証した。スペインのような国は、保護政策を発展させることは決してなかったが、帝国主義的な勢力として、南北アメリカに輸送される商品について、帝国特恵を実行しようとした。これは、長期的には完全に失敗した政策である。オランダ共和国は、自国の産業のための保護を発展させようとしたが、このような政策は、前章でみたように、現実に長期的な衝撃をおよぼすほどには大きなものではなかった。それは、サイモン・シャーマによれば、「はっきりとした国家（state）になるのを避けた」ネーションとして凝集した国（country）であるなら、きわめて当然のことであった(45)。だが、スウェーデンやデンマークのような国々は、オーストリアやプロイセンなどのいくつかの大陸国家と同様、一八世紀のあいだに産業保護を確立しようとしていた。しかし、あまり成功しなかった。たとえばスウェーデンにおいては、この政策は贅沢品ばかりか、繊維製品および別種の消費財の不足につながった。それがどの程度のものかを計測することが困難であったとしても、密輸が、輸入品にたいする高い関税を回避するための手段となった。けれども、国内の工業部門はあまりに小さかったので、現実に消費者の需要に応えることはできなかった。それとは対照的に、一七世紀のフランスは、工業製品の輸入に対して高い関税をかけ、それは少なくとも当面は機能しているようにみえた。しかし、数多くの抜け道があり、ここでもまた、密輸があちこちでおこなわれた(46)。それゆえ、一般的な結論としてはこうなるはずである。輸入代替を希求するコルベール・システムの野望にもかかわらず、フランスはイタリアからは贅沢品の、オランダ（とイングランド）からは毛織物とリネンの輸入大国であったというのが真実である、と。この点で、他の多くの国々と同様、フランス国家は、輸出入を管理するには、現実にもっている権力は小さすぎたのである。

本章で論じられたのは、近世国家の経済学《ポリティカル・エコノミー》である。ほとんどの場合、このタイプの国家は「分権主義的」かつ弱体であったとみなされるべきなのであり、強力な統制経済政策を遂行するための機関だとみなすのは困難である。多くの場合、このような国家は、近代国家とは異なり、有効な政策を確立するためには、経済におよぼす支配力は小さすぎたのである。これまでみてきたように、イングランドが、現実にこの法則に反した唯一の事例だったのかもしれない。少なくともある点で一貫した保護主義の経済政策を発展させることができた。その政策は経済発展の運動に奉仕し、この時代の競争相手であるオランダ共和国とフランスよりも競争上有利な地位を獲得したように思われる。とはいえ、すでにこの時代のイングランドを近代国家として描くには、いくつかの但し書きが必要である。レントシーカー、異なる利害集団、排他的な利害関係をもつあまり厳正ではない行政家が存在していたので、この国は、すでに述べたある種の「軟性国家」に似ているように思われたのである。

したがって、経済に効果的に介入できるより効率的な国家は、のちの時代に生まれたにすぎない。一九世紀に登場したこの種の国家にとって、イングランドの産業革命は、工業力と政治的・経済的力のあいだにとりわけ明確な関係があったことを例示する。一八世紀に、イングランドが大西洋貿易の多くを手に入れ、巨大な帝国を樹立することができたということにとどまらず、工業化によって、これまでよりはるかに強力な地位を手に入れたのである。ヨーロッパの政治家は、それをみて、さらに真似た。彼らの努力のあり方は多様であったが、自国にも工業の基盤を築くためにおこなったのである。その帰結を恐れる国家もあったが、工業化に代わる選択肢はなかった。以下の諸章で、より詳細に、国家と工業の成長、さらに多数の国家の構造転換のあいだにある関係をたどる。しかしながら、その前に、産業革命について知らねばならない。これまで述べられてきたように、産業革命こそ、本当に経済史における画期的出来事なのだろうか。

三　産業革命

——凶兆か未来への希望か？——

「長い一九世紀」——フランス革命の諸力がかき立てた戦争とともにはじまり、サライェボ事件で終わる——は、たいてい、ブルジョワの価値観の普及、技術的進歩、増大する経済的繁栄の時代として描写されてきた。少なくとも、国によっては、安価な政府と権威主義的な統制経済政策国家が徐々に普及していったことがわかる。このような国家像は、ときとしてその代替となる国家像と組み合わせることは難しい。なぜなら、この世紀の大きな革命、戦争、さらに植民地主義を強調しているからである。さらに、この時代に発生した産業革命像も多様である。一方では、産業革命と経済的変革は、技術進歩と市場の誕生が推進した平和な征服の形態として描写されることがある。このような叙述は、革新が国境を越えて無事に移動し、いくつかの強力な波動のなかで地域から地域へと新産業が広まり、市場が拡大・進化し、その結果、ほとんどすべての地域で一人あたりの所得が増大することを強調する。このような見方とほぼ一致するのが、約三〇年前にシドニー・ポラードによって提示された見解である。彼は、産業革命の地域横断的な性格——古い国民国家の国境を横切る——を強調したのだ。したがって、彼の見解では、出発点として国民国家の地理的な国境を使用したこれまでの産業革命研究には欠陥がある。国家の内部においても、産業成長の水準と構造には大きな差異があった(1)。このような見解が別の見解と調和することが困難なことに、疑いの余地はない。それは後者が、国家の役割と、一九世紀のヨーロッパで発生した産業革命の国家的枠組みを強調し続けているからである。たとえば、マイケル・マンはこう主張する。

だから、産業革命がはじまったときには、資本主義は、すでに地政学的国家システムのなかに閉じ込められていた。地政学的国家間の関係は、貿易と戦争が不規則に入り交じっていたが、現実には互いに排他的なものだと、権力者はみなさなかった。銀行業の分野を除いて、国家を越えた組織はほとんど消え去っていた。経済的相互関係は、おおむね、国民市場に限定されており、没個性的な支配がそれを支援した。地政学的国家は、それぞれが、自己完結的な経済システムに近づいた。国際的な経済関係の重要な媒介者となったのは、国家であった(2)。

しかしながら、われわれは本当に、これほどまでに極端に対立した立場からしか選択できないのであろうか。産業革命という強力な車輪――新技術と生産方法の導入、生産の組織化と市場の創造にかんする革新的方法という観点から――は、間違いなく、この時代にヨーロッパのほとんどを征服し、さらにまた、アメリカ合衆国を含む、ヨーロッパが強い影響をおよぼした地域にまで普及した。けれども、この過程は、決してスムースで、一様であったわけではなく、とりわけ、歴史的な結果は、場所によって異なっていた。新技術・新工業を完成することの過程に特有な政治的・社会的・経済的結果にかんしては、国家と政府が、しばしば枢要な役割を果たした。国家と政治家は、工業の生産方法を導入・完成し、市場を開発・創出し、新しい産業秩序の樹立に寄与する統治と制度を導入する点で重要な働きをした。それゆえ、工業生産の確立は、さまざまな国家が頻繁に自国の政治勢力を露《あらわ》にする国際競争の状況下で生じたのである。これまで述べたように、明らかに、どの国の政治家も、政治力、さらに究極的には軍事力としての、工業の潜在力を認識していた。(人口増大をともなった)工業の成長のため、一八四八年以降、ヨーロッパの政治的勢力均衡に対して、高次元での圧力がかかった。このような背景に照らして、次のように論じることは、不自然ではない。ドイツ統一戦争(オーストリアの帝国主義的野望とデンマークの国民統合を粉砕した)、一八七〇年のプロイセン‐フランス戦争、それよりずっと以前のクリミア戦争(イギリスを含む西洋列強が、産業革命のために可能になった新資源を使用する傾向があった)のような戦争において指導国間にあった軍事的対立は、少なくともある程度まで、工業化の過程がもたらした運命の変遷と関係があった、と。

すでにこれまで論じてきたように、一九世紀には、二つの大きな変化の過程を経験した。それらは不即不離の関係にあり、互いに相まって、不可逆的に世界を変えたのである。すなわち、近代国家の出現と産業の生産形態の進化である。近年、アメリカの社会学者であるリア・グリーンフィールドは、ナショナリズムと資本主義が共生していたことを強調した。しかもその起源は、ヨーロッパ経済史の重商主義時代にまでさかのぼるというのである。(3) それが正しいことはいうまでもない。すでに一七―一八世紀において、経済学者と政治家は、これまで論じたように、国家の総力にとっての国際貿易と「工業」の利点を認識していたのである。したがって、アダム・スミスが考えた産業システム(分業と非中央集権的な産業の進行)は、軍事的・政治的競争の渦中の世界で台頭するためには、模倣するだけの価値があるシステムであった。だが、ここでの関心は、おおむね非中央集権的なスミス的生産システムではなく、むしろ一九世紀にそれを越えたものである。すなわち、機械化された動力、機械、工場生産、そして持続可能な方法によって生産性を著しく改善する能力をますます重視するようになった産業である。ここで言及しているのは、旧来の重商主義形態における資本主義や、国家権力とナショナリズムと関係した資本主義ではない。それに代わってここで強調しなければならないのは、近代国家(かならずしも、さらにどこでも国民国家であるというわけではなかった）の勃興と結びついて、近代的な産業の成長が出現したことである。このように結びついた過程から生まれた帰結は、富と権力であった。この二つが不均等に分布していることはまず間違いない。事実、産業資本主義は、われわれが論じた封建国家や分権国家を破壊することさえできたのである。これは、（オランダ国土のように、進んだ商業資本主義と結びついたときには、スミス的システムを含むかもしれない）以前のような産業形態が獲得できたものとは異なっていた。しかも、ここでの議論は、それは、何にたいして責任をもつべきかかならずしもわかっていない人物が意図せずにおこなったことの帰結であることが多かったということだ。政治家と支配者は、意識的かつ意図的に――こんにちにおいても過去にまでさかのぼっても――、権力を希求し増大させるために、経済的手段を使用する。彼らは、ほとんどどこでも（顕著な例外はあるが）、経済成長と民間部門の利潤が、みずからの利益としても利用することができる強力な原動力だとわかったのである。

すでに議論の対象としてきた見解は、一九世紀には、「夜警」国家が出現し、工業化に続いて政府がもつ権力と影響力が低下し、一般に、規制緩和があちこちでおこなわれたということであった。だが、最小主義国家と夜警国家ではなく、ほとんどどこでも、政府は工業化の力を支配するために介入をしたということがわかっているのである。それは、これ以降の諸章でとくに鮮明になる。ヨーロッパのさまざまな国々における産業の転換と変化の経験を取り扱うからである。

産業革命

一八三五年、イギリスの発明家かつ経済学者であるチャールズ・バベッジ――現代のコンピュータの先駆けとみなすことができそうな最初の計算機の発明家として歴史に残る――は、有名な著書『機械と工業製品の経済』の第一章でこう記した。

われらが国家と他の国家を区別するには、道具と機械という発明品の範囲の広さと完全性ほどに明確なものはないかもしれない。社会のほとんどすべての階級が大量に消費するための便益を形成しているからである(4)。

バベッジが、新しい機械の時代が与えた革命的な衝撃を観察した唯一の人間とは決していえないであろう。一八三〇年代末にヘイリベリのイーストインディア・カレッジでおこなわれた講義で、経済学者リチャード・ジョーンズは、人間の労働の効率性を高める二つの方法を描いた。第一に、「労働において、彼ら自身よりも大きな原動力であり――人間の力を越えた力（馬、水、蒸気）とよばれるものも獲得することによって」、第二に、「ますます機械化されること（機械）で、自由に使える最大量と種類の原動力を使用すること」である。リチャード・ジョーンズが強調したかったのは、なかでも、機械の導入によって生じた革命的な性格である。

もし二人の男性に道具をもたさずに連れて行き、草原の大地の上でひっくり返させるなら、彼らの原動力は、二組の人間の筋肉である。彼らに鋤《すき》を提供したなら、彼らのそれぞれの原動力は同じであるが、道具をもった人は、指しか使うことができない人と比べて、少なくとも百倍も強力で効率的な労働者である(5)。

いや、すでに一八二四年に、ジョン・ルークは、旧式の「どこにでもある糸車」に替えて蒸気を原動力とする亜麻織り機を使うなら、毎年二万ポンド稼ぐ一五三九人の女性たちの代わりに、一二五〇人が年間五万ポンド稼ぐことができ、そのために、召使いを雇用し税金を払うことが可能になるという計算をしていた(6)。

当時、会話で通常話される話題は、「産業革命」として知られるようになりつつあったイギリスの出来事であった。フランスでは、一八三〇年代にこの概念が使用されるようになった。それを最初に用いたのは、おそらくフランソワ・ギゾーであろう。彼は、一七八九年以降のフランスの「政治」革命を、イギリスの「産業」革命と比較したのだ。さらに、ルイ・オーギュスト・ブランキが、「産業革命」について論じ、技術革新と製造業のあいだの関係性を強調した。フリードリヒ・エンゲルスは、『イングランドにおける労働者階級の状態』（一八四五）において、マンチェスターの繊維産業地域で労働に従事する労働者階級の悲惨な状態を描写するためにこの用語を使った(7)。事実、エンゲルスは実体験にもとづいて市民生活（家族の生活とジェンダーの関係を含む）と社会全体の生産様式の革命的な衝撃を観察し、強調して書いたのである。

しかしながら、アーノルド・トインビーこそ、他の誰にもまして、この概念を、『産業革命にかんする講義』（一八八四年）というよく知られる書物で学術的に不朽のものにした人物である。トインビーは、幼少の頃に神童とよばれ、オクスフォード大学に入学し、経済学における学問的な経歴と社会改革への強い意志を調和させ、労働者階級の社会的状況を改善し、彼らの道徳的基準を引き上げようとした。本書が書かれて以降、彼の名は本書と渾然一体のものとなった。本書は、オクスフォードの学年暦一八八一―八二年に彼がおこなった講義にもとづいて書かれた。修辞学を駆使し、滑らかで、しかも簡単な英語で書いた。トインビーは、この書物をさらに発展させようという野心を抱いていたが、残念なことに、一八八四年に三〇歳で亡くなった。この書物が、著者の意図よりはるかに大きな衝撃を与えたのは、著者が悲劇的な死を迎えたからである。過労のため、髄膜炎で死去したといわれる。(8) 短い「概観」のなかで、トインビーは産業革命を、工場生産組織の成長と機械生産の飛躍的増加だと定義づけた。彼が提示した主要な事例は、むろん、一八世紀末からイギリスの繊維産業が進展したことである。羊毛と綿の紡績業の技術革新は、「ジェニー紡績機」と水力を原動力とするアークライトの力織機の導入を意味した。それは、織布の過程のために機械が発展し、〔動力源が〕手の力と水力から蒸気へと徐々に移行したことを示す。

ところが、似たような姿が、機械産業と製造業の他部門についても認められる。ここでもまた、新技術とは、生産方法における革命を含意した。中央集権化した工場が新たに発生し、労働者は、長いラインで、隣りあって立ち、分業の原理で長時間働かされた。トインビーは、社会改革者として、工業化によって引き起こされた悲惨な社会的結果をおそらく誇張したに違いない。だが、それは当時の多数の人々も同じであった。なかでも、その基準を設定したのはエンゲルスであったが、トマス・カーライルに代表される産業社会にたいするロマン主義的な批判者たちもそれに関与した。エンゲルスとマルクスは、「科学的社会主義」を創出しようという野望を抱いていた。それでもなお、彼らが出した結論は、議論の余地なく悲惨な特定の集団、すなわち手織工の状況にあまりに広範囲に依存しすぎていたかもしれない。機械生産に転換した直接の帰結として、多数存在したこの種の手織工は失業者となり、ますます減少した「苦渋」賃金で働くほかなかったのである。だが、この集団が、労働者全般を代表しているとはいいがたい。少なくとも一八四〇年代末から、多くの労働者の賃金が上昇し、生活水準は向上した。労働者の生活水準に与えた産業革命の影響にかんする議論は、一世紀にわたりおこなわれてきたし、現在もなお終わっていない。したがって、産業革命の結果生活水準と実質賃金が低下したという以前からの解釈にたいして、分析のために新しい時系列と新史料を使うより多くの社会経済史家により、異議が唱えられてきた。

二〇世紀前半においては、生活水準をめぐって、二つの学派が対立していた。エンゲルスの時代にまでさかのぼる見解を擁護し、産業革命が高揚した時期、とりわけ一八一五―四八年においては、生活水準は現実に低下したと強調する人々がいた。また、生活水準は現実に上昇したと主張する人々もいた。彼らの主張によれば、この結論は、一九世紀のあいだに実質賃金が上昇したことの証明であった。しかし、この集団が提示したのは、主として一八五〇年代以降の証拠である。一九七〇年代初頭になると、議論は、別の方向に動いた。著名なイングランドの社会・文化史家であるエドワード・P・トムソンが、長期的な実質賃金の上昇と新しい工業化による損失があるという「感覚」を結合することは可能だと主張したのだ。工場と機械への移行は、人間の生活方法と生活する場所、専門家のアイデンティティと地位に影響を与えた。数字が現実に示すものでさえ、産業革命のあいだに労働者の条件が良くなったか悪くなったかを指し示す明確な指標として使うことはできないと、彼は論じた。トムソンによれば、産業革命は、とくに質的な転換を表す現象であるから、質的転換点としてとらえられるべきものである。(9) それ以来、議論が続いてきたが、最近になって、ハンス＝ヨアヒム・ボスが、過去数十年間の研究を要約し、イギリスでは、少なくとも一七六〇―一八三〇年に獲得された利益は全体としてきわめて少なく、衰退の時代もあったといったのである。それゆえ、少なくともこのときまで――おそらくは一八五〇年まで――、ほとんどの証拠は非常に悲観的な像を提示する。しかしながら、一八五〇年から、目に見えた改善がなされ、生活水準は上昇傾向にあった。(10) これとは別のアプローチは、産業革命がなければ、生活水準はどうなったかという疑問を提示する。パトリック・オブライエンとスタンレー・エンガーマンは、ほぼ確実に生活水準は急速に低下し、たぶんマルサスの危機にいったと論じる（すでに論じたように、それは中国とアジア各地にあてはまる）。(11)

トインビー以来、多年にわたり、産業革命の一般的性格が多少とも固められていった。フランス人ポール・マントゥーが著書『産業革命』（一九〇六年）で、その傾向を強化した、マントゥーは、しばしば引用される次の言葉を書物の文頭に置いた。

近代的大工業 grande industrie moderne の誕生したのは、一八世紀最後の三分の一期、イギリスにおいてである。当初からその発展はきわめて急速で、ひとつの革命に比すべき重大な結果をもたらした。たしかに、かずかずの政治革命にしても、これほど深刻な影響をともなわなかった。今日では、大工業はわれわれのめぐり、いたるところにみられ……(12)〔ポール・マントゥ著／徳増栄太郎・井上幸治・遠藤輝明訳『産業革命』東洋経済、一九六四年、三頁〕

書物の最初の部分で、マントゥーは、一六世紀からのイングランド農業における変化（とくにエンクロージャー運動）と商業的拡張が、どの程度イギリス産業革命の重要な先行条件を創出したのかを述べた。そのため労働者階級の萌芽が、とくにエンクロージャーの結果、余剰労働力となった農民から創出された。エンクロージャーは、主としてより多くの土地と必要な資本を所有する農民に利益をもたらした。同様に、外国貿易は、大規模商人のための資本と、銀行業と信用のための初歩的なシステム、さらに来るべき発展のために重要な他の多くのものを創出した。

だが、マントゥーの分析で強調すべき点は、第二部である。ここでわれわれは、繊維産業で以下のような草分けとなる革新者について学ぶ――ジョン・ケイ（飛び杼）、ジェームズ・ハーグリーヴズ（ジェニー紡績機）、リチャード・アークライト（水力紡績機）、サミュエル・クロンプトン（ミュール紡績機）。これ以降、鉄鋼業、石炭産業における勇敢な先駆者が続く。まず、鉄を熔解するために、木炭ではなく石炭を使用した最初の人物であるアブラハム・ダービー、さらにジョン・ウィルキンソン。次章では、蒸気機関について述べられる。むろんその焦点は、一七五〇年代から一七六〇年代にかけ、マシュー・ボウルトンとジェームズ・ワットがバーミンガムでおこなっていたことと、彼らが最初に商業的に成功した蒸気機関を製造した方法にあてられる。当初、蒸気機関は鉱山業で用いられた。この産業では、新動力は鉱山や鉱脈から水を吸い上げるために利用された。この地点で、マントゥーの産業革命の分析はある程度終了する。しかしながら、第三章は、産業革命の社会的影響と、立法措置(とりわけ工場法)を通じて破滅的な混乱を和らげるために社会が努力した様子を描写する。半世紀後のカール・ポランニーと同様、マントゥーは、産業革命が、労働者階級の運動、慈善、近代的な社会規制のような社会的対抗運動を生み出したと主張する。実際、彼は新しい産業秩序が古い規制を崩壊させ、そのために生じた社会的結果は、立法の新しい部門を創出するという必然性ないし義務を内包すると強調して、本書を終える。(13)

産業革命の概念と現実

産業革命という名で一八世紀から産業の発展が続いているというこの説は、巨大なインパクトがあった。二〇世紀転換期に新たに誕生した学問分野の一つは、トインビーとマントゥーによって、より表層的に記述された過程を主として研究した。経済史がそれにあたる。この分野がまずアングロ・サクソンで確立したのは、決して偶然ではない。最初の産業革命は、イギリスで発生したからである。もっとも単純化された説明では——それは、より真摯に考える歴史家からたちまちのうちに反撃を受けたが——、イギリスの事例は、他国の経済発展の模範となるというものであった。最初の産業革命は一八世紀末にまずイギリスではじまったが、その後、たいまつはベルギー（一八三〇年代）、フランスとドイツに（一八五〇年代）、さらにその後数珠つなぎとなってヨーロッパのより辺境な国々に渡された。このような発展的な見方をとるなら、アメリカ合衆国の産業革命は、一八六〇年代の南北戦争時にテイクオフした。

しかしながら、産業革命の構成要素の定義は、依然として悪名高いまでに曖昧である。一九世紀の著述家たちは（マントゥーを含めて）、この概念をかなりおおまかな意味で使っていた。しかしどのような場合であれ、「革命」という概念を用いるからには、機械の技術と工場組織が飛躍的に向上したために、それがなければ漸進的であった経済に劇的な変化が生じたという見解をともなうに違いない。「産業革命」は、分配される経済的パイがはるかに大きくなる可能性をともなう生産曲線の外側へのシフトを意味するはずである。さらに、経済だけではなく社会全体の編成にまで影響をおよぼす根本的な断絶が描かれるはずである。一九世紀の著述家たちは、経済成長と他のマクロ経済の変数の観点からこの断絶の意味を問うことはほとんどなかった（事実、成長の概念は、まだほとんど使用されていなかった。さらに、より徹底的な利用を可能にするような時系列でのデータはなかった）。

一九七〇年代から、産業革命の概念とそれが何に拠っているかということをめぐる議論が増えていった。そうなったおもな理由は、この概念が意味することをより正確に定義することがきわめて困難であったからかもしれない。第一に、たとえば一八世紀後半からイギリスの成長曲線が急激に変化したことに厳密で明確な定義づけをしようとしてきた研究者は、このような変化から産業革命の時期を特定化することが難しかったので、大いに失望した。たしかに、成長は長期にわたり周期的に変化したが、明確な断絶を発見することは困難である(14)。むしろ、成長率は、一九一四年に近づくほど現実には加速化した（一九五〇年以降の黄金時代にかんしてはいうまでもない。

一九世紀のどの時期と比べても、工業生産高の成長率は二倍以上あった)。これは、イギリスやベルギーのような「初期の工業国家」にさえあてはまる。

一九五〇年代には、アメリカの経済学者ウォルト・ウィットマン・ロストウが、多数の国々が産業革命に先立って貯蓄率の増加が生じたようだということから、次のような大胆な指摘をした。貯蓄率は、五%以下から一〇%以上に上昇し、さらにその後数十年間にわたり、多くのヨーロッパ諸国とアメリカ合衆国で彼が産業革命と定義づけた成長率の上昇へのシフトが生じたのである。それにもとづき、ロストウはテイクオフの理論を、とりわけ『経済成長の諸段階――非共産党宣言』(一九六〇)で現れた形で定式化した。ロストウの冒険的な一般化にまつわる問題は、今日の眼からは時代遅れになっているいくつかの史料と統計学的手法を用いている点にある。そのために生じた一番の問題点は、多くの国々の成長率を著しく過大評価したことである。そうなった理由の一つは、彼が、国民総所得に占める製造業の比率を過大視したことにあった(そのため、農業および他の伝統的産業ばかりか、サーヴィス部門も過小評価することになった)。しかし、産業革命という考え方をめぐるさらに大きな問題は、これまで産業革命と叙述されてきた数十年間の経済成長率が、国によって大きく異なっていたことである。テイクオフをするために、一八世紀後半から一九世紀前半にかけてのイングランドであれば十分だと思われた約二%の成長率が、ドイツやスウェーデンなどの国では、四%以上必要とされた。二〇世紀転換期のロシアや第二次世界大戦後の日本、さらにこんにちの中国では一〇%以上であったことは言を俟たない。もしこのような一連の成長を(製造業部門の役割をとくに強調して)産業革命と定義づけるとすれば、このような過程は、たぶん二百年以上続いてきたように思われる。残念なことに、産業革命を定義するために経済成長率以外の変数を使うとしても、現実には有効ではないであろう。

ここ数十年間、経済史家は、多数の市民が工業部門に従事していない多くの国でさえ、産業革命が発生したようだということを熱心に指摘してきた。フランスやイタリアに代表される多数の国々では、農業などの伝統的な職業が依然として重要であり、経済と雇用全体の無視できない部分を占めていたのである。そのことは、産業革命が二〇世紀にもたらされた周辺国家においても重要である。たとえば東欧・バルカン諸国と、おそらく非ヨーロッパ諸国がそれにあたる。とりわけ強調すべき重要なことは、成長と構造変化の差異が、国によってかなり違っていたことだ。さらに、産業革命と名づけたいような画一的な出来事があるとしても、さまざまな国々、さらには国内の地域においてすら、違った出来事が発生していたということを意味する。

第二に、現在の研究は、機械技術と工場への移行が、多くの場合、きわめてゆっくりとしか進まなかったことを示す。たとえばそれはフランスとイタリアにあてはまるが、現実にはイギリスとドイツもそうだったのである。だから、古いものと新しいものの混在が続いた理由を強調すべきなのである。早くも八〇年前には、イギリスの経済史家ジョン・クラパムが、綿と羊毛の生産は、一九世紀にいたるまで、圧倒的に非中央集権的であったということを、説得力のある形で証明した。彼の主要な偉業は、蒸気を用いた大規模な生産は、一八二〇年代以降になるまで、綿と羊毛を生産する大規模な工場にはほとんど使われなかったのを証明したことだ(15)。したがって、産業革命の第一波は、蒸気機関を欠き、ジェニー紡績機などの道具や機械が人間や馬、あるいは水で動かされる産業企業で主として達成されたのである。これと同じ状態が、他の産業部門でも生じた。そのような部門は、全体として、繊維産業ほどには（とりわけ紡績業ほどには）機械化が進んでいなかった。道具を製作する産業や初期の機械化された機械産業がそれにあたる。イングランドのシェフィールドのような場所では、刃物類の製造や鉄鋼のマニュファクチャーは、一八四〇年代以前には依然として圧倒的に小規模産業であり、手仕事が支配的であっ

た。(16)

第三に、一九七〇年代初頭から始まり、こんにちでは周知のプロト工業化とよばれた研究のすべてが、産業革命こそ、工業化以前の生産から産業社会の「最終的」段階の生産への転換における明確なターニングポイントだという見解にさらに疑いを投げかける役割を果たした。(17)「プロト工業化」の概念は、最初はチャールス・ティリーとリチャード・ティリーの兄弟によって使用された。そして、アメリカの経済史家フランクリン・メンデルスが、プロト工業化にもとづいて、工業化以前の時代におけるフランドル繊維産業の研究をおこなった。ティリー兄弟もメンデルスも、プロト工業化が、一八世紀からの西欧における「完全」で全土にわたる工業化のために必要な段階だとみなした。彼らが強調したのは、ヨーロッパの発展の特徴の一つは、商業システムの形態をとって、農村を小規模な工業が取り囲んでいたということである。しかしながら、とりわけ中国とインドの研究者は、この種のシステムは、ヨーロッパの帝国主義的侵略以前に、われわれの国に存在していたと強調した。われわれはこれ以前の諸章で、すでにいわゆるカリフォルニア学派について論じた。彼らは、一八世紀のうちに、西欧とアジアの多くの部分（とりわけ中国南部）がきわめて似通っており、もとより農村地域にはプロト工業化が広がっていたと強く主張したのである。同様に、ヤン・ド・フリースは、ヨーロッパとアジアの両方で「勤勉」革命があった証拠を見いだした。両地域がともに、伝統的な技術と産業組織に、なおかなりの部分が立脚していたというのだ。(18)

それゆえ、たとえば中国と同様ヨーロッパでも、生産は豊かな資本を有する多数の地元の商人によって組織化された。商人は原材料（綿、羊毛、亜麻など）を購入し、それは農村の生産者に送られた。その代わり商人は、生産者が製造したものは織物でも何でも購入した。生産はある程度、小作人や小屋住み農などの農村のプロレタリアートが担った。使用される技術は単純なもので、手仕事の原理にもとづいていた。このシステムを利用する大規模商人は、たぶん数百人の地元の生産者から生産物を集めることができた。それゆえ、少なくとも西欧においては、プロト工業化は土地をもたない労働者階級を創出することで、後代のより完全な工業化に寄与することができた。とくに、純粋な農業地域よりもプロト工業化地域において、人口成長がはるかに大きかったように思われたからである（少なくとも、これは、フランドル〔の事例〕からフランクリン・メンデルスが引き出した一般化である）。プロト工業化の活動はまた、商人の手に資本をもたらし、彼らの考えでは、この資本はつぎに産業革命に投資された。それに対して付け加えるべきは、初期のプロト工業は、西欧の農村において固く結びつけられた市場経済と、都市と農村を結ぶ市場ルートの創出をうながしたという事実である。一八世紀に、とりわけ大西洋の反対側で植民地征服の結果繊維製品への需要が加速化していたとき、必要なほとんどのことは準備されていたのである[19]。

たしかに、一九七〇年代以降、ティリー兄弟とメンデルスが発展させた理論の一部にたいする攻撃は強まった、研究者が実際に調査してみると、彼らの理論が適用可能である範囲は、地域によって異なっていた。近世の多くの西欧諸国地域における巨大な工業生産のイメージは、包括的な研究で裏打ちされた。けれども、それと同時に、生産が組織化される方法が多様であったことが、それまでよりずっと強調された。商人は、従属的かつ土地をもたないプロレタリアートを利用しただけではない。それとは対照的に、大陸ヨーロッパの大部分の特徴をなした巨大な農業家族（全き家）によって生産がおこなわれ、さらにその生産がこの家族に統合されたのは、地域によって程度は異なるにせよ、一般的なことであった。女中と農民の娘が小屋で糸を紡いで織り、息子と農場労働者が木材を使って働き、農家の庭で鍛冶をした。このような地域では、プロト工業は何よりも季節的な仕事であり、商人は、生産の組織者としては遠隔地におり、重要ではなかった。したがって、プロト工業化は、専門的な労働者を有する地域ほどには人口成長の基盤を提供しなかったのである。人々の結婚はより遅くなり、伝統的に、農民のあいだでみられたほどには子供をつくらなかったからである。[20]

それと同様に、プロト工業化は、のちの工業化にとって必要な先行条件かどうかという議論がされてきた。より徹底的な地域研究がなされた結果、同一地域でプロト工業が工業化にまでいたったこともあれば、消滅したこともあったことが現実に示された。イングランド南部のケント、サリー、サセックスの三州では、一六世紀でさえプロト工業の活動が花盛りであり、毛織物、木材、鉄製品の製造がおこなわれていたが、とくに一八世紀になると、三州は「脱工業化」した。[21] ところが、ランカシャーが、一八世紀末から繊維工業の新たな揺籃の地となった。むろん、この地でもプロト工業があったが、三州と比較するとはるかに見劣りした。この背景に照らせば、プロト工業化がのちの工業化の先行条件になったという考えはおかしいとドナルド・コールマンが批判をした。そして、彼に同意しなければならないと感じた経済史家が多数いたのである。コールマンは、おそらく資源の配分としては、ランカシャーで容易に石炭を入手できたことのほうがより重要であると喝破した。[22] 状況は、ヨーロッパの他地域でも似たようなものであった。たとえばドイツでは、ヴェストファーレンでかつて非常に強力な繊維産業が存在したが、一八―一九世紀になると、大きく衰退したのである。[23] このような地域では、移民がいなかったとすれば、初期のプロト工業化の支配が商業的農業に取って代わられることがふつうであった。[24]

それゆえ、初期のプロト工業化は、ある特定の地域でさらに工業化が進展するための必要条件ではなかったようである。だが、工業のいっそうの飛躍と産業革命にたいしてプロト工業が果たした役割をめぐり、このような議論が衝撃を与えたため、産業革命を「テイクオフ」や「ビッグスパート」といった劇的な一回限りの出来事と解釈することへの疑いを抱かせることになった。産業革命は、一つの「革命」であったかもしれない。しかし、たとえそうだとしても、ほとんどすべての場合、数十年間にわたる、さらには数世紀におよぶかもしれない長期の過程であった。

それ以外にも、重要な意味があった。すなわち、産業革命は古くからの経済的・社会的・政治的構造からの離脱を可能にするほど急激な変化ではなかったのである。旧秩序を崩壊させた激しい衝撃であったという考え方自体、もっとも強力に批判されなければならない。産業の移行に多様な行程と様相があったことを考慮するなら、産業革命は、さまざまな経済的・社会的・政治的、そしていうまでもなく、文化的な構造にもしっかりと組み込まれていることを強調すべきである。この構造は、飛躍があったがゆえに生じたものだが、それよりずっと以前からあったものに由来し、しかも地域により非常に異なっている。新しい機械技術と工場を利用する産業は、さまざまな形態で出現し、その影響をより狭く経済的に考えても、より広く社会全体への影響としてとらえても、異なる影響をおよぼした。成長と生活水準にたいしても、影響は多様であった。国が違えば、多様な産業間のバランスに影響をおよぼす方法は異なる。経済成長と生活水準にたいする影響もさまざまである。したがって、チャールズ・セイベルやジョナサン・ゼイトリンらの研究者が、産業経済と社会にたいする多様な行程とモデル〔の重要性〕を強調してきたのである。さらに、たとえば、アメリカ合衆国、イギリス（！）、ドイツのように、「手工業」体制とは対照的であり、工業生産を特徴づける大量生産方式と、それにたいしてあらゆる面で大量生産にたいする重要な「代替手段」を構築したイタリア――ある程度までフランスにもあてはまる――とでは、歩む道が異なっているとして、相違点を強調した。イタリアやフランスでは、旧来の政治構造・制度と伝統的に地域に拡散した市場構造を、より大きな国民市場に取って変えることが困難であり、そのため、非中央集権的な生産形態が継続するようになったのである。(25)

経済発展のためのまったく新しい先行条件を創出し、同一規模で似たタイプの産業経済・社会を生み出した包括的な外生ショックという観点から産業革命を論じるために十分な理由がないとしても、さまざまな国で、経過とスピードにおいては異なっていたものの、おおむね一八世紀から間違いなく看取できる産業の転換過程が続いたことは明らかである。われわれが、新技術の形態をとった強力なモノ——生産のための原動力としての機械——を扱っていることに疑いの余地はない。次々に革新が導入されていくことがわかる。さらにまた、同じような革新が束になって出現していることもわかる。それは、全体としてみれば、以前よりも高い生産性と生産の向上につながった。労働過程の分業は、機械技術のはるかに前から導入されており、工場の誕生以前に導入されたこともある。しかしこの分業は、新しい機械技術によってより強制的になり、しかもより特殊化した。このような変化と革新が根本的な変化をもたらしたということに目を向けないなら、歴史を無視し、時代認識の過ちの犠牲になってしまうであろう。われわれは、この時代を生きた人々が、当時の現象を過去からの根本的な離脱であり、実際に革命的なものであったと定義づけたことを否定することはできないのである。すでに述べたように、一九四五年以降の資本主義の黄金時代の経済成長率が、一九世紀に工業化を経験した国々のそれよりもはるかに高かったことを議論の対象にしているわけではない。また、現代のように、より精巧になった時系列を使用したところで、当時の人々が大変動と過去との根本的断絶を感じたことを取り去ることはできないのである。

しかしここで、産業革命とは、単に新しい技術、機械の導入、工場制度にとどまらない何かを意味するということにも気づくべきである。産業革命は、ほとんど確実に、社会組織全体、さらに人間の過去・現在・未来にたいする見方にまで影響を与えたのである。しかし、主として経済的な意味を論ずることで、産業革命とは、同時に、オーストリア―アメリカの経済学者ヨーゼフ・シュンペーターがいった意味で、資本主義的な企業家が生産と分配を支配することを決定づけた過程であることを強調すべきである。生産をする経済とは、多様な活動と一連の価値連鎖〔製品が消費者に届くまでの連続した過程〕が結合したものだと特徴づけられよう。結合の仕方は多様であるが、多様なものをさらに区別する二つの大きな相違を想像することは容易である。それは、市場ないし企業内部の組織である。工業化のあいだに、市場が拡大し、企業の規模は大きくなった。企業家が成功するか否か――成長するか消滅するか――は、多くの場合、このような価値連鎖を支配できるかどうかにかかっていた。シュンペーターによれば、産業の転換にかんする目立った特徴として、資源と市場にたいする統制経済政策の要素が強まっていくことがあるかもしれない。現実にそれは、工場の導入と中央集権化の強化が、より徹底した中央集権化の一部にすぎないということを意味する。その過程は、戦略上重要な天然資源、投入量、資本（自分の資本と他人の資本）、十分な訓練を受けた労働力、市場と小売のチャネル、技術的・組織的ノウハウの入手のことをいう(26)。

これは全体としては、以下のことを意味する。産業革命の概念を、新技術の採用に焦点をあてた過程としてみたとしても――われわれはこれを革新連鎖とよぶ――、この過程は、工場の門のはるか外側にある現実、すなわち工場を取り巻く社会を包摂することは明らかである、と。工業化は、通信手段（運河、道路、鉄道、電信）の改良、投資と柔軟性のある貿易のために必要な信用を獲得する新手法、労働者の訓練、技術的な競争力の改善、貿易と競争のための規制と制度、特許法やそれ以外の多数の事柄の先行条件であり、結果でもあった。

十分に機能する産業経済には、市場の取引を簡素化し、会社の設立を容易にし、労働者をより簡単に調達する（ときには、より安く働かせる）ことを目標にした制度を導入することが必要である。十分に機能する産業経済にとって、ゲームのための明確な政治ルールを導入する必要がある。それによって、より長期にわたる評価と低い取引費用が可能になるからである。教育は、深さと規模において、改善される必要がある。都市計画では、急速に増大する人口と家屋の建設のために、より清潔な衛生状態を提供しなければならない。つまり、これまで、われわれが産業革命の過程だといってきたことは、「単に」新技術や新組織形態にとどまらない、はるかに包括的なものを意味するのである。経済的のみならず社会的な転換の過程でもあった。社会のほとんどが影響を受けた。だが、われわれが以前に述べたことによれば、この過程は一様ではなく、どこでも同じ結果が生じたわけではない。それどころか、新制度と他の変化は、地域に特有の長期的な経済・社会・文化構造によって大きく変化した。それゆえさらに、それ以前の歴史が重要である。

むろん、これまでいってきたことには、政府を含め、さまざまな種類の公的権威が含まれている。したがって、政府と他の形態からなる政府の統治者による見える手と明確な役割がなかったなら、西欧とアメリカ合衆国で発生しているような産業社会を想像することはほぼ不可能である。ジョン・ステュアート・ミルが経済生活の一般的規則として、自由放任の原理を提示したのち、規制が必要とされる例外がきわめて稀な多数の事例を紹介した。そのとき彼の心にこのように、産業革命のさなかに政府の介入が必要だということがあったことは、ほぼ間違いない。なかでも、彼が自由市場の失敗について論じたときにあげたのは、産業経済が機能するために明らかに重要な多数の必需品であった。権威主義に慣れた国家（countries）は、とりわけ国家（state）に助力を要請する傾向があった。だが、明らかに、市場の失敗にかんするミルの議論は、彼が同時代のほとんどの国家における（集団行動の）問題点だとみなしたものを含む。

ある時代ないし国家の特定の状況においては、一般的な関心にとって重要なものはほとんどない。個々人がおこなえないからではなく、そうする気持ちがないからといって、政府が引き受けるということは望ましくないかもしれないし、不必要かもしれない。道路、埠頭、港、運河、灌漑の作用、病院、学校、報道関係の会社は、政府が設立しないかぎり、存在しないかもしれないし、そういう地域もある。というのも人々はあまりに貧しいので、必要な資源を意のままにすることはできないし、目的を理解するほどの知性がないかもしれないし、他の手段を利用するために共同して行動するほどの訓練を受けていないかもしれないからだ。(27)

ガーシェンクロン再訪

一九六六年、ロシア系アメリカ人の経済史家アレグザンダー・ガーシェンクロンは、論文集『歴史的観点からみた経済的後発性』を上梓した。本書は、ロストウの『経済成長の諸段階――非共産党宣言』（一九六〇）を除けば、産業革命にかんして、ここ五〇年間でもっとも引用されてきた作品である。どちらも、産業革命が「グレートスパート」として描写できるという見解を共有していたので、ガーシェンクロン（右に述べた本のあとがきで明確に述べた）が、ロストウの発展段階論に痛烈な批判を展開したことは忘れられがちである。ガーシェンクロンが論じたのは、原理的には、歴史上さまざまな場所で異なった時代に発生したいくつもの産業革命のあいだの類似点を一般化し、強調しようとすることには何の問題もないということである。しかしながら、ガーシェンクロンの議論では、すべての国々がまったく同じ段階をへる必要はないし、産業のテイクオフの「先行条件」が、どの国でも同じだという考え方は、歴史的事実に反するのである。現実に作用する前提条件と先行条件は、地域と時代によって異なっていた。また、その結果はさまざまであり、前提条件と工業化の過程のスピードを反映した。とはいえ、同時に、特定の地域をもとに形成された前提条件を選択したのち、それを一般的モデルに置き換えられると示唆する。産業のテイクオフを達成するために必要な前提条件がどのようなものであるかを決定する要因は、個々の国々の後発性の程度によって左右される。オーストリア、デンマーク、ロシアなどのより後発的な国々には、最初の工業国家イギリスのような国々に利用可能であった前提条件が欠落していた。このような前提からえられた有名な理論の中核を、彼は次のようにまとめた。

このように（後発性の程度にしたがって）順位づけられた国々にかんするわれわれの主要な提起は、工業化へのグレートスパートは、本当に工業化が発生した場合、後発国ほど爆発的になるということである。しかも、後発性の程度が大きくなるほど、工場と企業の規模は拡大し、さまざまな強さの独占的協定を結ぶ働きが強くなる。最後に、ある国が後発的であればあるほど、その工業化は、何かの組織的な方向にそって進みがちになる。「後発性」の程度に応じて、このような方向づけの中心は、国家の庇護のもとで活動する投資銀行、ないし官僚主義的な管理に見いだすことができるかもしれない。このようにみていくと、ヨーロッパの産業史は、「最初の」産業革命を単に繰り返すのではなく、工業化のタイプが徐々に変わっていく秩序だったシステムであるように思われるであろう。(28)

残念なことに、ガーシェンクロンは一般的な枠組みをより完全に羽化した大陸の工業化の比較史にまで発展させることはできなかった。発展段階論（ロストウだけではなく、シュモラーやゾンバルトのようなドイツ歴史主義経済学派が書いたもの）とは対照的に、彼のアプローチはより動態的かつ歴史的であるが、産業（諸）革命を適切な歴史的文脈のなかにおく必要性を軽視している。このような特別な歴史的文脈を、ガーシェンクロンは特定の国を特徴づける「後発性の程度」として定式化する。こんにちのわれわれなら、別の概念を好むかもしれない（現実に、「後発性」とはかなり多様な概念がまとわりついた用語である）。けれども、「社会経済的」システムや「経済学《ポリティカル・エコノミー》」などで置き換えたとすれば、著者のヨーロッパの工業化にかんする洞察は、われわれにとってもより身近なものになろう。したがって、彼のアプローチは、歴史学派の経済学が定式化した旧来の発展段階論にたいする挑戦であった。しかしまた批判の対象にしたのは、一九世紀のマルキスト、とくにルドルフ・ヒルファーディングが創始者となり、こんにちもなお支持者がいる静的でかなり神学的な理論である「組織された資本主義」であった。したがって、資本主義のシステム内部においては市場から「組織された段階」へという転換をもたらす内在的傾向はない。このように概念化することで、「資本主義」がつねに組織化されていた（ただし多様な方法で）ととらえるという当初からの欠陥が続いている。さらに、産業経済の歴史は、たとえどんな形態であれ、明確な段階を踏んでいくという観点から理解することはできない。ガーシェンクロン自身が強調したように、「歴史記述において、『必然的に』とか『必然性』という言葉を使用すれば罰金ものであり、歴史における必然性はない」[29]。産業革命にかんしては、ある国で現れる要素や「先行条件」が、他国ではまったくみられないことがある。また、ある国で工業化の「原因」となったことが、他の国では工業化の「結果」になる[30]。だが、「工業の発展へのスパート」は、先行条件が欠如していると思われる国にも発生する。これは、一体どういうことなのだろうか。ガーシェンクロンが出した単純な解答は、ある種の先行条件は、別の要素によって「代替」されるということである。ドイツでは、銀行家が産業革命の産婆であったし、ロシアとオーストリアでは国家であった。こうすることで、人的・社会的な担い手が、理論のなかで浮かび上がってくる。産業革命のビッグスパートは、歴史の自動的ないし「必然的」な過程ではなかった。特定の利害を共有する集団によって資金が流れ、支援されたため、可能になったのである。

長年にわたり、ガーシェンクロンの一般的解釈をめぐり、多数の批判点があげられた。端的にいえば、批判の一つは、ビッグスパートにかんして、彼がかなり不十分なことしか述べていないことである。重要な多くの要素が無視されてきたようにみえる。とりわけ、一九世紀後半にイギリスにキャッチアップした国々を発展させた代替機関と批判的な声をあげた最初の産業の担い手となった国々の選択が場当たり的なことである。よく知られているように、そしてすでにみたとおり、ガーシェンクロンは投資銀行をフランスやドイツのような国々の産業的飛躍にとってもっとも強力な媒介だとみなしたが、オーストリアとロシアも含む東欧では、国家が枢要な役割を果たしたと考えた。多数の人々が観察したように、これはあまりに単純な姿であり、それに対しては、より多くの近代的研究の背景に照らして疑問が投げかけられよう。もっとも注目すべきは、ドイツと、そしてまた中欧の工業化における金融資本の役割は、いまだにかなり議論の余地があるテーマだということである(31)。しかしながら、ガーシェンクロンが特定の代替要因を選択した（彼は疑いの余地なく、それを好んでいた）ことにあまり関心をもつべきではなく、彼自身の理論の主要な側面に焦点をあてるべきかもしれない。彼の理論の一般的な点は、ある経済の特定かつ歴史的な条件が、産業革命の前提条件と帰結を決定するということであろう。したがって、国家レヴェルでの制度的な編成と経済的・社会的・政治的要因全体が、この変化の過程での重要な役割を果たす。したがって、たとえばフランスとドイツにおいては、銀行家が工業への投資のために必要な資本を調達するための活動をしたことはまったく確実であるし、この過程で、金融サーヴィスのための市場も創出したのである。しかし、それらに加えて、他の要素も作用した。たとえば、市場があまり発達せず場合によっては存在すらしていない状況で、垂直的さらに水平的に統合する産業企業家がそれにあたる。ユルゲン・コッカが論じた通り、ドイツに市場経済の未発達という特徴があったとすれば、企業は、みずから多数の機能を果たさなければならなかった。「ドイツ経済全体で分業が発達していなかったので、新企業内部の分業が高度化した」のである。[32]後でみるように、国家もまた、フランスとドイツが飛躍するさい、一定の役割を果たした。ロシアにおいては（ブルガリアなどもそうであったが）、国家と軍事は密接なパートナーシップを結び、先行条件の多くを創出したばかりか、かなり直接的に、大きな産業を生み出した。「軍事利害関係者によって動かされた国家が、この国の経済進展を推進する主要な媒介としての役割を担った」。[33]だが、たとえば、ロシアにおける国家の役割を強調すべきではないかもしれない。ロシアでも、銀行家と産業企業家がいて、二〇世紀初頭に発生していた急速な産業の拡大に関与していた。また、後発国にとって、産業発展がいつおこるのかを特定するのはたやすいことではなかったし、目的をもった個人と国家の両者が、行為者としての役割を担った。

他方、ガーシェンクロンがとりわけ中欧と東欧における工業化の過程で、国家がより市場指向に向かう行程で〔民間の〕代替財として機能したと強調した。それはむろん、われわれの観点からはとりわけ興味深い。この点で、彼はきわめて正確であったが、すでに述べたように、われわれは民間と政府の主導権が混合していたことを強調し、もっとバランスのとれた見方をすべきであろう。一九世紀後半から二〇世紀初頭にかけ、ガーシェンクロンは、経済における国家の活発な役割の背後に軍事的動機があったことを明確に指摘した。それが重要であることはいうまでもなく、さらに、一九三〇年代のスターリンによる急速で残忍なまでの工業化政策を説明するのに成功しているのである。動機と目的をもつ媒介が、この文脈においては、重要な役割を果たす。ガーシェンクロンは、とりわけ「キャッチアップ」の役割と一九世紀後半の多くの諸国の政治家たちの政治的行動にとって、この動機がどれほど重要であったのかを力説する。

同時に、彼の分析にはそれ以外にも欠点がある。彼は明確に（しかもかなり適切に）、歴史における発展段階論を批判したのであるが、実際には、それを繰り返したように思われる。ヒルファーディングのシェーマに陥ったのであり、われわれがみたように、それは「市場」から「組織された」ないし統治された資本主義への移行を強く主張した。しかも、ガーシェンクロンがイギリスを産業革命の「市場」形態の理想だと力説したことは――次章でみるように――、明らかに、イギリスの工業化にたいする国家の役割を過小評価するものでもあった。より一般的には、「極度の後発性」に苦しめられていた国々が、一九世紀後半になってようやく国家の出現を認識したと考えることは、有益ではない。国家も明らかに、銀行や大工業――ドイツとフランスにおける産業発展――とともに、重要な役割を果たした。それゆえ、国家は、「市場」の代替物ないし「緩やかな後発性」に悩む国家のどちらにおいても、なくて済む存在ではなかった。国家は、やり方は異なっていても、ほとんどどこでも活動的な役割を演じた。

遅れた工業化のイデオロギー

アレグザンダー・ガーシェンクロンはまた、「遅れた工業化のイデオロギー」という用語を造り出した。彼はそれが、遅れて工業化のレースに参加した国々にとって重要な誘因となったと考えたのである。彼がフランスのユートピア社会主義者であるサン・シモンとその支持者の役割を強調したことは、少し印象的であり、ロシアにおいてマルクス主義が支配的となった背後にある主要因として後発性があったと強く主張したことは、むろん、議論の対象となりえる。[34] だが、明らかなことに、このようなイデオロギーが存在し、その状況のなかで、彼は軽々しく見逃せない別の人物にも言及する。フリードリヒ・リストがその人である。このような場合はいつでもそうだが、経済的・社会的・政治的変化における理念の役割についてより正確に描写することはきわめて困難である。だが、間違いないと思われるのは、とりわけリストが同時代をよく観察した人物であり、彼が、国家の力と競争力にとって（イギリスの）産業革命の潜在能力が重要だと、非常に明快に認識していたことである。彼が現実にどの程度政策に影響をおよぼしたのかということは、むろん別問題である。同時代には、彼は急進的であり、かつ非現実的な大規模プロジェクトをあまりに好む人物だとみなされることがしばしばであった。

一般的に信じられていることとは反対に、リスト（一七八九―一八四六）は、反動的な保護主義者でも、さらには主戦論者でもなかった。[35] ほぼ間違いなく、彼は、ドイツ統一について論じた愛国者であった。だが、これは、少なくとも一八四八年までは過激な主張であった。しかも、彼は、リカードが提唱したイギリスの古典派経済学を遠慮なく批判した。そのため、反動的なロマン主義者でも、経済の進歩と繁栄の敵対者でもなかったのである。事実、技術発展と産業秩序確立への暖かい支持者であった。

リストは、自由都市であるロイトリンゲンで生まれた。同市は、一八〇三年に（ナポレオン・ボナパルトの支援で）ヴュッテンベルク邦に編入された。行政学と政治学を講じる教授として彼が広く一般に知られるようになったのは、一八二四年に、同邦にたいする中傷文書を書いた容疑で告発され、法廷に立たされたからである。そこで彼は、懲役一〇カ月と苦役を求刑された。直接の理由は、税制改革を論じ、政府が毎年予算を提出すべきだと主張したことであったが、たぶん、全ドイツで関税同盟 Zollverein を結成するように煽動したことも、このように異常なまでに過酷な刑になった理由となろう。ストラスブールとロンドンにしばらく滞在したのち、彼はアメリカ合衆国に移住した。フィラデルフィアでは、ペンシルヴァニアマニュファクチャー・技術促進協会の一員になった。この委員会は、同市の（繊維）工業の保護について議論した。フィラデルフィアの繊維製造業者は（ボストンと同様）、イギリスのマンチェスターを主要な競争相手とみなし、非常に高い関税をかけなければ、アメリカ合衆国の産業が生き延びるのは不可能だと論じた。アメリカの工業はなお幼児段階にあり、技能やジェニー紡績機などの機械的装備や蒸気力の使用にかんしては、明らかに後塵を拝していた。一八二七年に、リストはペンシルヴァニア協会から地方誌『フィラデルフィア・ナショナルジャーナル』に一二本の公開質問状を書くように指名され、この雑誌は、『ポリティカル・エコノミーの新制度のアウトライン』というかなり大げさなタイトルの小冊子として出版された。この小冊子は大量に売れ、リストは、新しい故郷とアメリカ合衆国東部の製造業利害関係者の主導的スポークスマンとして有名人になった。まず間違いなく、リストが著名になったのは、アメリカの産業が生き延びるための手段として、保護政策の導入がアメリカの経済学者と製造業者のあいだであたり前の考え方になっていた結果であった。保護主義は、アレグザンダー・ハミルトンが、著名な『マニュファクチャーにかんする報告書』を上梓してから当然の考えであり、この報告書は、一七九一年の議会に提出され、のちにアメリカン・システムとよばれたものの聖典となった(36)。

ハミルトンと同様、リストもアダム・スミスの天才ぶりを認めるのにやぶさかではなかった。とりわけ、このスコットランド人が分業と工業の重要性を主張し、工業が経済発展の原動力だといったことに敬意を払った。しかし、それと同時に、少なくともアメリカ合衆国のような後発国にとって、自由貿易はこのような成果を獲得するための最良の戦略ではないと主張した。スミスが一九世紀的意味で、どの程度過激な自由貿易論者であったのかは、議論の余地がある。ここでは、アメリカ合衆国でもどこでも、一九世紀においては、多くの人々が、一八四〇年代以降とマンチェスターの自由主義者が台頭した後に一般的になった考え方とは少し違った角度からスミスをとらえていたといえば十分である。したがって、スミスが指摘した多くの点――たとえば重商主義と重農主義学派への批判――のほとんどに同意することは可能であるが、それと同時に、幼稚産業の保護という点でさまざまな立場からのスポークスマンであったということもできるのである。[37]一般的に、リストはスミスの「偉大な業績」を称揚していた。「スミスは、分析的手法を経済学に適用するのに成功した最初の人物」であった。[38]

ドイツに戻ると、リストは『経済学の国民的体系』の増補版を一八四一年に上梓した。彼が有名になったのは、とくに以下の二点のためであった。第一に、彼は「政治」経済学と「万民」経済学を区別し、アダム・スミスが完全な理論家だったのは、後者にしかあてはまらないと喝破した。同等な国々からなる世界では、自由な国際貿易が、分業の原理を拡大するだけである。それは、貿易に関係するすべてのものの利益となる。それが、ドイツ関税同盟の主導的な扇動者であるリストが擁護した真実の一つである。国家間の自由貿易が、国内の自由な交易関係と同様に利益をあげることができないと信じられるのは、「だまされやすい人だけ」である。国内の交易とは、たとえばアメリカ合衆国内部のさまざまな州、フランスの多数の県、ドイツで同盟を結んだ諸邦のあいだの交易を指す。「世界中の他のすべての国が同じような方法で統一されたとだけ考えてみよう。もっとも鮮明になるよう想像力を働かせても、そのために全人類が獲得する繁栄と幸運のすべてを描くことはできないということになるであろう[39]」。しかも、互いに貿易をするグローバルな世界の平等な国民にとっての最善の解決法は、非常に長い歴史的観点に立って獲得されるものかもしれない。互いに平和に貿易する国々なら戦争することをためらうと、彼は考えた。非常に奇妙なことだが、この点で、彼は過激な自由貿易主義者のリチャード・コブデンと似ている。コブデンはこれより数年前に有名な冊子「イングランド・アイルランド・アメリカ」(一八三五年)を上梓した。しかしこれはたしかに、別の観点から書かれたものである。しかも、コブデンと同様、リストは、戦争は、富と繁栄とは正反対の関係にあると信じていた。「歴史が教えるように、人々が戦争に従事している場所では、人類の繁栄は最低の状態にある。そして人類の繁栄は、人類との調和が増加するのと同じ割合で増える」(40)。しかしながら、問題は——この点では、彼はコブデンのはるかに楽観的な態度とは根本的に違っている——、こんにちの世界のすべての国民が平等であるとはかぎらないということであった。現在のより日常的で完全からほど遠い世界にあっては、分業の線は、より近代的で繁栄する「工業国」とより後発的な「農業国」のあいだに引かれる。それゆえ、「万民」経済学を達成する以前に、「政治」経済学の必要性を認めなければならない。彼の議論では、経済学《ポリティカル・エコノミー》は、あまり発展していない国がより発展している国にキャッチアップするのを許すべきだと強調する必要があると、われわれは認めなければならない。それを達成するもっとも重要な手段は、幼稚産業にたいする保護関税であった。だから、当時の状況で完全な自由貿易を主張する人々は偽善者であり、「誤った世界主義」を伝導していると彼は結論づけたのである。

第二に、リストの論によれば、われわれは「価値」と「価値を獲得する力」を区別しなければならない。物理的意味と人的資本(技能)の形態の両面において、生産力(資本)の形態という点で豊富な資源をもつ工業国は、将来ずっと多くの富を獲得する能力があるため、農業国よりもはるかにすぐれている。したがって、ここでリストがいったのは、基本的に、収穫逓増が早くから工業部門を確立した国の特徴となり、また長期的にこの利点を保持する傾向があるということである。一九世紀初頭にはこのような見解は目新しいものであったし、周知のように、経済学《ポリティカル・エコノミー》は、数十年にわたり、別の方向に向かう傾向があった。けれども、より最近の経済学では、たとえば、地域と産業集積の関係から生じる収穫逓増の役割を強調する傾向がある。そのため、この種の考え方にリストが初期に貢献したことを高く評価することは、以前よりも容易になった。この点で、彼のより現実的な計画と同様、あまりに時代を先取りしすぎたのかもしれない。一八三〇年代に、彼は――あまり成功しなかったが――、ドイツの小諸邦の支配者に、鉄道などの大規模計画に投資し、商業と輸送を発展させるよう説得しようとした。鉄道は、商業上の関係を密接にするばかりか、国家力を増加させると、彼は考えた。計画に失敗し母国の政治全般にわたる反動性に幻滅したため、一八四六年に彼は自殺した。それは、一八四八年のわずか二年前のことであった。

リストがのちの経済と政治の思想にどの程度影響を与えたのかということについては、むろん、何もいうことはできない。しかしながら、一九世紀後半の中欧で、彼のような視点は、決して珍しいものではなかった。したがって、より多くの工業と保護の役割を求める「国民主義者」の意見を正当化することになった。多くの人々にとって、産業革命は安定した政治的・社会的秩序への苦悩をともなう脅威だとみなされたのかもしれない。とはいえ、多くの人々もまた、リストと同様、工業化の力が生み出した生産力の増大は、長期的には政治力と軍事力にとって必要なものだと認めようとしていたのである。

第一次世界大戦直前、ヨーゼフ・シュンペーターは、大変動による破滅を導いた要因にかんする見解を——レーニン、ルドルフ・ヒルファーディング、カール・レンネル（後者の二人はウィーン大学のゼミナール時代からの知己であった）のように——定式化しはじめ、「帝国主義」の役割を強調した。したがって、長期的に大国間での戦争を不可避にした感情と政治的な主導権を推進したのは、より多くの植民地を求めた競争——公式帝国であることが増えてはいたが非公式帝国の形成を希求した——であった。しかしマルクス主義者とはまったく対照的に、シュンペーターは、帝国主義と戦争を創出したのは「資本主義」ではないという結論を導きだした。レーニンの主張とは異なり、帝国主義とは、決して資本主義が最高に発達した段階のことではない。それどころか、帝国主義の中核には「隔世遺伝」があり、それは一九世紀後半においてもなお強力であった、「近代産業社会における強力な前資本主義的要素なのである」。それは、「ありとあらゆる具体的な社会状況において、非常に重要な役割を果たした、それ以前の時代の名残をとどめる大集団である」[41]。資本家も労働者も、その性質上、帝国主義的ではないと彼は強調した。侵略と戦争に行き着く輸出独占主義でさえ、資本主義がもたらす不可避的な帰結ではない。むしろ、彼の考えによれば、帝国主義と戦争は、一九世紀のブルジョワジーが革命を成し遂げて古い封建社会を崩壊させ、支配階級として地主エリートと軍人に取って代わることができなかった結果として生じたのである。いたるところで、シュンペーターは「不幸な弱さ」と「ブルジョワジーの精神の分裂」をみる。

ヨーロッパを理解しようとするものなら、見逃すべきではないことがある。それは、こんにちにおいてさえ、その生活、イデオロギー、政治が、封建的な「内容」に大きく影響されており、ブルジョワジーがいたるところで自分たちの利益を主張したとしても、それは例外的な状況でしか「支配的」ではなく、しかも、非常に短期間しか続かないということだ。事務所の外側にいるブルジョワジーと専門職の外部にいる専門的な資本主義者は、きわめて悲しい姿をしている(42)。

しかも、彼が強く主張したのは、「現在の社会ピラミッドは、資本主義の内容と法だけによってではなく、二つの異なる内容と二つの違う時代の法によって形成された」ことであった(43)。地主、軍事貴族、さらにはブルジョワジーも、封建国家ないし専制国家によって形成された。ブルジョワジーが、「国家それ自体を味方につけなければならない」場合には、主として既成の国家とその利害関係者に奉仕しなければならなかった。それは、根幹においては、「自分自身の利益とは異なっていた」のである。それゆえ、その帰結の一つは、産業革命と市民革命のあいだには必然的な関係がないということになったようだ。フィリップ・ハーリングが記すように、このような否定的結論は、一九世紀のイギリスにもあてはまる。「一九世紀を研究する歴史家は、たとえ世界で最初の偉大な産業国家であっても、政治における『市民革命』についで産業革命がおこるとはかならずしもいえないという修正主義者の警告に、現在では一般に同意している(44)」。それは、ヴィクトリア時代のイギリス政治と支配者が、典型的なブルジョワだとどうすればいえるのか、ということになるからである。

したがって、シュンペーターが述べたように、古いエリートが、一八四八年以降も含めて、一九世紀のヨーロッパ社会で重要な役割を果たしたことは明らかである。同世紀のうちに、ヨーロッパは、産業革命として描出してきた一連の変化を経験した。古いヨーロッパの市民にとっては、ナポレオン戦争後のイギリスでもっとも明確に現れた工業化の過程が、目覚ましいものだと映ったのである。すでにみたように、後の時代になって、産業革命という概念を使いたがらない理由を説明した人々がいたとしても、同時代の人々の大半は、産業革命の証拠を実際に発見したのである。彼らのほとんども、工業化を不可逆的な過程であると考えていた。イギリスにはじまり、英仏海峡を渡り、ベルギーの鉄・石炭地域に進み、北フランスの繊維産業都市にいたった。どこにいっても、産業革命は、人々がかかわらなければならない危険な経済要因であった。イギリス繊維などの工業製品は、いたるところで販売された。イギリス製品はドイツとオランダで売られたが、商品の選択に厳しいフランスの消費者でさえ、国内の商品と比較すれば、イギリス製品は家計の予算にあまり負担にならないとわかった。イングランド製品の市場は成長し、地域によっては、国内生産を駆逐した。古くからあり、あまり生産性が高くない形態の産業が優勢であった中欧のいくつかの産業地域は、一八四〇年代に社会不安を経験した。それはほぼ間違いなく、機械で生産された(繊維)製品と織物による競争が激化したためであった[45]。

このように、驚きと恐怖が組み合わされた感覚もまた、古い政治的・社会的エリートにつきまとった。彼らは工業化を、危険な脅威であり、将来の魅惑でもあると確認したのである。この点で、一八四四年のシレジア織工の反乱は過激な社会主義の発展を意味したので、一種の警告になった[46]。産業の拡大が引き金となった経済成長も、政治的・社会的な権力の増大の約束を――もしそれを獲得できさえすれば――意味することがありえた。それはたしかに、新しい考え方ではなかった。まったく逆に、これまでみてきたように、政治的・軍事的な力は、究極的には経済的要因(多くの人々、巨額の輸出と製造所)に基盤があるとする概念は、遅くとも一七世紀から、ヨーロッパのさまざまな地域の有力者にとって、重要な政治的指導の象徴であった。統制経済政策的な考え方が一九世紀に消滅したと考えるのは幻想である。全く反対に、一九世紀にヨーロッパの思想のほとんどまでも支配し、国家がより影響力をもち強力になるにつれて、拡大さえもしたのである。一八一五年以降のヨーロッパでは、国民主義と国民意識が開花しはじめた。しかし、一八一五―四八年を支配した――そして、この体制は永久にオーストリアのウィーン体制の宰相であるメッテルニヒと結びついていたようにみえる――ヨーロッパにおいては、旧来のエリートが安定を希求し、民衆の国民主義に反対した。一八四八年以前には、A・J・P・テイラーの議論によれば、主要な恐怖はフランスが革命状態に戻り、第二のナポレオンが登場することであった[47]。しかしながら、安定を脅かす新しい脅威は、一八四八年以前に現れていたように思われる。産業革命がそれである。産業革命の挑戦は、さまざまな水準で徴候が現れていた。第一に、強引に影響力を増加させようとする産業ブルジョワジーが徐々に増加するという恐れが一般に流布し、それに対処しなければならなかった。古いエリートの眼には、彼らは下品さと急進主義の混合体制を象徴しており、そこに属する人々は、可能なかぎり、官吏と高級役人への道から除外されなければならなかった[48]。はるかに悪いことに、産業革命が創出した新集団は、既存の社会秩序に対してあまり忠実ではない傾向があった。カール・マルクスによれば、プロレタリアートは、「みずからをつなぎ止める鎖以外に失うものは何もなかった」のである。とりわけ、一七九〇年代からイングランドで多数の職人と労働者が騒乱をおこしたことが、ヨーロッパ全土の君主に恐怖心を抱かせたのである。「危険な階級」や社会革命にかんする話題がきわめて多かった。イギリスのチャールズ・ディケンズとフランスのユージェーヌ・シューは、規制の秩序を脅かすロンドンとパリのスラムに起因する労働者階級の下層社会を描いた。ランカシャーの工業地帯から、道徳と家族生活の脅威となる暗黒世界の悪魔のような工場の悲惨な状況にかんする報告書が出てきた。つまり、保守的な人々は、工業化に続くすべてのものに対して悩まされていたのである。旧来の価値観はひっくり返され、何もかもが流動的であった。

第二に、産業革命は別の点でも、なお危険な脅威になる可能性があった。新しい産業システムは、富を創出し生産力を上昇させる能力によって（リストの概念）、一八一五年以降確立されたヨーロッパにおける国家間の勢力均衡システムのようなものへの脅威となったかもしれない。したがって、A・J・P・テイラーらが論じたように、驚くべき水準での安定性が、一九一四年以前のヨーロッパにおける国家システムを特徴づけたのである。「一九一四年に第一次世界大戦をはじめた大国は、一八一四年のウィーン会議に出席した大国であった」[49]。シュンペーターが指摘したように、一九世紀に徐々に現れた貴族的でもありブルジョワ的でもある支配体制が、勢力均衡を、国内においても互いの関係においても秩序と安定の礎石とみなしたのである。彼らの支配は、このように微妙な勢力均衡の維持と直接関係していたのである。

しかしながら、この均衡は、多数の新しい力によって脅かされることが増えた。その力は、一八四八年以降とくに強く感じられるようになった。なかでも、人口成長と経済的資源の（不均等な）増加が重要であった。工業化がもたらした力により、人口と富という資源が、以前よりも不平等に分配された。フランスとオーストリアのような国々は、一八五〇年から一九一四年に人口という点で（とりわけフランスで）ごくわずかしか成長しなかったが、ロシア、さらにいまや統一されたドイツ、またイギリスも、はるかに高い成長率を達成したのである。一八〇〇年には、イギリスの人口はたった一一〇〇万人であったが、一九〇〇年には三七〇〇万人になった。ドイツでは、同期間に人口が二四〇〇万人から五一〇〇万人になり、オーストリアでは（ハンガリーを含めて）、二三〇〇万人から五一〇〇万人になったが、フランスでは、二七〇〇万人から四一〇〇万人になっただけである[50]。同じことは、一人あたりのGDPにもいえる。一八七〇―一九一三年に、ドイツ経済が年率一・六％で、オーストリア経済が年率一・五％で成長していたとき、イギリスとフランスの状況はそれほど良くなく、それぞれ一・〇％と一・三％であった(51)。たぶん、このような平均値以上に劇的な変化は、世界の製造業分布の数値である。一八七〇―一九一三年に、ドイツはシェアを一三・二％から一五・七％に、アメリカ合衆国はシェアを二三・三％から三五・八％に増加させたのに対し、イギリスのシェアは三一・八％から一四・〇％（一八七〇年には、「世界の工場」として突出していた）に、フランスのシェアは一〇・三％から六・四％に低下した(52)。製造業部門が急速に成長している国では、まだ「テイクオフ」していない国や産業革命がなかなかはじまらない国と比較すると、経済成長率ははるかに高く、所得は急速に上昇した。

人口と工業力において国家間でこのようなシフトがあり、それが伝統的な勢力均衡の脅威になったことに、疑いの余地はない。より多くの資源があれば、急速に成長している国家が軍事的、さらに植民地での冒険的事業により多くの資本を使うことが可能である。他方、この二つのあいだに、直接の関係はない。経済成長率が低い国のほうが、人口と経済力の点で地位を失うからこそ、軍事力と海軍を増強させることがありえた。それは、このような国のほうが、隣国よりも軍事費への出費が相対的に大きいということを意味するのであろう。だが、人口成長と軍事支出は互いに密接に関係したようにみえたが、ＧＤＰの成長率にかんしては、関係はそれほど大きくなかった。ドイツでは、軍隊への支出総計は、一八七〇年と一九一〇年のあいだに一〇倍に増加したが、フランスでは、同期間に六〇％しか伸びず、オーストリアでは、ほぼ一〇〇％伸びた。イギリスでは、海軍への支出が、同期間の四〇年間に五倍増加した(53)。

したがって、工業の成長と変容は、国内の安定とヨーロッパの勢力均衡にたいする危険な脅威とみなされたのである。だが、それと同時に、この脅威を好機に変えることができた。ヨーロッパの支配者たちは、もし工業化が管理できるなら、国家にとって、それゆえ支配者にとってきわめて有利になりうるということを発見したのである。工業化のため、以前よりも利用可能な資源は増え、それらは、とりわけ国内（プロレタリアート、国民主義者、急進的なブルジョワジー）と国外（敵対的な国々）両方の敵に対抗するために使われたのである。新産業が獲得した力は、とくに国際的舞台における国家の立場を強化するために使えることがより明確になった。すでに言及したように、ヨーロッパ内部の平和は、ウィーン会議が創出した秩序にたいする国民主義者の立場からの反対運動のために脅かされた。ヨーロッパ全土で、さまざまな武装集団が、ナポレオン帝国の崩壊後に創出された境界を廃止しようとしていた。しかも、ウィーン会議による秩序は、大国間の敵対心の原因となり、そのためヨーロッパの分割がなされた。ロシア─フランス間、オーストリア─プロイセン間、プロイセン─フランス間などで、分割されたのである。銃から権力が成長するのは、誰でも知っていることだ。当然、その銃は、鉄鋼業メーカーと近代的な機械産業の指導者によって運搬される(54)。

つづく二章で、われわれは多数の国家の実例を用いて、さまざまな地域と国々の社会的・政治的エリートがそれぞれどのようにして、新技術と工業の成長が含意した挑戦と脅威に応じたのか、追跡することができよう。たくさんのヨーロッパの国々で、産業革命の力は、政治的・社会的発展、さらに野心的な支配者と政治家が実行した新しい統治形態と相互依存関係にあった。産業の発展と成長のための力が、正当性と政治的安定を創出するために有効だとみなされたのである。経済の成長と繁栄が、国内と他国との関連の両方で、支配エリートにたいする強力な綱領を生み出しえた。だがそれとともに、経済成長と産業の転換の力学が、不安定性を創りだすことがありえた。したがって、産業の発展を支援することは、ある程度、何らかの可能性に賭けることでもあった。けれども、後でみるように、多数の国々が、このゲームに運命を賭けるための準備をしていたのである。

一九世紀のあいだ、ヨーロッパの多くの国家などの形態の統治団体は、直接的にも、より間接的な意味でも、工業化の力を育成するために介入した。そのときまで、大半の公的資金は、軍備、常備軍、海軍のために使われていた。しかしながら、一九世紀においては、民政部門の活動に支出する比率は、工業の奨励を含めて、着実に上昇した。一般的な善意ないし利他主義から、出現しつつある産業経済を強化するために、政府と公的当局が、資金を提供し介入したと考える必要はない。これまで論じてきたように、きわめて最近にいたるまで、経済理論は、市場の失敗に際しては、政府が介入することが主要な前提としてきた。だが、それは、国家もまた、多くの場合、工業を確立し促進するために非常に活発な役割を演じ、そもそも市場が存在しなかったところに市場を積極的に創出したという事実を過小評価している。しかも、市場の失敗は、国家とその団体が独自の義務をもつ独立した行為者であったとか、特別な利益を支援するために機能したという事実を目立たせるものではない。したがって、非常に一般的なことは、政府は、自己の利害ないし政府と政治的生活を支配しているエリートの利害を保護するか、強力な政治的・社会的な集団のために介入することであった。このような「利害」は、むろん「合理的」であることも、合理的な計算にもとづく必要性もなかった。このように「分割された」利害という信念が、強力な誘因となるのに十分な力をもつことがある。不確実性が支配的な経済世界においては、ある行為がどのような結果をもたらすのかを事前に知ることは、かならずしも容易ではない。したがって、たとえばある種の工業財にたいする非常に高い関税が、ある工業集団の利益になるとみなされることもある。一方、低い関税のほうが、長期的にはより良い解決策かもしれない。さらに、「階級の利害」――それは、大きな流れとなった言語論的展開に影響されたギャレス・ステッドマン＝ジョーンズなどの社会史家が強調したように――は、非常にとらえどころがない現象であり、しばしば議論が交わされる領域である。(1) 歴史は、うぬぼれた伝統主義者のエリートが近視眼的であり、後になって後悔することを推進したり、明らかにより長期的な観点からは利益が出ることにたいして短期的な事業利害が反対した事例を数多く提示する。近代的な制度理論が示すように、利害集団は、経済的な事実を「本当に」反映するので台頭したということを意味するのではなく、政治的過程を通じて構成され、しばしば利害集団自体が、まさに（国家の）政策制度の産物だということなのである。(2) さらに、これまで論じてきたとおり、経済史においては、行為の意図せざる結果と経路依存の両方が生じる可能性がある。本章と次章では、ヨーロッパの多数の国々の産業革命の歴史、その成長と発展の歴史をたどる。なかでも、一九世紀のさまざまな国にみられたように、活動的な政府と産業のダイナミズムの関係に焦点をあてる。

最後の但し書きが必要である。ここでの関心は、まず、国家ないし他の公共団体の活発な統治が、経済成長や産業革命の速さそのものに積極的な役割を果たしたのかどうかということにはない。われわれは歴史的分析に従事しているのであり、「最良な」ないし「最適な」解決策を評価し、突き止めることに従事しているわけではない。すなわち、われわれは、政府の介入の結果を評価するよりも、産業革命の力を支援するためにどの程度介入したのかということと、その理由に関心がある。一九世紀の（国家）統治の役割について論じている文献の多くは、むしろ、たとえばGDPの成長率や国民所得の水準で計測して、公的な行動が最善であったかどうか、民間部門で解決したほうがより効果的だったかもしれないということを、判断しようとしている。このような試みとは「事実に反する」（counter-factual）歴史である。さらにそのような歴史を書いている場合に、一般的な問題に遭遇することが多い。すなわち、もし別の道が選択されていたのだとすれば、何がおこったのかということについて確信がもてるのか、ということがある。たとえば、〔税金でまかなわれる〕公共投資が、より効率的な民間の選択肢をクラウディングアウトしたかもしれない。(3) だが、政府ではなく民間の人々が所有する金のほうが同一部門でより利益が出るように投資されたかどうか、あるいは、経済のなかでずっと高い収益をもたらす分野に投資されたかどうかということは、われわれには決してわからないのである。その金は浪費されたかもしれないし、利益がより少ない別の分野に投資されたかもしれない。他のすべてのことは、完全に効率的で透明な市場（レモンの市場）を前提としているであろう。そのような状況は、歴史的に滅多に現れるものではなく、一九世紀においてさえ、頻繁に発生したとはいえないのである。

多様な形態の国家の介入

長期の一九世紀において、国家は、工業を確立しその発展を促進するために、多様な方法を用いて〔経済に〕介入した。いうまでもなく、経済への介入は、何も目新しいことではない。すでにみたように、支配者たちは、はるかに以前からまさにそのようなことを試みていたのである。しかし、そのためにもたらされた幸運の程度はさまざまであった。一九世紀においても、彼らは介入を繰り返し、事実、たびたび政府の野望を手助けしたのである。とはいえ、主要な相違は、彼らがいまや以前よりもはるかに効率的に介入するようになったことだ。介入と統治をめぐる国による多様な事例――さらにその事例が現れた歴史的状況――について論ずる前に、のちに議論する国ごとの事例にみられるさまざまな統治形態を単純に分類してみよう。市場の失敗に対処するために積極的に介入することは、決して全体を論じるものではなく、物語の一部にしかならないことに気づくであろう。

すでに、近世のあいだに、君主ないし国家が経済成長を促進するために、なかでも工業と貿易活動の拡大を目指して、さまざまな手段と戦略を使用しようとしていた。第一に、彼らは、経済と産業の成長に手助けとなるような利益をもたらす制度を確立しようとした。第二に、彼らは貿易と工業に利益をもたらすような経済的インフラストラクチャーに、積極的に投資した。第三に、彼らは――当時としては――非常にかぎられた資源を、マニュファクチャーと工業を確立するために、ときには（ヴェンチャー）資本に提供する傾向があった。場合によっては、これはまた、現実に、工業用の土地と建物を直接所有するということを意味した。第四に、そして最後に、彼らは、経済を正しい方向に導くために、すなわち、経済発展を促進するために、経済政策を使用しようとした。すでに論じたとおり、彼らは、一九世紀以前には、とりたててそれに成功していたとはいえなかったかもしれない。しかしながら、彼らがときおり、非常に熱心にそうしようとしていたことは疑いないであろう。

第一に、どのような（市場）社会であれ、信頼を支え、リスクと不確実性を削減し、取引費用を最小にする制度は、経済の成長と繁栄にとって枢要な役割を果たす。公然と統制された国家――近世の重商主義国家ないし統制経済政策国家――は、ほとんどの場合、一九世紀の（西）欧では解体していたが、かといって国家が〔経済への介入から〕完全に撤退したり、一般に工業発展や経済成長に大きな衝撃をおよぼすことがなかったというわけではない。再規制の過程が発生し、それは、一般には経済成長、なかでも工業の発展に利益をもたらすような制度とゲームのルールを確立することを目的としていた。市場は、より効率的に機能するよう規制され、競争のためのルールが決められなければならなかった。少なくともこのようなルールには党派性がないように思われ、すべてのものに均等な機会を提供することが、何よりも重要であった。経済学においてもっとも制度的な理論の中核には、マンクール・オルソンが定式化したように、次のような洞察がある。「社会にもっとも発展可能性がありそうなのは、専門特化と貿易をとおして、社会的協同から利益を生み出して獲得する明確な誘因があるときである」(4)。利益をもたらす統治のための前提条件とは、支配者が――独裁者であれ、山賊であれ、民主的政府であれ――、長期的観点をもち、みずからの利益が臣民の繁栄と結びついているのを発見することである。すなわち、共通善である。オルソンらが論じるように、近代国家への移行は、何よりも安定性と計算可能性の増大という方向への歩みを意味するのは明らかだ(5)。一九世紀のあいだ、政府はあまり無秩序ではない金融制度を確立するために、努力を傾け、税制を改革し、より透明性のあるものとし、以前は貿易を妨げていた旧来の内国関税を廃止し、遠くから運ばれた商品を販売するのを容易にする規制を導入した。さらに、企業の設立を規制するために新しい規則を導入し、(ギルドシステムのように)部外者を締め出しがちな会社法を廃止し、特許法を導入し、財産権を守らせ、「公平な」競争にかんする規制(違った種類の泥仕合と闘い)を確立し、間違いなく、投資のために利用可能な資本の急速な増大を生み出す有限責任会社の導入を可能にしたのである。実際、このリストはきわめて長い。しかしながら、このような形態の規制緩和は、一般に経済成長にとって、なかでも、一九世紀の安定的な工業化の興隆にとって、きわめて重要であったことは明らかである。

第二に、これまで論じたように、政府は適切なインフラストラクチャーに投資することができた。その場合においても、起源は近世にさかのぼり、それ以前にさかのぼることさえあった(古代ローマ帝国や中世の都市国家など)。しかしながら、明らかに、一九世紀には道路、橋、運河、鉄道、より良い港湾施設、より効率的な郵便事業など多くのインフラストラクチャーに投資する意欲が増加していった。(6) さらに、長距離の通信をするための新方法が、ほとんどの地域で政府が介入する特有の分野となった。まずは、電信であり、その後、電話が加わった。より多くの輸送と通信の確立を目指すイニシアティヴが発揮されたので、ある程度はこんにちでも残存している国家的な規制システムが創出されたのである。(7) しかし、人的資本にも巨額の投資がなされた。それは小学校から高等教育機関までおよび、実業学校や技術教育のための高等教育機関が含まれた。多くの国々で学問や技術革新の普及を目指し、それ以外の機関も発展した。この場合も、そのリストはきわめて長くなるであろう。だが、手短かに言えば、公共事業と公共財の供給が、大きく増加したのである。政府と他の統治団体がこのような任務を引き受けたのは、ジョン・スチュアート・ミルがいったように（本書一〇二頁をみよ）、主として民間の投資家は、この種の公共財への投資をするほどには裕福ではなく、市場で解決できない集団行動に関係する問題があったからである（自分が使うかどうかわからない教育や電信ラインのためになぜ金を支払わなければならないのか）。いうまでもなく、われわれが説明できるのは、市場の失敗の原理にもとづいた介入である。しかしこれは、ごく一部の説明にしかならない。もっとも確実なことは、公的な介入を促進することでえられる民間部門の利益もあったことである。たとえば、技術教育の導入や鉄道路線の建設の事業が利益につながると考えた人々がいた。政治家のなかには、鉄道路線、運河、電信、高等教育のための機関の設置が、国家の威信と力を表すと考えた人たちもいた。

第三に、国家と他の公的権威は、事業と企業、さらに彼らが国家にとってもっとも重要だと感じたみずからの事業を開設するために必要な資金さえ提供することができた。当然のことだが、このようなことでさえ、近世のヨーロッパで知られていないわけではなかった。それどころか、一六世紀以降について論じたように、多くの国家は、助成金を与えたり、ヨーロッパ全土で、さまざまな製造業の企業、マニュファクチャー、鉱山業、鉄鋼場の所有者として活発な役割を演じることがあった。とはいえ、多くの人々が考えるのとはたぶん反対のことだが、このような形態での公的ないし国家の所有は、一九世紀においても、完全に死に絶えたわけではない。事実、産業革命の新技術を利用する近代的な企業を創設するために、ヨーロッパ全体で、いくつかの国家が多額の直接投資をした。ガーシェンクロンらが指摘したとおり、この種の形態での国家介入は、たとえばイギリスやベルギーよりも後発国ではるかに一般的であった。しかし、後でみるように、このような公的資金の積極的役割は、たとえばベルギーの事例では少し過小評価されてきたかもしれないし、またたとえば、ドイツの工業化（とりわけ一八四〇年代から一八七〇年代にかけての創成期）にたいしては、過大評価されてきたかもしれない。

第四に、近代経済においては、国家は、大不況から経済を救い出すことを含めて、みずからが最良の方向だと信じるものに向けて経済の舵取りをするために、数々の手段を使うことができた。近代的な意味でのマクロ経済学的な政策は、二〇世紀頃に発達したにすぎない。一九世紀になるまで、経済の舵取りをするために、財政政策も金融政策も使われなかったことはすでにみた。たとえば、ほとんどの西洋経済で、景気回復のために平衡を回復させる金融政策は、一九三〇年代以前には導入されなかった。これと同様に、利子率を投資と貯蓄に影響を与える手段として利用するには、強力な国立銀行・中央銀行の設立を待たねばならなかった。しかし、経済と産業の成長を支援するために、国家がある種の政策を完全に発展させるのを回避したということではない。すでに一八世紀のあいだに、イギリス国家が、経済の需要を増大させる手段として国債を使ったことは明らかである。ほぼ確実に、その主要な理由としては、同世紀にイギリスが戦っていた巨額の資金を必要とする戦争に資金を提供することがあった。だが、（とりわけ工業製品への）需要の増大は、政府の債務証書を販売することで、巨額の資金を借りたために生じた。(8) しかしながら、債務の管理は、一九世紀においても、他の多くの諸国で知られていなかった戦略ではない。アメリカ合衆国では、南北戦争の結果、国債発行が急激に上昇した。むろんそのためもあり、一八六〇年代から、工業産出高が上昇させられた。フランスでは、一八三〇年と一八四八年の革命ののち、さらに一八七〇年のプロイセン―フランス戦争の結果、国家が発行する国債の蓄積額が大きく増えた。さらにそれは、少なくとも間接的に需要が増大したことを含意する。さらにその需要が、たとえば軍備、鉄鋼、機械産業に影響をもおよぼしたのである。一八三〇年から一八四八年にかけて、ロスチャイルド家は、フランス王ルイ‐フィリップのために国債のほとんどを処理した。フェルナン・ブローデルの言によれば、「国債の発行以前に政府に国債の総額分を前払いし、当然、付随する公債証書を基準額以下で購入した」[9]。

だが、一九世紀の為政者と国家に知られていなかったわけではない別の公的介入は、危機と不況を管理する方法であった。そのため、一八七三年に銀行と金融機関がパニックにより大きな打撃を受け、アメリカ合衆国とヨーロッパの経済が（主として鉄道へのサブプライム的な貸し付けによって生じた）深刻な不況に陥ったとき、ヨーロッパの諸政府は財政部門を安定させるために介入することを余儀なくされたのである。こんにちと同様、それは貸し手の割賦金を保証するために、国家自体が「最後の貸し手」になったということなのである[10]。この金融破綻――それは、一八九六年まで続くいわゆる大不況のはじまりを記した――は、数十年間のより自由な貿易と低い関税率ののち、ヨーロッパで高関税が大規模に再導入された背景をなす主要な事実であった。ポール・ベロックが発言したとおり、「一八七九年以降の保護主義への回帰は、おおむね、農業利害関係者と工業利害関係者の連合の結果であった」。ヨーロッパの農民は、穀物などの食料がとりわけアメリカ合衆国から大量に流入したことで深刻な被害を受けた。その一方で、製造業者は、「自由貿易の利益があるということを、現実にはまったく納得させられなかった」のである[11]。少なくとも大陸ヨーロッパの人々の眼には、一八五〇年代から一八六〇年代にかけての自由貿易の時代は、（一八六〇年のコブデンの諸条約〔英仏通商条約〕後）イギリスの製造業の利害に有利なようにはたらいた。だが、それがどの程度本当の意味で正鵠を射ていたのかは別問題である。それは、イギリスへの工業製品の輸出が、その逆よりも早く成長していたからである。しかし、一八六〇年代に市場が開放されると、多数の敗者が出現したのは、すべてをイギリスの輸出品のせいだと非難しがちな、大陸諸国で競争力が弱い地域と部門であった。[12] さらに、エッセンの鉄鋼業者クルップ（とりわけ、高い輸入関税に批判的であった）のような巨大な製造業者は、産業の保護を導入すれば、彼らは多くの場合勝利すると計算し、しかも彼ら独自の考え方によれば、おそらくこの計算は正しかった。しかし、ここでもまた、経済の媒介が、かならずしも正確な情報の観点に従って行動するわけではないという結論を導きだささるをえない。[13]

したがって、産業の成長を支援したり危機を管理するために経済政策――多数の他の形態の政府の介入とともに――を使用することが、一九世紀において決してまったく欠如していたわけではない。ここでは、一九世紀に経済に介入するために国家が使用することができた数々の手段を提示したい。このような公的介入を順序立てて説明することは、かならずしも容易ではない。それはとりわけ、介入がしばしば混合しており、その目的が何であるのか、明確ではないからである。ときには、このような介入が開放的かつ直接的なこともあったが（援助金、新規業のための資金提供、国家所有）、たぶん、それよりはるかに重要なのは、より間接的な政策であった（制度的改革、税金、マクロ経済政策）。場合によっては、民間部門に刺激を与えたり、市場の発達を支援することを目的としたが、ときには、民間のイニシアティヴの代替となり、それが（まだ）存在していない市場を創出することもあった。[14]

しかしながら、われわれはいまや、国家と他の公的団体が国家の場面で活躍した方法についてみていくべきときである。議論をとりわけ、工業化の過程がはじまった頃の国家の役割と統治に集中したい。すなわち、イギリスについては一八世紀と一九世紀初頭を扱うのであるが、これよりいくぶん後の時代のさほど発展していない後発国のいくつかについても取り扱う（ガーシェンクロンの用語をここでも使用する）。可能なかぎり、このような介入が生じた特定の歴史的文脈と、その政策がとられた理由を解明したい。

イギリス

イギリスは、産業革命の典型例とみなされることがもっとも多い国である。こんにちでは、すべての国々が、イギリスを典型とする工業化に従わなければならないという考え方を受け入れない人が大半である。けれども、彼らでさえ、産業革命を定義し説明する場合には、ほとんどつねにイギリスを基準として使うのである。すでに言及したように、マルクス、ジョン・ステュアート・ミル、トインビー、マントゥなどの初期の権威は、技術進展という形態での革命、機械化と分業の増大という観点から、この革命を市場が成長するための原動力としてとらえた。イギリス産業の革命と転換の事例をめぐっては、通常、四つのことが提起される。第一に、現代の研究によれば（これまでみてきたように）、イギリス産業のテイクオフの革命的な影響はあまり強くなかったといわれる傾向があったが、イギリスの産業革命は他国よりも早く現れたということである。第二に、一般的な考えでは、産業革命は、主として内生的な発展により推進された。第三に、旧来の統制経済政策国家が一九世紀に生き残っていた限界はあったが、一八二〇年代から徐々に、可能だった範囲で、ヴィクトリア時代にもイギリスが夜警国家の理想に近くなった。第四に、そして最後に、イギリスの事例は、政府の介入がなく市場が主導した事例だとみなされることが多かった。ここでは、この四つの提起のすべてを取り扱う。それらは、イギリスの事例の性質と統治と国家の役割を理解するために重要なことだからである。

（1）　産業革命について話題にするかぎり、イギリスが最初の担い手であったことは、むろん、だれも否定できない。しかしながら、この数十年間に、ある方面では、「イギリス産業革命の神話」について語ることが流行している。[15] 当然、どこまでが神話であり現実であるのかということについては、おおむね、「産業革命」の概念にかかっている。すでに示唆したように、とりわけニコラス・クラフツ、C・ニック・ハーレイ、グレゴリー・クラークが先頭に立った多数の最近の研究者は、たとえば、「古典的な」産業革命の時代である一七六〇―一八三〇年に、経済成長が大きく加速化したということはほぼ不可能であることを示した。だからこそ、彼らはロストウの急進的な「テイクオフ」という考え方を否定する傾向があった。一七〇〇年のイギリスの国民所得にかんするクラフツの分析によれば――新しいデータとより進んだ計量経済学と統計的手法にもとづく――、イギリスの国民所得の上昇率は、一七〇〇年から一七六〇年までは年率〇・三％、一七六〇年から一八〇〇年までは年率〇・一七％、一八〇〇年から一八五〇年までは年率〇・五二％、一八三〇年から一八七〇年までは年率一・九八％であった。[16] グレゴリー・クラークの計算は、この見解をさらに強化した。クラークによれば、一人あたりの成長率は、一七六〇―一八〇〇年には年平均に換算して実質ゼロであった。一八〇〇―三〇年は、クラフツの数値にかなり近い（〇・五八％）。一方、一八三〇―六〇年の数値ははるかに少なく、たった〇・一三％であった。[17]

たしかに、このような計算は、多数の仮定にもとづいている。仮定により数値は変化する。だが、たぶんいえることは、産業革命によって、成長率が顕著に増加したということはほとんど不可能だということだ。このような定義通りに解釈すれば、イギリスにとって、テイクオフは一般に考えられているよりもずっと後の時代、すなわち一八五〇年より以前ではなく、それ以降におかれるのは確実である。

しかし、経済全体が長期間にわたって獲得したものを記述するマクロ経済のデータが、製造業の一部のように、特定の部門で大きな進展と急速な成長があったということと矛盾するわけではない。経済全体を表すこのようなデータは、低成長率ないし高成長率がある部門が多岐にわたるために影響を受ける。これまでの研究は、農業、輸送、サーヴィスにたいする製造業部門の比率を過大評価していたので、平均値が低くても驚くべきことではないのかもしれない。工業部門だけを研究するなら、その結果は、標準的な解釈に近くなるであろう。クラフツ――とハーレイの推計値は近い――によれば、工業生産は、一七〇〇年から一七六〇年のあいだに、年率〇・六二％で、一七六〇年から一八〇〇年には、年率一・九六％で、一八〇〇年から一八三〇年には年率三・〇％で上昇した(18)。これもまた、たぶん驚くほどの数値ではなかろう（とりわけ、二〇世紀と比較したなら）。だとすればわれわれは、一八五〇年以前にイギリス産業革命があったという考え方そのものを葬り去るべきなのだろうか。

いや、それは行きすぎであろう。すでに言及したように、平均成長率を算出することに非難の眼が向けられるのは、巨大な非工業部門が存在したからだ。そもそも非工業部門は、雇用の最大部分を構成し、産業革命と関連づけられる技術的・組織的革新とはほぼ無縁のものである。また、ほぼ確実なことに、「産業革命」というすべてを包括する概念は、当然新しい要素と古い要素の両方を含むために、誤解されることがありえる。より詳細な研究が示す通り、われわれは新しいものを過大評価し、旧来の前工業的な構造が多くの地域で、なおどれほど残存していたのかということを忘れがちである。一般に、工場はなかなか支配的な組織形態にはならなかった。それは、繊維工業においてさえあてはまる。この部門では、一九世紀中葉にいたるまで、家庭内労働が存続していた。なかでもパット・ハドソンが示したように、実際、とりわけ繊維産業に従事する労働者の主要な部分が、単純な技術を用いた非常に小さな作業所で働いていたのである。一八五一年になっても、繊維工業でもっとも進んだ部門――棉業――の一つあたりの作業所の平均労働者数は、一六七名であった。しかしながら、百名以上の労働者がいる企業は十分の一しかない。それゆえ、ごく少数の大企業のために、平均値が高くなっているのである。[19] したがって、導きだされる結論は、一八五〇年以前の産業革命について言及するとすれば、それは、すべての企業と労働者を含んでいるわけではないということを認識してはじめて正当化されるということだ。より広い視点からみれば、イギリスは、長期的な過程をへて工業社会に転換したのであり、小規模生産が根絶やしにされたわけではなかったのである。それとは対照的に、産業の数多くの分野で、（最小限の近代的技術しかもたない）小規模な企業が二〇世紀にいたるまで優勢であったことが記録されている。[20] 他方、これまで論じてきたように、一七五〇年以降、産業組織と技術の点で滅多にない出来事が生じたのを否定するとすれば、時代錯誤の考え方をもったために犠牲者となってしまう。自分たちはまさに革命の時代を生きているという同時代人の感覚を否定することはできない。それが、ここで比較している問題である。一九世紀よりも二〇世紀のほうが一般に成長率が高かったからといって、一九世紀の人々が根本的な変革と転換の時代を生きていたという実感をもっていたことを除外することなどできないのだ。

（2）トインビーやマントゥーのようなイギリス産業革命研究史のパイオニアの時代は終わった。その後、イギリス産業革命の前提条件と帰結にかんする新しい標準的な解釈が打ち立てられたのは、イギリス経済史家T・S・アシュトンが、古典的形態の統合的作品である『産業革命』（一九四八）を上梓したときのことである。[21] この書物の標準的解釈に従えば、イギリス産業革命のダイナミズムを生み出した力は、圧倒的に国内からもたらされた。アシュトンによれば、一八世紀のあいだに、この国で多数の重要な出来事が発生した。第一に、人口が大きく上昇した。人口増は、出生率の変化ではなく、むしろ幼児の相対生存率が改善されたために生じた。死亡率低下の理由は、究極的には、同時代に生じた農業革命にある。収穫高が上昇したので、飢饉と貧困に関係した病気のために死ぬ幼児が大きく減少したのである。しかしそれは、収穫高が上昇しただけにとどまらない影響を与えた。輪作などの革新が、産出高を押し上げた。輪作によって、より多くの根菜を栽培することができ、農場はより多くの家畜を養うことができた。そのため、もっとも重要なこととして、肉と牛乳の産出高が上昇したのである。しかも、衛生状態、ヘルスケアなどの改善が、人口の急速な上昇に寄与した。

第二に、アシュトンは、エンクロージャー、輪作などの革新による農業生産性の急速な上昇が、産業革命のための重要な先行条件だと指摘する。人口が、現実に大きく上昇することができたのは、そのためだというのだ。換言すれば、マルサスが有名な著書『人口論』（一七九九）で描いた人口と食料供給の関係の姿は、早くも一八世紀中葉には時代遅れになったのである。農業革命の力によって、マルサスの危機のサイクルは打ち破られた。「イギリスにおいては、一八世紀から、人口増とともに他の生産要素が上昇し、人々の――ないしほとんどの人々の――生活水準が上昇することが可能になったのである」[22]。それゆえ、農業革命は、生産性と生産の急速な上昇を通じて、急激な人口増の基盤を創出した。そのためさらに、生産物への需要が増大し（おもに農業生産物であったが、そのほかに、繊維製品などもあった）、それと同時に、農業プロレタリアートも増大した。生産性の上昇は、より少ない人手で、より多くの人々が養えるということを意味した。このようにして、労働者階級が登場した。彼らは、拡大しつつある工業に奉仕する準備をしていたのである。

第三に、資本は、工業を進展させるために必要であった。アシュトンによれば、多数の過程がオーバッラップし、工業の進展のために重要な役割を果たした。社会で需要が増大し、それが信用市場の急速な発展を刺激した。とりわけ地方と農村的な都市においては、農業と工業の信用の媒介となることを目的にして、無数の地方銀行が出現した。利子率が低下したので、人々は金を借りようという気持ちになった。それは、銀行間の競争が激しくなったことも原因であったが、この種の取引のほうが安全だということも引き金となった。しかし、それだけでは十分ではない。第四に、アシュトンが書いたように、「もう一つ必要である。労働、土地、資本の供給増が、調整されねばならなかった」[23]。これは、企業家と新産業資本家が登場する箇所である。イングランドとスコットランドの事業環境は、一七世紀から改善され続けていたと、彼は信じていた。したがって、独占を生み出し自由な企業家活動をはばんでいたためにあらゆることができた旧来の政策は、徐々に消滅してしまった。そのため民間部門が主導権を握ることができるようになり、その主導権のおかげで、成長率増大への条件が創出されたのは明らかである。最終的には、企業家活動の増大と実験をすることへの意欲が、一八世紀後半から出現するようになった革新を可能にしたのである。それゆえ、これらの革新を、たんに「天才的な個人の偉業」だとみなすことは間違いである。むしろ、新しい発見と改良は、より広い「社会過程」の結果として生じた[24]。

イギリス諸島の産業革命にかんするアシュトンの解釈は、生産、労働、土地、資本という要素の成長にもとづく標準的な新古典派の生産理論に大きく影響された。だが、アシュトンの分析で、それ以外の世界がほとんど現れていないのは注目に値する。外国貿易、輸出入、インドからのキャラコとアメリカからの綿、大商人の手による資本形成、商業資本家、インドやプランテーションへの輸出増により生じた利益の急増は、描かれてはいないのだ。ほとんど確実なことに、イギリス産業革命の新市場、植民地への拡大にたいする反応の程度は、熱心に議論されるトピックであり、この点については、一般的な合意はない。けれども、今日の一般的結論は、イギリスにおける一八世紀後半の工業の急速な興隆は、少なくともある程度は、大西洋経済、インドの征服、海外のプランテーションの確立が可能にした利益と市場に関係していたというものであろう。いずれにせよ、当時の人々が、国内経済にたいする外国貿易と帝国の役割に十分に気づいていたことは、一七一四年にバーナード・デ・マンデヴィルがかなり鮮明に述べた。このとき、もし奢侈品にたいする当時の貪欲さが浪費に置き換えられたらどうなるのかについて考えた。

自負と奢侈が減るにつれ
海からも次第に去っていく。
個々の商人ではなく仲間ぐるみで
いまや製造所をみんな取り払う。
工芸や技巧はすっかり捨てられ
精霊の消滅のもとである満足は。
人々にありきたりの物品を賞賛させ
もっと求めたり欲したりはさせない。(25)

しかも、軍備、とくに海軍への出費をする政府が、需要増をもたらした重要な要因であったことに、疑いの余地はない。それは、一七五〇年代中頃からイギリスが工業化へのテイクオフをする前提条件の一つであった。一七五〇年から一八一五年の全時代の特徴は、この国が絶えず戦争状態にあったことにある。ジョン・ブルーワは、財政＝軍事国家といういい方さえした。(26) 公共支出の増大、より多くの税と巨額の国債の発行が、製造業部門の成長のスピードアップに寄与した。明らかに、植民地政策とそれが国家予算に与えた影響が、この時代の経済発展全般で重要な役割を演じたのである。公的資金は、小さな海軍国であったイギリスを――一八世紀から一九世紀にかけては、世界史上最大の帝国であった――イギリス帝国に転換するために必要な戦争と軍事行動のために使われた。少し単純化していえば、税額が増加したのは、この国が船舶を武装し、人々を兵士として徴発することができるようにするためであったといえよう。だが、税金は、全然足らないとはいわなくとも、十分ではなかった。一八世紀から、国債はうなぎのぼりに上昇した。したがって、政府は農業とマニュファクチャーによって生み出された金を借りることによって、帝国を拡大したのである。しかも、公債の増加は、多数の間接税の原因となった。軍需品は、国家の需要を創出し、産出高の増加を促進した。同様に、公債の増加が、おそらく、より近代的な銀行・信用制度の確立に寄与した。政府の債務のかなりの部分が、同国の地方銀行によって仲介された。(27)

一九世紀中葉になるまで、イギリスの植民地帝国は、圧倒的に非公式的な帝国から成り立っていた。この帝国が徐々に公式の植民地帝国に変貌したとき、むろん、帝国による負担が急速に上昇した。植民地支配のために必要な金の少なくとも一部分は、納税者が支払った。最終的には、さまざまな方法で、民間部門における帝国発展の担い手の手中に収められた。最近になって、イギリス経済史家のあいだで、イギリスの帝国主義は利益をもたらしたかどうかということをめぐる激しい論争があった。(28)利益と費用の総額にかんする推計によれば、帝国プロジェクトはほとんど利益があがるものではなかった。だが、ここで問いかけることができるのは、これが、非常に興味深い結果であったかどうかということである。当然のことだが、だからといって、多くの個人がイギリス帝国から利益をえられなかったわけではない。一般的に、イギリス帝国は利益をもたらさなかった。かといって、個々人の利益が非常に大きかったのだから、産業資本家、商人、投機家が植民地主義の同盟に加わらないということもまずありえなかった。だから、植民地拡大主義は、それによって利益を獲得する機会のある人々によって熱心に支持された。それは、セシル・ローズのような一九世紀の主要な活動家ばかりではなく、イギリスの遠隔地の農村地域にいて利益のでない商売を営んでいる商人や植民地の交易所にいる商人にもあてはまる。公的な植民地主義、すなわち、ある地域の事実上の政治的・行政的優位によって、少なくとも一八七〇年代まで、帝国は負担となったというものであった。当然、このような見解は、自由な経済哲学と植民地主義のために汚されたとアダム・スミスが早くも一八世紀に提唱したものであった。しかし、それよりはるかに重要なのは、主導的な経済学者と政治家が、イギリスに工業でいくつかの利益があるかぎり、「門戸開放政策」へと導くことがイギリスの利益につながったと理解していたことである。一般に、フリードリヒ・リストが提示した像は、きわめて正しかった。自由貿易の代弁者としての姿に覆い隠されてはいたが、イギリスは、現実に経済力が全体として強かったので、全般的経済成長を通じて、利己的な政策をとることができたのである。そのため、この非公式帝国主義が正しくも「自由貿易帝国主義」と特徴づけられた(29)。だが、一九世紀が進むにつれて、イギリス人の眼には、民衆をよりまきこんだ形態での帝国主義が登場するようになった。

したがって、戦争と軍備の役割、税の増加、国債の急増を考慮しなかったなら、工業化のテイクオフ――さらに一八世紀後半から一九世紀初頭にかけて工業部門で生じたイギリスでの一連の変革――を理解することは不可能である。一般的に、イギリス産業革命は、少なくとも初期の段階では、統制経済政策をとる経済学の領域内部で、換言すれば、まだほとんどが「旧き腐敗」ないし重商主義国家として特徴づけられるような社会で発生したのである。

たしかに、この国は議会によって運営されてきたが、軍人、地主、政府官僚からなる小エリート集団（強力なパトロン―クライアントシステム）が、なお圧倒的に支配的な国家であった。これは、一八三二年の選挙法改正後でさえ、あてはまる事実であった。フィリス・ディーンによれば、このときになっても、「政府にたいする貴族的な支配が根強く残っていた」のである。[30] さらに、彼女は強調する。産業革命の古典的時代（一七六〇―一八三〇）の政策の質を低下させたのは、重商主義であった。「最初の産業革命が発生した一八世紀の法的枠組みは、圧倒的に優勢な重商主義のイデオロギーによって特徴づけられ、注目と支援を要求し、競合関係にある利害集団に対して議会が反応することで形成された」のである。[31] したがって、産業革命は、決して自由放任と規制緩和の申し子ではなかった。このような改革があったとすれば、一八四〇年代、さらにたぶんそれ以降のことである。間違いなく、さまざまな民間の利害を支持したことは、一八世紀以降のイギリス経済の発展と成長の大きな原因となった。

（3）一般的に考えられているのは、旧来の統制経済政策国家は一八二〇年代から徐々に変貌し、ヴィクトリア時代のイギリスは、自由放任と最小国家によって特徴づけられていったということである。利用可能な推計によれば、政府支出は、現実に、一九世紀のイギリスでは相対的に減少していった。したがって、E・B・シュレンマーの計算によると、イギリスでは一八一四年の国民総生産の二四％を国家が吸収したが、この数値は、一八三〇年には一二％に、一八七〇年には七％に低下した。[32] しかしながら、これは、国家と政府の支出の絶対額が低下したということを意味するわけではない。フィリップ・ハーレイが強調したように、イギリスでは、とくに一八二〇年代から一八三〇年代にかけて、中央政府が成長したのである。「一八二七年には、一七九七年よりも、政府が雇用した人間は四三％も多かったのだ。さらに、給与の負担は実質的に二倍に上昇した」。[33] ずっと最近のピーター・ジャップの推計では、国家の部局で働く武官と文官の数は、一七八二―八三年の九七〇〇人から、一八一五年の二万四五九八人、さらに一八四九年には二万九〇〇〇人へと増加した。[34] 文官のなかで、この時代にもっとも急速に成長した部門は、関税・消費税部門であったのは、驚くべきことかもしれない。[35] しかし、イギリスの軍事支出はなお高かった。[36] 国防の必要性、とりわけ海軍への出費が、少なくとも一八五〇年以前の公共支出が（絶対額で）増加した主要な要因であった。この年には、他の形態の公共支出も増加しはじめた。

しかしながら、そもそも全体的にみて、明確な規制国家は、一九世紀の中葉にほとんどがなくなった。アダム・スミスは、この種の国家を、絶対主義的で、おもに古い地主ジェントリと軍事エリートをはるかに富裕にすることを目的とし、危険な啓蒙思想を隠しておくという理由にもとづいて基本的に非難していた。したがって、ほとんどのギルドは解体し、賃金の調整は早くも一九世紀初頭にはあまり規制されなくなった。さらに、貧民の救済のための「リベラルな」法律が、一八三四年に施行された（より柔軟な労働市場の創出を目指した）。しかも、イングランド銀行の銀行券発行の独占が、一八二六年に廃止された（しかし、後でみるように、すぐに元に戻った）。穀物法は一八四四年に廃止され、高利貸しにたいする法は一八五四年に撤回された。一七世紀中葉から輸出貿易と商船を規制した航海法も、同じ運命をたどった。それゆえ、フィリップ・ハーリングの断言にたやすく同意できる。すなわち、一八二〇年代以前の事例に関連させるなら、ヴィクトリア朝中期の国家は、自由放任とより自由な貿易とだけではなく、安価で善良な（党派的でなく腐敗が少ない）政府としての色彩をはるかに強く帯びるということである。[37]

しかし、ここで但し書きは必要である。こんにちの研究が示しているように、規制緩和の過程と古くからありさまざまな人に開かれていた規制の廃止は、しばしば驚くほどに遅く、一様ではなかった。たとえば、それは航海法にあてはまる。この法は、長期間にわたり、とりわけイングランドの海軍のために必要であるように思われ、もっとも教条主義的なリベラルによってさえ擁護された。[38] しかも、関税はゆっくりと漸次的にしか減らされなかった。そのため、たとえば、一八六〇年頃においてさえ、フランス人は、イギリスよりも自由に貿易体制を敷いていたのである。[39]おおむねわれわれは、一九世紀前半のイギリスの行政改革を扱う歴史家に同意しなければならない。それは、新しい統治の導入は、「必ず徐々に古い統治に接ぎ木され」、そのためゆっくり適合することが、根本的ないし革命的な刷新よりも、この過程を特徴づけるのに適した言葉であるということだ。[40]

だが、より重要なのは、規制緩和は、国家が完全に破壊されたり、重要でなくなるということを意味するものではないということである。旧来の方法での規制がなくなったとき、新しい方法を用いた規制がはじまった。[41]一八一五年からの時代を非常に適切に表す特徴とは、国家の新しい責任の創出であった。インドとアイルランドがイギリス政府により密接に統合されるようになると、彼らを統治する官僚と監督局が急速に発達した。さらに、一八一九年の銀行法は、現実には、監督局が実質的に国家の一部局となり、そのためさらに責任が増えたことを意味した。それよりはるかに重要なことに、商務省と内務省に課せられた新しい任務があった。前者は、港湾・産業構想（一八三五―七年）、鉄道（一八四〇―四六年）、株式会社（一八四四年）、商船（一八五〇年）にかんする多数の新規制を担当した。他方、内務省は、新救貧法（一八三二年）を嚆矢とする一連の新規制を担当した。これは、近代的な民間産業に国家の管理を押し付けようという最初の試みであった。[42]もっとも特徴的なことだが、内務省は、「失業している労働資源を自由な労働市場に押しやろう」としたのである。[43]このような新規制のなかでもっとも有名なものは、むろん、工場法（最初のものは一八〇二年に制定され、それ以降一八六七年までさらに六回制定された）であった。それには、工場での子供の使用を規制することを目的として、工場と鉱山を国家が視察することと、仕事場の衛生状況を改善し、工場での事故をなくすことが含まれていた。たぶん、それよりは広く知られていないのが、一八四八年の公共健康法の開始であった。この法のおかげで、国家が、地方当局に対し、民間の家屋所有者に衛生労働のために金を支払うか、さもなければ実行する権限を付与したのである。それには、適切な排水と下水の導入が含まれていた。[44]

間違いなく、国家が課したこの種の社会規制は、工業化の需要にたいする直接的反応であった。このように新しい責任が増大したという事実とともに明らかなのは、一般に行政が大きく改善された労働慣行を確立し、これまでになく効率的になったことだ。これは、職員の専門化と官職をもっとも高い金を出した競い手に売り払うという「旧き腐敗」の慣行の根絶と大きく関係していた。イギリスでは、一九世紀のあいだに、新たな官僚制が形成された。そのため、それまで以上に、公共の目的に奉仕することを義務づけられていると感じられた。[45]

たとえば、フランスのような国とは対照的に、鉄道を敷き、鉄道事業を確立することは、イギリスにおいては民間部門の事業であった。しかしながら、フランク・ドビンが指摘するように、一九世紀のあいだに、中央政府と地方政府は、ますます、すでに確立した企業家を競争相手の侵略から防御する傾向があった。[46] 長年にわたり、イギリス政府は、不可欠なインフラストラクチャーにたいする直接的影響力を増大させてきた。重要なステップの一つは、グラッドストンによる一八四四年の最初の鉄道法である。この法の目的は、鉄道会社が提供する価格とサーヴィスを管理することであった。[47] また、ターンパイク道路のシステムも規制された。最後の事例は、政府――さまざまな地方当局も同様に――は、水の供給にかんする重要な所有者であるということであった。民間の水を供給する会社の管理を意図していた規制は非効率的であったが――ジェイムズ・フォーマン－ペックとアラン・ミルワードが強調したように――、政府はこの部門では、見える手を示そうとしなかった。[48] 急進的な自由主義者ジョン・ステュアート・ミルは、まったく清潔な飲料水を少なくとも大都市に供給し、飲んだり使用した水を下水道で処理する公共の水供給システムの、もっとも熱心な主唱者の一人であった。

このような新規制のリストは、ほとんど無限大に延ばすことができる。特許、公平な競争をめぐる国際的合意、著作権、非常に多くの形態をとった、所有権を確保するための規制があった。さらに、生産者を「不正直な競争」から保護する規則、消費者を破廉恥な売手から保護する規制などがあった。多数の新規制もあり、一八四四年の株式会社法のように、産業に信用を提供するための条件を根本的に変貌させたものもある。金融がより確固とし安定したものにするために明らかに重要だったのは、銀行法 Bank Charter Act である。この法は、紙幣発行をイングランド銀行に一元化することを意味した（銀行券発行が自由になった約二〇年後のことである）。

（4）イギリス産業革命は、国家が介入せず、完全に市場が機動力となった過程による事例（唯一の事例？）だと描かれてきた。すでにみたように、このような解釈は、いくつかの大きな疑問符が投げかけられているテーマである。一八世紀末から一九世紀初頭にかけて現実にテイクオフが生じた環境は、たしかに、どういう概念を用いても、「自由放任」という描写はできない。しかも、帝国のための軍事支出と資金調達を、産業の成長と転換に寄与する要因として、過小評価すべきではない。これまでみてきたように、規制緩和は、ヴィクトリア時代の重要な一面であったが、国家が経済への関与から完全に撤退したわけではない。

一八四〇年以降のイギリスで進化した特異な統治形態は、大部分が市場の力と、国家が可能なかぎり、市場メカニズムに介入すべきではないという一般的原理に依存していた。とりわけ、フランスやアメリカ合衆国のような国々と比較した場合、それがあてはまる。しかし、また同時に、現実に国家は介入した。ただし、他の多くの国々と比較するなら、たぶんその程度は少なく、より間接的であったと思われる。第一に、さまざまな国々における産業政策の経済の制度を論じるにあたり――とくに、鉄道を管理するという観点からみるなら――、フランク・ドビンが強調したのは、イギリスが開かれた産業政策の途上にいるとはどうもいいがたいということであった。

そのような政策からすれば、鉄道にたいする主導的なイデオロギーは、「鉄道の計画、敷設、操業に対し、国家には何の役割も付与していなかった」ということになる。[49] このモデルの中心に位置するのは、鉄道は民間部門が運営すべきであり、開かれた競争が普及するべきである、ということであった。だが、このシステムは普及しなかった（それが現実には公的なイデオロギーの外側に位置したという意味において）。

この世紀のあいだに、国家が市民の権利を保護するように介入しはじめ、原理は変わった。議会は、鉄道の特許状を精査し、地主を不必要な土地の押収から保護し、鉄道での移動につきもののはかり知れない危険から市民を保護すべく鉄道の操業を監督し、貧民を貪欲な企業家の残虐な行為から保護するために、三等列車の運賃を規制したのである。[50]

しかも、国家はまた、「正直な」企業家をきわめて残忍で破滅的な競争から保護するために、（間接的かつあまり目に触れない形で）介入した。したがって、一九世紀後半においては、新政策体制が出現し、「純粋な自由放任が、政治と市場による害悪から企業家精神に富んだ企業を保護することを目的とした政治に置き換えられた」。[51] 個々の企業と企業家を保護することは、イギリス産業政策の顕著な特徴になった。たとえば、アルフレッド・チャンドラーが論じたように、このような慎重な介入があったことは、ほぼ間違いなく、二〇世紀のイギリスでなお普及していた特異な小企業文化の多くを説明する。[52] それは確実に、他の多くの競合モデルとは異なっていたが、かならずしも介入の度合いがずっと少ないというわけではなかった。

本章ですでに論じたように、国家と他の公共団体は、不確実性を最小限に抑え、取引費用を低下させるため、規則と規制を導入し、経済に介入することができるのである。古い「重商主義」国家が規制緩和に突入する時代にこのような規則が導入された。それが、一九世紀において、持続可能な成長と工業化の継続過程のために非常に重要であったことはほぼ確実である。他の地域と同様、イギリスにおいて忘れ去ることが不可能なのは、国家（と、たとえば救貧法と社会規制にたいする地方自治体）が、一八四〇年代から徐々に形成されていった近代的産業社会の発展において果たした役割である。イギリスは、市場が機動力となった産業革命の最良かつ例外的な事例だったかもしれない。けれども、これまでみてきたように、事態を正常な姿にするためには、いくつかの但し書きが必要であるに違いない。

フランス

頻繁に提示される疑問とは、フランスは産業革命をどの程度経験したのかということである。ここでもまた、この種の疑問にたいする解答は、「産業革命」という概念をどう解釈するのかということに左右される。ほぼたしかなのは、フランスにおける近代産業の発展――それは確実に生じた（そして、一八一五年以降のほとんどすべての時代で、イギリスよりも成長率がはるかに低いわけではなかった）[53]――は、イギリスの青写真に沿ってはいなかったということである。近代産業の発展はたぶんより遅かっただけでなく、より偶発的であった。長期にわたり、産業構造はイギリスとは異なる特徴を保ち、産業革命のための新技術（石炭と機械）は、英仏海峡の反対側にある競合国ほどには素早く採用されなかった。このような背景に照らして、ジャン・マルチェフスキーが、フランスはテイクオフを経験することは決してなかったといったとき、複数の歴史家が、彼に賛同したのである。[54]

表 4-1　19 世紀の 4 国の工業・農業の労働者と国民所得の比率　1970 年のアメリカ合衆国を 100 とする。

	男性労働者の割合（%）		国民所得の割合（%）	
	農　業	工　業	農　業	工　業
イギリス　1840 年	29	47	25	32
ベルギー　1850 年	51	34	27	24
フランス　1870 年	51	29	34	36
ド イ ツ　1870 年	-	-	40	30

しかしながら、産業革命にかんするロストウのタイムテーブルによれば、フランスはこの過程をたどった三番目の国であり、一七八〇年代から一八六〇年までかかった（しかし、これは、「革命」というには、かなり長い時代だと考えられるかもしれない）。だが、少なくとも外見上は、この革命は、イギリスほどにはマクロ経済に大きな影響は与えなかったように思われる。どちらかといえば、フランスにおいて伝統部門は、イギリスよりずっと重要であった。アーサー・ルイス・ダラム――英語ではじめてフランス産業革命にかんする説明を書いた――によれば、フランスは土地に根ざした経済であったので、海での冒険に出たいとは思わず、外国との貿易を活発にしたいとも考えなかった。「気候が穏やかなので、フランスの人々のなかに、土地への情熱的献身と、たとえごく僅かの土地であっても所有したいという強烈な欲望が生まれた(55)」。いずれにせよ、表４－１に示されているのは、農村で快適な生活をおくりたいという傾向である。この表は、第一次産業（農業などの職業）と工業のあいだの分業の推計値を提示する。

一九世紀中葉のフランスは、全体として、地域的に大きな偏差がある農業国であった。ここで産業とよばれるものは、とくに地域単位では、大きく違っていた。フランスには、他国よりはるかに広範囲におよぶ農村工業があり、都市を基盤とした強力な手工業と多くの小さな団体が、単純な（まだ機械化されていない）技術を使っていた。たとえば、繊維工業では、異なる種類の前貸問屋制が一般的であり、それには、商人にとっての重要な役割が付随していた。第二帝政のあいだでさえ、手工業はフランスで圧倒的に重要な「工業」部門であった。[56]一般に、工場に基盤をおく製造業への発展は、遅々として進まなかった。フランス工業の巨大で重要な部門が、他国にはみられる巨大な製造業と機械工による生産への進展に、いまなおどれほど反対しているのかということをしばしば耳にする。歴史家のなかには、フランスを、一般的な（イギリスの）工業化に対して、手工業に基盤をおいた小規模な代替的工業化の一例だというものさえいるのだ。[57]これは、ある面でロマンチックな見方であり、非中央集権的で小規模な工業の労働条件が劣悪であり、しばしば餓死寸前の低賃金での苦渋労働を意味したことを忘れている。しかし、フランスの工業化のほうが進展が遅く、生産の形態があまり中央集権化していなかったことを強調する解釈に対して、いうべきことは多い。このように小規模でしばしば農村を基盤とした工業でさえ、大変に革新的であることが多く、景気循環の上下に耐えることができたのである。ジャン゠マーク・オリヴィエールがきわめて最近指摘したように、フランスのこのような工業の多くは、偉大な経済学者アルフレッド・マーシャルが「工業地域」と考えたものによく似ている。小企業の集団がそれぞれ競争し、協力し、集団が創出した地域的外部性（奢侈品である「パリ製の」繊維、時計製造、刃物類など）によって繁栄した。これらの「工業地域」が、工業の「苦渋」形態であり、労働者とその家族を激しく搾取した（児童労働など）という理由だけで生き延びられたとは、考えられないのである。[58]

アメリカの社会史家ウィリアム・レディは、一九世紀北フランスのリール地域の繊維工業の状態を研究し、現実に、こう結論づけている。非中央集権的な商人のシステムがずっと支配的であり、「工場制工業」と特徴づけられてきたことの多くは、現実にはそれとは別のものであった、と。それに対してつけ加えるべきは、「前貸問屋制のシステムは、一九世紀末まで商人製造業者が生産に対してかぎられた影響力しか行使できないものだったのである」[59]。たしかに、ナポレオンから一八四八年までの時代にかけて、繊維工業の古いギルド制度はほとんどが廃止された。とはいえ、それが自動的に、繊維工業を企業家が支配することが増大したことを意味するわけではない。むしろ、レディが主張するように、彼らの支配力は一九世紀のあいだに減少したのである。しかも、フランス人の繊維工業の労働者は、イギリス人と異なり、みずからを主として賃金労働者だと意識してはいなかった。旧来の手工業に根ざした文化を無効にする過程は遅々として進まなかったし、場合によっては、まったく進展しないことさえあった。レディが研究したノルマンディーとフランドルの繊維工業の事例から、工業化を、どこでも同じ方法で労働と慣習を変化させる自律的な要因だとみることは有益ではないことが示される。

フランスで、工場を基盤とした生産をもっと多く創出することが困難であった理由は複雑である。その一つに、この広大な土地で農業の立場が強かったことがある。ナポレオンの農政改革の結果、フランスは、小自作農の国になった。その帰結の一つとして、多くの工場労働者が、現実には季節労働者になった。彼らは、時間を(それだけでは生きていくことができない)小自作農地と工場労働——たとえば繊維工場での——に分けた。工業と農業の両方で一時的に働く者もいた。そのため、工業の一部が一時的に働く人々からなり、拡大と変化をしようとすれば、より複雑な事態が生じた。おそらく、より重要な役割を演じたのは、細分化したフランス市場であった。一九世紀末まで、フランスは多くの地域市場からなり、ゆるやかに結びつけられていたか、まったく結びつけられていなかった。フランス社会史家ユージン・ウェーバーの語彙を用いるなら、この時代の終わりになってはじめて、フランスの小作農はフランス人になったのである[60]。もっとも重大な影響は、大規模生産とより巨大な工業を確立するために必要な標準化が阻害されたことであった。イギリスとは対照的に、フランスは、規模の経済を利用できる巨大な輸出産業を欠いていた。植民地戦争での損失は、規格化された生産物にたいする外国からの巨大な需要を探索する可能性を失わせた。外国の需要は、一七五〇年以降、イギリスの繊維工業の輸出と、商人のシステムから工場への転換を大いに刺激したものである。フランソワ・クルゼによれば、フランスの船舶は、イギリス海軍によって文字通り海から「追い払われ、イングランドの貿易が成長しつづけていくのに対し、五〇％も低下したのである」(61)。したがって、帝国の喪失は、フランスが、とくに繊維工業で、一八世紀末になっても、生産のための機械化を導入していなかった理由をある程度説明することは間違いない。フランスの活力は国内に向けられた。この傾向は、一七九〇年代とナポレオンの大陸制度の確立でいっそう顕著になった。

より巨大な産業への転換は、なかなか現れなかった。けれども、車輪は一九世紀初頭に回転しはじめた(62)。イギリスと同様、繊維工業、とりわけ綿と羊毛が先駆けとなった。レディは、新工場システム――最初はどれだけ不完全であったとしても――が、現実に一七九六―一八一〇年に、北フランスの繊維工業地帯で出現したことを示した。イギリスに似ていたことだが、紡績の過程が最初に機械化された(63)。ある程度はモラルにかなった方法で――産業スパイは、イギリスの事例を模倣しようとしているヨーロッパの国々で活発な活動をおこなっていた――、英仏海峡を越えた技術移転が生じた。一七八九年以前でさえ、水力を機動力とした「ジェニー紡績機」、および起毛具と「飛び杼」が輸入され、まずは数少ない繊維工業の大工場ですぐに使用された（パリ、リヨン、オルレアン）。他方、蒸気機関は、漸次的にしか導入されず、その普及のスピードは遅かった。一八一一年になってはじめて（ミュルーズで）蒸気を繊維生産用機械に適用した最初の事例が見いだされる。一八一八年には、一五〇―二〇〇台の蒸気機関が、主として紡績業で使用されていた。一八三〇年まで、このように蒸気機関を適用した数は五七二台に上昇し、一八三九年には二四五〇台にまで急上昇した。したがって、一八四〇年まで、蒸気を機動力とする機関の数は、非常に少なく、とくに水力を機動力とするものと比較すると、その重要性ははるかに劣った。しかしながら、これ以降一八七〇年まで、蒸気機関の数は、一〇倍に増加した。(64)

鉄鋼業においては、最初の巨大で目立つ工場は、フランス革命の直前に建設された。当時大変有名だったのは、ル・クルゾーの巨大な鉄工場であった。ここでは、銑鉄を溶かすために、鉱物の石炭が一七八五年の誕生時から使われていた。繊維工業も鉄工業も、ナポレオン戦争後にイギリスの新技術が大規模に導入されてから急速に進展した。イギリスと同様、フランスも、紡績よりも織布の機械化の導入にはるかに時間がかかった。フランスでは、一八五〇年以前には、(たぶん、アルザスを例外として)それはほとんど発生しなかった。新技術の導入は、鉄工業のほうがはるかに早かったように思われる。一八一七年に、グルルブルの一工場が、新しいパドリング法と圧延法の行程を導入し、鉄をすぐに生産する体制を整えはじめていた。早くも一八三七年には、すべての製鉄所の五〇%以上が鉱物の鉄を使用していた。それは、生産規模の増大と新手法のすみやかな導入を示していた。フランスの企業家と労働者の保守主義を強調する人々にたいし、かならずしも注意を向けるべきではないことは明らかである。好奇心と企業家精神は、古い伝統と生活様式とともに歩めたことであろう。

とはいえ、「新しい」機械に基盤をおいた工業が、地域的な現象にすぎなかったことにも言及すべきである。第一に重要な地域は、ノール―パドカレ地域であった。この地域では、とくに一八二〇年から、大規模な繊維生産が確立されたが、鉄や食材の生産、採炭も目立った。二番目に重要な地域は、リヨンとサン・テティエンヌであった。リヨンでは、絹の製造工場が、古くからとくに発展していた。この産業は成長し、巨大化していった。炭田がロワール川に近接していたので鉄工業の成長が促進され、さらに、地域的な製造業が発展した。北西部のこの地域は、一般的にフランスのバーミンガムとみなされる。

フランスにかんしては、イギリスとは対照的に、産業の発展における国家の役割が重要であったと、多くの場合認められている。事実、この国は、しばしばかなり中央集権化された統治形態の一事例として描出される。結局、セオドア・ゼイトリンがいったように、「フランスは、ヨーロッパにおける官僚制度のパイオニアの一つであった」(65)。さらにまた一般に認められているのは、フランスは、ナポレオン時代だけではなく、その後においても、失業と社会不安と闘うために国家が資金を提供した公共事業に依存していたということである。イギリスと同様、戦争と政治権力が、国家の介入にたいする重要な一般的背景を形成していたのである。一七一三年から一八一五年にかけて、イギリスとフランスは、ほとんど絶え間のない戦争状態にあった。一七五六年にはじまった戦争――いわゆる七年戦争――は、究極的には、領土の支配にかかわるものであった。戦争で負けることは、フランスが（本来えられるはずの）収入を大きく失うだけでなく、威信を喪失したことを意味した。多数のフランス人が、なぜこれほどまでに辱められてきたのかと問いただしても、あまり驚くべきではない。テュルゴーらの政治家は、イギリスのほうが経済発展の程度が高く、イギリスに産業革命が生じているためだとした。したがって、とりわけ穀物貿易の規制のすべてを廃止しようとしていたテュルゴーの改革政策について考えるためには、このことを銘記しなければならない。テュルゴーが一七六三年にだした税制の提案も、課税ベースを拡大し、（戦争を継続するため）フランス政府により多くの歳入をもたらそうとしたものだと解釈できる。また、フランスのほうが国土が広いにもかかわらず、支配領域と植民地を含めた全人口の点では、イングランド人におよばなかった。テュルゴーは、重農主義者であり、経済的な富を増大させる方法として、主としてフランス農業を改良しようとした。しかし、それに代わって、いまや工業と生産の機械化の必要性が強調されるようになった。イングランド人と競争するために、強い産業基盤が必要とされた。早くも一七八〇年代に、ルイ一六世の政府は、イギリス人の専門家を雇用し、フランスの土地に機械化された工場を発展させようとした。招聘された人物のなかに、著名なジョン・ウィルキンソンがいた。彼は、一八世紀末のイングランドの鉄工業の発展に大きな役割を果たし、フランスの大臣カロンヌによって報酬が支払われた。とくに目立ったのは、ウィルキンソンがル・クルゾーの鉄工所の建設に重要な役割を演じたことである。それと同様に、フランス政府は、企業家がイングランドまで旅行し、新科学技術の進展を学ぶことに資金を提供したのである。その企業家のなかには、たとえば、フランス総裁政府統治期の一七九八年に訪れたレヴィン・バウエンスがいた。のちに、同じバウエンスが、フランス繊維工業と、さらにベルギーの繊維工業となったものの発展のために、きわめて重要な役割を果たすようになった(66)。

事実、多くの(リベラエルな)学者がフランスの工業化に特有な行程だとした多くの問題の一つは、政府が、重大な役割を演じたということであった。たしかに、ナポレオン、王政復古、七月王政という異なる時代は、とりわけギルド制度の廃止(一七九一)にみられるように、ほかでもおこったような規制緩和が特徴になっていた。それに対し、新しい規制が、たとえば地下資源の開発にかんする所有権(民法 一八一〇)や一八〇七年の商法を強制するために導入された。これらの法は、商業活動のためのより正確な枠組みを提供した。最後に、(ド・トクヴィルによって大いに強調された)一九世紀初頭の農業改革も、ドイツと同じような役割を果たし、土地にたいする私的な市場を創出し、最終的には、自由労働市場の基盤を確立した。他方、同時にフランス国家は、イギリス国家よりも直接的な介入が強く、それには、タバコ、機械工学、鉄道などいくつかの産業にテコ入れをするための公的な所有権が含まれていた。

工業化の過程にたいするより直接的な介入は、フランス革命のずっと以前からおこなわれていたことはすでにみた。フランス政府は、積極的にイングランドからの科学技術を輸入し、そしてとりわけ繊維工業と鉄工業で、フランスの企業家精神の発達を積極的に支援したのである。多くの人々は、一八三〇年以降にはじまった成長率の増加は、鉄道建設の結果だと主張した。しかし、道路、運河、港湾など、それ以外のインフラストラクチャーの発展も重要である。この点で、フランス政府は非常に重要な役割を果たした。フランス政府は、主として国家の貸し付けによって、すでに一八三〇年代初頭から、巨額の資本を鉄道部門に投資していた。しかも、ほとんど最初から、フランス政府も、鉄道ネットワークの大部分の管理者、場合によっては直接の所有者として機能したのである。一般に、鉄道はフランスの一般民衆によって、公共財であり、国家がその運営に責任があるとみなされていた。ジョージ・リベイユは、フランスの初期の鉄道の歴史を、民間部門の経営者も国家も、資金調達と経営活動に深くかかわっている混合経済の事例だと特徴づけた(67)。フランク・ドビンは、この混合経済の背後にある理論を、以下のように描写した。「民間部門の利害関係が、鉄道の発展に勢いを与えるかもしれないが、国家は、その努力をうまく指揮し、計画するか、国家の資本と才能が利己的な企業家によって失われるのを目の当たりにするリスクを冒さなければならない(68)」。一八四〇年代に生じた鉄道の大きな危機の期間とその後に、国家は直接補助金を与え、融資をした(69)。他の国々と同様、政府支出の増加とインフラストラクチャーの建設それ自体が、重工業さらには、消費、技術革新などのために商品を生産する工業への需要にも刺激を与えたのである。ある経済史家(フランソワ・キャロン)は、一八六〇年代から、「鉄道は……鉄工業の主要なプロモーターであった」とまでいった(70)。最後に、銀行業と信用制度の運営に国家が関係した事例についてみよう。すでに、ルイ‐フィリップの統治下において、国家と民間部門の経営者(ロスチャイルド家)がどのように協同し、国家が貸付けをはじめるのに成功したのかという事例について論じた。これらの公的な貸し付けの多くは、鉄道、道路、水路建設にあてられ、フランス経済の需要を喚起した。それに加えて、フランス国家はまた他の手段を使って、資本を流通させようとした。たとえば、貯蓄銀行に預金を使って政府の公債を購入するよう強制したのである。[71] フランスの信用制度への国家介入にみられる共通の特徴は、直接支配するために奮闘することはなく、民間の銀行家に機会を開放したのであり、さらに、多くの場合、銀行家の利益の保証者として活動したことである。現実には、当時、フランス政府は、民間部門のリスク引受を最小限にするための「最後の貸し手」として機能した。[72] 多くの場合、フランス国家はその権威を使い、利益があがる企業と投資のために新たな機会を開拓し、ついで、それを民間部門の企業家に手渡した。[73] フランス国家はまた、フランスの近代的銀行業部門を確立するための活動的プロモーターであり、一八五〇年代に、とくにクレディ・モビリエとフランス不動産銀行の創設に力を注いだ。[74]

それと同時に、初期のフランスの工業化の進展が、保護主義的な関税障壁を背後にして発生したことは明らかだ。他の多くの国々と同様、トム・ケンプが述べたように、産業資本家は、「彼らが生き延びうるかどうかは、保護にかかっていると確信していたのである」。[75] しかしながら、彼らはまた、自分たちの主張がまったく正しいと、歴代の政府に信じ込ませることに成功したようである。にもかかわらず、フランスは、工業化の過程の初期段階で、輸入代替を実践した多くの国々の一つにすぎない。工業製品（なかでも綿織物と鉄）に高い輸入関税を導入した。そうでもしないと、イギリス人と競争することが困難だったからである。そのため、企業が設立され、成長できたのである。この分野にかんして最高の専門家の一人である経済史家フランソワ・クルゼは、次のように言い放ちさえした。「保護がまったくなかったとすれば、フランスには綿も鉄も、機械産業もなかっただろう――あったとしても、ごくわずかにすぎなかったろう」。その代わり、フランスは、「絹、洗練された梳毛織物や他の贅沢品と伝統的な輸出の支柱であるワインとブランテーに特化していただろう」。[76] だが、クルゼが付け加えているように、このように状況を維持するのがきわめて困難であったのは、とりわけ、イギリス市場が、多くのフランス製品を禁止するか差別的な税金をかけていたからである(77)。このような背景に照らすと、保護主義的な関税障壁が、フランスの工業化と成長のスピードを、少なくとも初期の段階では増大させたと想定することは理にかなっている。

フランスの事例は、一八七一年以降にもいくつかの興味深い特徴があることを示す。この国は、一八七〇年代初頭から一八九〇年代中頃まで続いたいわゆる長期の不況で大きな打撃を受けた。たぶん、これはフランスがそれ以前の保護主義政策の代償を支払わなければならなかったときであろう。いわゆるコブデン・システムがはじまった一八七〇年代以降、農作物と工業製品の両方で、関税の主要な部分は廃止された。これは工業部門のみならず、農業部門に大きな打撃を与えた。何よりも、現実に生産高を大きく低下させたことが、この時代のフランスの構造上の問題点であったかもしれない。アメリカ合衆国からの安価な小麦、さらに鉄、繊維製品、工業製品の波にさらされ、フランスがそれに対抗するのは困難であった。いくぶん逆説的なことだが、一八九〇年代にふたたび保護主義が導入されて、現実に成長率が回復したのである。だが、むろん、ヨーロッパですぐに生じる戦争のための軍備と、植民地をめぐるイギリス人とドイツ人の争いは、フランス経済に刺激を与えた。とくに、農作物にたいする保護関税は、工業製品への保護関税よりも速く増加し、生産と雇用の観点からはなお非常に重要であった農業部門が増大することを可能にしたのである。そのため、つぎに、消費財にたいする需要が増大した。たしかにこのことは一九世紀フランスの工業化の過程にかんする完全な像を提示してはいないが、それでも自由市場よりずっと重要だったことは明白である。フランス――そして他の国々――にとって、現実が、教科書に書いてある通りではない理由は、経済と政治、さらには権力と市場が互いに関連しているからである。それゆえ、理論上最高の解決策だと思われたことが、現実にうまくいくとはかぎらないのかもしれない。

ベルギー

ベルギー国家は、いつも曖昧な対象である。二つの異なる民族・言語集団であるフラマン人とワロン人が、国を統治するか分割するかという点をめぐり、権力への野望と強い意志を露《あらわ》にし、分裂しているのである。したがって、国家権力はかなり弱く不安定であった。だが、たぶん、だからこそ、強力な国民国家を形成しようという愛国主義、国民主義、そして強力な意志が、一八三〇年の独立以来この国の歴史で比較的重要な役割を演じてきたのである。フランス革命以前には、オーストリア領ネーデルラントとして知られていたが、革命の結果、フランス領になった。ナポレオン時代の混乱ののち、一八一五年にネーデルラント連合王国が形成されたとき、こんにちのベルギーが南部を形成するようになった。この連合は、たった一五年間しか続かず、全体として、この試みはうまく機能しなかった。「この国家は……、団結心で結ばれた国民国家、政治的・経済的統一体であろうとした。これらを、共通の言語・歴史的背景・文明が発生させると考えられていた(78)」。しかし、巨大なネーデルラントという理念にはほとんど支持者がなく、一八三〇年フランスで七月の蜂起で煽動された混乱のなか、過激な自由主義者と厳格なカトリックの勢力が結合し、みずからの独立国家を創設することに成功したのである(79)。

このような政治的混乱とベルギーの国家形成の過程の特異性を考慮しなければ、この国の産業革命のリズムとスピードを理解することはまず不可能である。だが、それは同国の経済発展と産業転換の輪郭を描く研究においては無視されることが多い。すでに述べたように、長期間にわたり、フランドル（フランダーレン）には巨大なプロト工業が繁栄していた。しかも、この地域は――北部はアムステルダムから南西部はリールまで達する――、巨大な商業システムを形成しており、その産品はかなりの部分が輸出されていた。また、ワロン地域のリエージュは、初期のプロト工業の中心であった。だが、ここでは、生産は鉄、金属細工、刃部、さらに（むろん）武器に特化していた。

たぶん、このように長いプロト工業の伝統があったので、オーストリア領ネーデルラントの経済成長は、一八世紀最後の数十年間に、オランダ共和国を完全に凌駕した――かつては栄光ある経済的奇跡だったこの地域の全般的没落の結果である。以前は、古いタイプの土地所有貴族が統治する経済的に貧しい伝統的社会であったが、とくに一七八九年以降、産業革命に向けて、よろめきながら第一歩を記した。この年、巨大なフランス市場がベルギーの繊維製品、鉄、鋼鉄（この産業の多くは、リエージュ市とヴェルビエの近郊にあった）に対して開かれたからである。フランスの侵入のためもあり、急激に拡大するフランス帝国の産業――とりわけ繊維製品と機械産業の――の中心の一つとして、ヘントが勃興することになったのである。(80)

このように早くスタートをきることができたので、ベルギーは、産業革命の年代史で二番目に位置づけられるのがふつうである。(81)繊維工業・鉄工業、および他の製造業の企業家が、これまでみたように、巨大なフランス市場に参入した。一方、フランスの保護主義的な関税は、イギリスとの競争からベルギーの製造業を保護した。そのため、ここでもまた、輸入代替が、新産業を確立するために作用した。フランス政府はまた、ベルギー地域への技術移転を促進するのに熱心であった。現実にこの移転がどのようにして生じたのかという点での有名な事例は、ウィリアム・コクリルが提示してくれる。彼は、才能あるイングランドの技術者で、ヴェルビエに定住し、この地域での羊毛を紡ぐための最初の工場を設立するために助力した。繊維工業はとりわけ一八一四年から拡張し、多数の中央集権化した工場が設立された。コクリルはまた、リエージュに建物を建設し、同地域の鉄・鋼鉄・

製造業の発展を促進した[82]。

しかしながら、もっとも注目すべきは、モンス―シャルロワ地域の鉄工業の急速な発展だったかもしれない。ここで早いスタートがきれた最大の要因は、マース川に到達するために建設された運河であった。この運河のため、フランス、なかでもパリの市場が開かれ、それがモンス―シャルロワ地域の生産へとつながったのである（とくにシャルロワは、商人システムのもとで釘の重要な拠点であった）。だから、早くも一八二〇年代初頭から、この地域で石炭（石炭は、モンス地域で利用可能であった）と鉄の使用にもとづく重工業が発展したのである。当時、工場は非常に進んでおり、同時代のイギリスでみつかったものに匹敵していた（あまり驚くべきことではないのは、この技術の大部分が、イギリスから輸入されたからである）。

石炭、鉄、機械化された繊維産業の組み合わせが産業革命の中核だと考える人々にとって、ベルギーの事例は、もっとも完璧なものの一つであるように思われた。それでもなお、イギリスとフランスにかんしてみてきたことは、ベルギーの事例にもあてはまる。とりわけ、ベルギー史家ヘルマン・ファン・デル・ヴェーが強調したように、ベルギーの工業化の過程の特徴に「革命」ないし「テイクオフ」の概念を使用することは困難である。GNPの成長率は、同時期のイギリスとほぼ同じであり、アンガス・マディソンの推計によれば一八二〇―七〇年の一人あたりの成長率は、一・四％であった（マディソンによれば、この頃のイギリスは一・二％である）[83]。重工業と繊維工業に厳密に焦点をあてるなら、機械化と工場生産がなかなか導入されなかったより伝統的な部門の重要性を大きく過小評価することになる。たしかに、この地域の巨大な諸都市（とりわけブリュッセルとアムステルダム）が生み出す需要は、ベルギー経済の構造を決定するうえで重要であった。フランスよりも農業は支配的ではなかったとしても、農業部門が重要だったので、ベルギー経済全体の成長率が低下したのは明らかである。

ここまでは、フランスの占領時代にこんにちのベルギーが近代的生産の最初の確立期にあったことをみてきた。間違いなく、このように早いスタートをきったことは、やる気のある企業家にさまざまな種類の援助を提供し、フランス市場が外国との競争から保護されているときに、それを企業家に開放した国家による見える手がなければ考えられなかった。しかし、ベルギーの産業のつぎの発展段階も、政治変化と国家介入による奨励と関連していた。第一に、専門家が同意するように、ベルギーの産業成長は、一八二〇年代に急激に上昇した。これまでみてきたように、それは、ネーデルラント連合王国のウィレム一世の統治下の出来事であった。E・H・コスマンによれば、ほかならぬ国王自身が「個人的イニシアティヴを発揮することで、経済の拡張、とくに自身の領土の両側の経済的統合を進めようとしたのである(84)」。その理由は単純であった。ウィレム一世は、ネーデルラント連合王国を維持するために、経済を拡大する役割が重要であると十分に認識していた。経済と産業の成長は、同王による統一計画の支援を獲得するために、とりわけ重要であった。そのため、ウィレム一世は、とくに輸入工業製品に高関税を導入することで産業を支援したが、同時に、寛大に信用を供与することで、産業の拡大のために燃料を補給した。さらに、コスマンによれば、同王は、植民地優先のシステムを計画した。そうすることで、北部諸州の植民地貿易は、王国の南側の工業力と結合することができたのである。「同王の領地の住人は、自身の工業製品、主として繊維製品をみずからの船で植民地に運ぶべきである。住民は運搬中の高価な植民地物産を、そこからアムステルダムのステープル市場に返すのである……(85)」。

さらに、フランスと同様、インフラストラクチャー建設にたいする政府の支援は、貿易と工業が重要な役割を果たした国家形成の一部であった。とくに重要なのは、国王ウィレム一世が開始したモンス―シャルロワ間の運河建設であった。これにより、ブリュッセルとアントウェルペンがつながれたのである。それは、アントウェルペンがフランスとドイツの両方にとって重要な中継港として急速に拡大することを促進したのである。これと同じことが、初期のリエージュ―アントウェルペン間の鉄道路線建設計画にあてはまる。

経済的手段を用いて強力な国家を建設しようというこのような野心は、むろん、一八三〇年にベルギーが独立国家として創設されてからも、捨て去られることはなかった。この戦略は、とくに一八三九年以降強調された。レオポルド一世治世下のこの年に、左翼と国民主義的な自由主義者が政権についたからである。[86] 彼らの国家計画では、武力を行使してでもリンブルフ州とルクセンブルク州を返還させることが、遂行すべき義務の上位に位置していた。しかし、ベルギーは小国であり、隣国は、ウィーン会議の指導者たちによって細部まで決められたシステム内部において、国境の変化はいっさい受け入れようとはしなかった。この小国の国民主義者の感情と政治的フラストレーションのほとんどは、多くの場合、国家が援助する無謀かつ絶え間ない経済的拡張のさなかに解決された。むろん、鉄道にたいする国家の支援は、レオポルド一世の体制でもっとも重要な地位を占めた。[87] すでに一八三四年に、ブリュッセルの議会は、鉄道のネットワークを形成するために、国家が主導権を握らなければならないと決定した。さらに、一八二三年にウィレム一世によって創設されたソシエテ・ジェネラルは、一八二〇年代とベルギー独立後に、産業に多額の信用を供与した。[88] 一八三五年にベルギー銀行が操業を開始するまで、ソシエテ・ジェネラルが特許状によって独占権をえていた。新銀行は、旧銀行と同じ目的をもっていた。産業に、信用を供与するということがそれである。[89] ソシエテ・ジェネラルの創設は、主として民間部門の主導権によるものであったが、一八三八―三九年に崩壊の瀬戸際に立たされると、ベルギーの納税者がこの銀行を救済した。[90]

この種の介入主義は、しばしばベルギーで（短期的な）自由放任時代として知られる一八六〇年代から七〇年代においても続いたようである。しかしベルギーは、この時代にコブデン条約システムに加入し（フランスとは一八六一年、イギリスとは翌年）、多くの製品への関税を下げたのである。けれども、研究者が観察したように、より自由な貿易の時代においてさえ、ベルギー政府は、産業の発展に目を向けていたのである。たとえば、一八六〇年にベルギー自治体信用組合が創設されたので、民間部門の企業家がリスクがある投資をしようとしたとき、非常に有利な条件で政府から金を借りることができた。ほぼ間違いなく、ベルギーはまだ脆弱な国家であったし、経済的進展は、なおも、絶えず出現する地域的な競争相手――ときおり、激しい競争と政治変化が生じた――に対抗するため、さらには政治的・経済的安定への主要な行程だとみなされていたのである。しかも、リンブルフとルクセンブルク公国の一部を組み込むことで領土を拡大しようという野心は、この時代に決して失われてはいなかった。このような背景に照らせば、一八六〇年代から七〇年代のベルギーに対してコスマンが抱いた全般的印象は、状況を適切に描写しているように思われる。

一八六〇年代の自由主義の政治家で内閣の主導者であったウィルールム・フレーメ‐オルバンは、さまざまな方法を用いて、旧来の保護主義的構造の解体ののち、国家が、この国の経済生活に積極的に関与するように仕向けた。したがって、彼が経済に介入しなかったというのは間違った発言だ。それとは反対に、彼の政策は、きわめて違った形態ではあったが、国王ウィレム一世のそれを継承したものとみなされるのである。(91)

本章では、初期にスタートをした国々――イギリス、フランス、ベルギー――の観点から産業革命について論じた。産業革命の構成要素が何かということを決定するのは、それがどのように定義され認識されるにせよ、困難なことが多いということがわかった。だが、本章全体が示そうとしているように――どういう定義を選択しようが――、産業革命は、さまざまな点で政治的問題、国際的・地域的権力、介入する国家が抱く明確な野心に関係している。さまざまな国々と地域の工業化は、市場世界の力によってしか駆り立てられない孤立した経済的過程にはほど遠く、工業化によって終わるわけでもはじまるわけでもない歴史的発展と転換のなかに深く埋め込まれている。ここで関係しているものは、たしかに断絶と急速な変化である。けれども、高い水準の連続性もある。ある社会の制度が、現実の工業化の過程の形成に影響を与える。また、これまでみたように、政府と政治家の見える手が、断絶と連続の両面でしばしば重要な役割を演じた。しかしそれは、政府がまったくどこにでも顔を出したということを意味するわけではない。それは、完全な間違いだ。むしろ、強調すべきは、政府、民間部門の利害関係、市場の発展、技術開発、経済成長、さらに構造変化が、この歴史的過程において、あらゆる場所でどのようにして密接に関係していたのかということである。それらはみな、長期的には革命的帰結にいたった過程全体の一部を形成した。

五　ヨーロッパの工業化　第二部

前章では、イギリス、フランス、ベルギーの産業革命について論じた。オーソドックスな解釈に従うなら、この三国は非常に早くテイクオフしたけれども、フランス産業革命という概念自体が問題視されていることは言を俟たない。それは、工場生産の導入と農業部門の低下がなかなか進まず、その過程が一様ではなかったので、標準的なイギリスの事例と比べるなら、まったく異なる産業社会になったからである。本章では、「後発国」(latecomer)として描かれる多数の国々の観点から、工業の飛躍的進展について論じる。対象とする国々は、ドイツ、オーストリア、イタリア、スウェーデンである。また、これらの国々については、イギリスの青写真に合致するとは思われない特殊な性質が見いだせるであろう。さらに、これらの国々においては、産業の発展と政治的・社会的状況が大きく関係していることがわかるであろう。公的統治と国家が、産業経済社会の特有の形成過程をどのようにして形成したのかがよくわかるであろう。最後に、ここで取り上げる事例においても、国家の統治団体が実行するこの種の介入に、政治的・軍事的動機がどのようにして影響を与えたのかを明らかにすることができる。

ドイツ

ドイツの工業化における国家の役割は、ここ数十年間で激しい議論の対象となる話題であった。権威主義的な国家の役割が非常に強調された古い歴史研究――ロッシャーやゾンバルトらの歴史主義経済学者によってはじまった――への反動から、修正主義学派の研究者が、とくに一八七九年までの時代の自由市場の重要性を指摘した。このとき、より統制経済政策的な時代がふたたびはじまったのである（組織された資本主義）。実際、ドイツは政府が主導した上からの工業化の理念形として用いられることが多かった。それは、主として市場が主導したとされるイギリスとは対照的なものだと考えられていた。ジェフ・イリーらの修正主義者が指摘したように、ドイツ「特有の道」が、強調されすぎたのかもしれない。このような旧来の解釈による枠組みが指摘するのは、国家が経済に特別強く介入したこと、ユンカーの支配に代わる「自由主義的な」選択肢を形成する際のドイツのブルジョワジーの（おもに一八七〇年以降の）脆弱性、さらに、ドイツにおける工業の飛躍的発展の時期が遅かったことである。(1) しかしながら、イリーの主張通り、ドイツの市民階級にたいする批判は、この点を理解していなかったのかもしれない。なぜなら、社会集団としてのブルジョワジーと、イギリス的意味での政治的自由主義のあいだに因果関係が必要だとはいえないからである。(2) 同様に、工業化の過程で、早くから比較的大きく市場に依存していたことが、むしろイギリスの「特有の道」を示すと論じることもできるからである。(3)

ドイツの工業化の初期の過程は、西側の地域に基盤があった。だが、ここに顕著な二元性があることを、現代の研究者は指摘してきた。一方では、ライン川に沿って、そして、バーデンとヴュッテンベルクに、さらにマイン川沿いと北バイエルンにおいて、工業化がプロト工業に起源をもつ広大な地域があった。それは、チューリンゲンのいくつかの地域にも、とりわけザクセンの北部にあてはまる。ここで、いくつかの工業部門が、小規模な職人芸と農村工業から、機械化された工業と工場制度へと次々と転換させられた。それは、西欧と他の多くの地域を彷彿させた。だが、少なくとも一九一八年の帝国崩壊までは、転換はなかなか進まず、事業規模は小さかった。この転換には、おそらくドイツの工業化の過程における「テイクオフ」にかんする一般的見解――急速で上から来る――が現実に考えるよりも、市場の力が大きく作用した。(4) 他方、別の種類の工業化もあった。それは、とくにルール地方にみられたが、それ以外に、東部ヴェストファーレン、はるか東部のシレジア、そしてベルリン地域におけるより権威主義的なモデルによく似ている。

したがって、ルール地方の工業化は、ドイツの上からの急速な工業化という「特有の道」を強調したいなら、良い切り札になる。それは、後発国がより速い工業の飛躍を経験するというガーシェンクロンの壮大なシェーマとも一致している。ドイツの事例をみるなら、世界の工場としてのイギリスの地位を――少なくとも重工業、化学工業、機械工業で――、二〇世紀転換期までに現実に追い抜くほど、工業化の規模は巨大であった。しかも、一八七〇―一九一四年のドイツほど、都市の中心部が急速に発達した国はない。ルール地方に話を戻すと、一八〇〇年頃、同地域はあまりプロト工業が発達しておらず、活気のない農村地帯であった。だが、石炭が容易に入手でき、鉄がルール地方に簡単に輸送できたので、同地域はすぐに、最初はプロイセンの、ついでドイツの重工業の中心になった。早くも一九世紀中葉になると、もっとも近代的な方法が、ルールでは一連の鉄・鋼鉄製品の生産のために利用された。科学技術は、当初はイギリスから輸入された。しかしすぐに、ドイツ人自身が重工業における技術的進展のための目標を掲げた。成長率は目覚ましく、世界中に印象づけたはずである。たとえば、一八五一―六九年には、銑鉄生産は、年率三〇・六％という信じがたい伸びを示した！　一八五一年には、ルール地方で、一五の高炉が鉱物の石炭によって動力を供給された。(5)　一八七〇年には、その数は五五に増えた。古いプロト工業地域とは違い、たとえばルールとシレジアの企業は、まず何よりも十分なほど大きかった。初期の段階で数百名の労働者を雇い、専門的技術者と管理者を雇用し、たいていの場合、（他の工業地域でありふれていた家族企業ではなく）株式会社としてスタートした。プロイセン政府はまた、大変熱心に、さまざまな方法を用いて、ルール地方にみられたような工業を促進した。それについては、すぐ後で論じたい。この地域の重工業については、鉄道が一八五〇年以降急速な成長の促進剤の役割を果たした。「一八六〇年代まで、最大で最新の鉄と鋼鉄の工場は、鉄道がもたらすニーズに応えることで成長したのである(6)」。

ドイツの工業化を、すでに述べた統制経済政策国家の観点から修正主義による解釈をした人々のなかでもっとも影響力があるのは、イギリス経済史家のクライヴ・トレビルコックであったかもしれない。彼は、一九世紀にドイツの国家と自由市場のあいだの歴史的相互作用を分析するために三段階のモデルを作り出した。第一に、彼は一八四〇年代までを「重商主義段階」として認識する。国家の干渉がしばしばなされる。それは、たとえばシレジア上部とザール地方の土地にみられ、国家が鉱山を経営し、製鉄所を所有し、管理したのである。彼は、一八四〇―七〇年を第二段階と定義づけた。その間の工業の成長と発展は、基本的に市場が原動力となった。「経済的自由主義の優位」の時代は、プロイセン国家にさえ影響をおよぼしたのである。第三段階は、一八七〇年代と、ビスマルクによる統一ドイツ以降である。このときに、保護主義と介入の増加へと急転換した。(7)

たとえこのような修正主義者のアプローチに十分な理由があったとしても、ドイツの工業化の過程から、国家が消え去るわけではない。問題は、トレビルコックが強調したような決定的な変化が、一八四〇―七〇年頃にどの程度見いだせるのかということである。明らかだと思われるのは、以前は国家による製造所の所有と産業にたいする直接的支配を強調していたが、プロイセンにおいても他地域においても、政府のより間接的形態の介入に変わっていったことである。これは、これまでみてきたように、イギリスを含め、もっとも進んだヨーロッパの国々なら、一九世紀にはどこでもみられた変化である。それゆえ、一八六〇年代の状況においては、大半の国で、産業を直接管理する予算はほとんどなかったのである(8)。原則的に、旧学派に対しては懐疑的で、一八四〇年以降に市場主導的な時期が少しだけ存在したという見解に共感していたが、リチャード・ティリーとトニー・ピーレンケンパーはこう議論した。この時代には、

国家が、広大な範囲の機能を包摂し、明らかに、無数の方法で経済に影響を与えた……。軍事支出の増加は、ときには経済の需要全体を押し上げ、十分に利用されていない資源があったので、経済成長に貢献したかもしれない。事実、しばしば意図しなかったとはいえ、政府の予算全体が、特定の経済措置よりも、経済に与えた衝撃は大きかったかもしれない(9)。

だが当時、より強く意図された支援形態とはどういうものだったのか。明らかに、一八四〇―七〇年の「自由な」時代においても、それを見逃すべきではない。ドイツの小さな諸邦においては（たとえばバーデン）、産業の発展にたいする活発な支援と管理は、少なくとも一八五〇年代まで続いた(10)。むろん、一八七〇年の統一以前のさまざまなドイツの領土について何か一般的なことをいうことは困難だという但し書きが必要である。産業と国家の力との関係を理解するために、われわれは絶えず特定の国家が巻き込まれているより広い環境に目を向けなけ

ればならない。国家の力を強化するために明確な経済的手段を使う戦略は、とくにより大きなドイツ諸邦、なかでもプロイセンに見いだされる。しかしながら、プロイセンが結局ドイツの主導的な権力をもつにいたったので、この特殊な事例を、より詳細にみていってもよいであろう。

プロイセン王国は、一八世紀からドイツ地域の運命を握る役割を演じた。この国では、一九世紀のあいだ――ときには、軍隊をもつ国ではなく、国家が付随した軍隊というしゃれた言い方がされる――、見える手は、疑いなく、社会のすべての領域で重要な役割を果たした。これは、とくに新産業と新技術（しばしばイギリスから「借りた」のであるが）の支援にあてはまる。プロイセン政府の産業への支援政策は、一八世紀の制限的な製造業にたいする政策に起源があった。他の多くのヨーロッパ諸国と同様に、新しくスタートしたマニュファクチャー（中央集権化されているか商人システムとして）は、それぞれの政府から補助を得るために独占権を獲得した。この政策は、一九世紀になっても続いた。政府はまた、現実に多数の工業施設を所有していた。ベルリンとまったく同じように、プロイセン王は、磁器製品の工場、火薬を製造するための工場、金と銀からできるモノを製造する工場、さらに巨大な鋳造業の工場を所有していた。[11] これらの製造業の工場と他の鉱業の工場を、外国の貿易会社と鉱業所の手を経て所有していた。[12]

ほぼ確実なことに、これらのイニシアティヴは、トレビルコックによれば、最初の統制経済政策段階にある。むろん、プロイセンの初期産業に政府が強力に介入した背景には、さまざまな理由があった。もっとも重要なものは、明らかに、強力な産業基盤が効率的な軍隊に必要だったという確信である。この理論に従うなら、戦争に必要なほとんどの品目を入手できる国家は、とくに包囲され遮断されているときに、攻撃に比較的強かった。活気に満ちた産業は、戦時に必要なありとあらゆる種類の武器と他の資源、さらに消費財を生産するために重要であったし、住民に食料と衣類を供給したのである。明らかに戦争と国防のための政策が、プロイセンの産業政策の中核に位置した。

また、この時代から一八四〇年まで、プロイセン政府は、経済的近代化を強制し、貿易と鉱業の役割を増大させるために、二つの点でイニシアティヴをとった。第一に、一八〇六年のイェーナにおけるフランス軍にたいする敗北ののち、閣僚であるフォン・シュタインとハルデンベルクとが、農業改革を開始した。この二人のような愛国者にとって——啓蒙にまったく影響を受けなかったわけではなかったが——、不名誉な敗北は、おもにドイツ経済の後発性が原因となっていたのは明らかであった。鍵となるのは農業部門であった。同部門は、いまだに封建制度と農奴制、さらに生産性の低さが特徴となっており、一般に、イギリス、オランダ、さらにはフランスと比べてさえ、はるかに遅れていた。一八〇七年から一八二一年までの農業改革では、旧来の封建的領主が土地を売却するのに合わせて農奴制を廃止したのである。その理念は、農民が土地を購入すべきだということであった。多くの農民は土地を購入することができたが、購入資金をみつけることができなかった農民もいた。そのため、より効率的な農民の農業と余剰労働力が生み出され、それらは、他の手段のために利用することができた。だが、古いプロイセンの社会構造（とりわけ東部諸州）は、なかなか変化しなかった。多くの場合、「農奴解放」は、かつての農奴が、結局「自身の」地所で、賃金労働者に変わったにすぎない。プロイセンは、将校と地主ジェントリによって運営される国になったのである。しかも、この二つは非常にしばしば重なりあっていた[13]。シュタイン－ハルデンベルクの改革が、長期的には、より安全な所有権を提供し、そのため経済全体で取引費用が大きく低下したことを通じて、重要な制度的枠組みを準備したことは明らかである。

第二に、一八三三年から、有名なドイツ関税同盟が開始された。飛躍は、一八三二年に到来していた。この年、ヘッシア＝カッセル選帝侯国がプロイセンの関税同盟〔北ドイツ関税同盟〕に参加した。それは結局、プロイセンの東部と西部が、自由な交流のもとに直接結合されたことを意味した。それ以前には、ドイツにおける小諸邦は、すべてが独自の関税・貿易の規制をしていた。たとえば、独立しているヴュッテンブルク邦からプロイセン王国へと商品がライン川経由で輸送されたとき（さらに、独立した二、三の邦を通過する）、それは、外国貿易とみなされた。一八三〇年代末まで、ドイツには横断可能なほぼ四〇の国境があり、無数の内国関税の境界があった(14)。関税同盟は、それへの終止符を打ち、一八七〇年の最終的な統一への重要なステップとなった(15)。一組の著者が述べたように、関税同盟のもっとも直接的なプラスの効果は、「ほぼ間違いなく、地域間の貿易障壁を減少させた。そのため、資本の形成と成長が促進された(16)」ことである。現代の研究者のあいだでも、一八三四年以降、関税同盟がドイツ経済の成長に対して、少なくとも金額的にどれほど貢献したのかということについては、意見が分かれている。小さな諸邦より大きな諸邦にとって都合が良かったかもしれない。だから、当時しばしばいわれていた、プロイセンのヘゲモニーをカモフラージュするものにすぎなかったという見解には、いくらか正当性があるようだ。少なくとも、多くのバイエルン王国の人々にとって、それは真実であった(17)。プロイセンは、イギリスが教えたと思われる教訓に従ったのかもしれない（それは、フリードリヒ・リストが明確に述べたことであった）。すなわち、自由貿易は、強国の利益になるということである。一八四〇―七〇年のプロイセンの自由貿易、さらには自由放任というレトリックさえも、次のごとき考え方の帰結であるとみるのは牽強付会とはいえない。「プロイセンの経済的官僚主義は……、自由貿易こそ、時代が要請しているものだと確信させられたのである(18)」。世論は満足し、経済学者も同様であったが、その背後にあるのは、権力政策とプロイセンを長としてドイツを統一させようという野心であった。

フリードリヒ・リストは、全ドイツが関税同盟に加盟すべしという過激なアジテーターであったことで知られる。それと同時に、彼が理解していたのは、鉄道の潜在力を利用すれば、ドイツの国内市場を拡大し、彼が同国の「製造業の力」とよぶものを高めることができるということであった。鉄道は、トレビルコックの歴史的シェーマの第二段階に突入したとき、プロイセンの国家介入の対象であった。プロイセン国家は、一八二〇年代から三〇年代にかけての最初の鉄道への計画ないし、資金提供とはほとんど関係がなかった。[19] けれども、一八四〇年代初頭から、フリードリヒ・ヴィルヘルム四世のもと、プロイセン政府は、鉄道にたいする「政策のスタンスを再評価」したように思われる。フランス（ないしアメリカ合衆国）と同様、鉄道はますます、国家が管理し、ときにはまた資金を提供するべき公益事業とみなされはじめた。一八四二年には、問題が生じている鉄道路線に援助を提供する政策がはじまった。[20] 数年後、国王は、議会の承認をえて、鉄道部門に補助金を提供するため、三千―四千万ターラーの国家貸付けを開始した。[21] その結果生じた混合システムには、国家も民間企業も関与した。国家が鉄道を管理し、資金を貸付けて助けることもあった。一方、民間企業が、現実に輸送サーヴィスを実行した。それは、ドイツの鉄道部門が一八七八年にはじまった過程で国有化されるまで続いたのである。このように、鉄道にたいする国家の利害関係が増加した。それは、一八七〇年代以降ドイツ経済がより明確に統制経済政策をとり、保護主義的な性質を帯びるようになった以上、それは目新しいことではなかった。しかも、政府と事業のあいだの相互関係は、一八七〇年以降の帝国で大きく強化された。しばしば、科学における高等教育制度は――工科大学、鉄鋼業学院、工業学校、科学・物理学の教育制度と同様――、一八七〇年からの数十年間、工業に役立つようになった。だが、支援はそれにとどまらなかった。たぶん政府が、製造された鋼鉄と鉄の最大の顧客になった。とりわけ、クルップ、ボーフム協会社、フェニックスのような企業は、生産品のかなりの部分を帝国の船隊に送った。クルップもまた、ドイツ軍にあらゆる種類の武器を製造した。政府の役割は、むしろ、一八七〇年代末から強化された。このとき、国際的な景気循環の収縮過程の影響がヨーロッパのあちこちで感じられるようになったからである（それは、第三章で現れた「組織された資本主義」の理念の背景とは相反する）。ハンス＝ウールリヒ・ヴェーラーによれば、ドイツ国家は、一八七〇年代から、それまでよりはるかに直接的に介入するようになったのである。保護関税と輸入承諾書、鉄道や水路での輸出を促進するための優遇料金、とくに、拡大し再輸出される輸入品にかけられる低い税率によって、国家が経済に介入した。それと同様に、アフリカなどを帝国主義的に征服したことから生じるすべての問題は、工業の拡大と成長のためにはじまったのである。[22]

経済的影響以外に、鉄道建設には、国家的・軍事的利益があった。しかし、このような状況における鉄道路線の重要性は、これよりずっと以前から知られていた。一八三七年に、フリードリヒ・リストは、東西の攻撃からドイツを護るために、運河と鉄道路線の価値を強調することで、それを明確に示したのである。兵士と軍需品を、できるだけ速く東西の最前線になりそうな地域に輸送できるということが、軍事的に最優先されたのである（第一次世界大戦の初期に、ドイツが大きな成果をあげた洞察力は、これにかなり関係していた）。それに加えて、他の諸国が鉄道を建設しているときにそれに倣うことは、国家的利益につながった。リストは、一八三四年の状況をこうまとめた。「フランス人がベルギー人に、ベルギー人がオランダ人に、そして彼らのすべてがドイツ人に、鉄道路線を建設するよう強制したのである[23]」。

しかしながら、すでに述べたように、産業の発展と国家の力とのあいだにある関係をめぐるこの洞察力がもつ潜在性は、統一後までプロイセン政府によって十分には認識されていなかったかもしれない（これは、少なくともリストを失望させた見解であった）。ドイツ帝国とその精力的な宰相であるオットー・フォン・ビスマルクは、一八七〇年以降必ずドイツが急速に工業力をつけ、ヨーロッパのなかで軍事的・経済的な力をつけるようになると認識していた。さらに、ドイツが侮りがたい帝国主義的権力になるために、鉄道が枢要な役割を果たすようになった。だが、大企業はまた、旧来の政治的に権威主義的な秩序――厳しい批判者は、「ユンカーの支配」とよんだ――を回復する手段でもあった[24]。ユンカーの社会的基盤と社会的地位は、なお旧来の所領に依存していた。古くからの貴族が帝国の行政と軍隊で最高位に居座り続けていたことが、その徴候である。一九一〇年の時点でさえ、プロイセン王国の閣僚の一一人のうち九人までが、最高位に位置する六五名の官僚のうち、三八名が貴族出身であった[25]。たしかに、デヴィッド・ブラックボーン、ジェフ・イリーらは、一八七〇年以降のドイツの政治的・社会的秩序の「封建化」を示唆する解釈に警鐘を鳴らしている。しかしそれは、ドイツの産業資本家の役割を過小評価しているかもしれない。なぜなら、彼らは、政治的傾向において、古くさくて封建的な人々では決してなかったからである（むしろ、彼らはリベラルな国民主義者であった[26]）。ユンカーは、工業と工業部門の指導者を支援することで解決した。もし工業部門が、自分たちが産出する商品にたいする保護関税を受け取っているのなら、穀物への高い関税も受け入れられたかもしれない。彼らは明らかに、とりわけアメリカ合衆国からの安価で大量の輸入穀物にたいして恐れを抱いていた。しかも、リチャード・ティリーが要約したように、新しい高関税政策の主要な受益者は、「広大な農地の所有者と、鉄鋼・化学・電気技術産業の所有者であった[27]」。それと同時に強調すべき重要なことに、支配的なユンカーは、工業化を自分たちの安定した社会的・政治的秩序にたいする脅威だとうけとっていたことがある。支配エリートの立場からみれば、この状況は複雑かつ微妙であった。グレイ・ヘリゲルが一八七〇年までのプロイセン王の二律背反性について発言したことはまた、まさにビスマルクの統治下における支配的な地主エリートの多くが抱いた感情に適合していた。

一方で、ユンカーは、攻撃的なブルジョワジーが運営する新しい中央集権化した工業の成長に抵抗し、工業の潜在的な社会的・政治的な力が、自身の伝統的な権威にたいする脅威だと理解していた。他方、プロイセン国は、ナポレオン戦争による敗北と占領で傷つけられたため、ヨーロッパの大国としての将来は、工業化する能力にあると明らかに信じていた。(28)

このようにして、攻撃的なユンカーの国家は、古いエリートと攻撃的な産業の大ブルジョワの共棲のなかで発展した。後者は、新しい産業文明を目指していた。その「ラディカル・ナショナリズム」(とジェフ・イリーはよんだ)と世界政治は、間違いなく、二〇世紀にいたるまで、激烈な影響を与えた揮発性のある出来事であった。(29)

オーストリア

ハプスブルク帝国とオーストリア・ハンガリー(一八六六年から)を研究する場合、産業革命にたいする標準的な行程は、あまり役に立たないと思われるのは明らかである。まず、地域的相違が大きかった。農業的な西部と南部(ガリツィア、ハンガリー、ブキノヴァなど)から、より「近代的な」本来のオーストリアとボヘミアまで、オーストリア・ハンガリー内部では、一一もの民族が併存していた。同様に、帝国のさまざまな地域での収入も、大きく違っていた。一九一一年には、アルプス山脈の国々とボヘミアの人々の年間所得は、ガリツィアやスロヴェニアの三倍あった。(30)したがって、ロストウがいった意味では、オーストリアの「テイクオフ」を確認することは難しいであろう。実際、この時代に利用可能なあてにならない統計的データは、一九世紀初頭の成長は遅かったことを示しているようにみえる。全体として、「近代的」工業部門は、農業・手工業分野と比較するとかぎられていたし、一九世紀を通して、それはあてはまった。他方、この数十年間ほど、オーストリアの産業革命の説明として、ガーシェンクロンの「ビッグスパート」を使うことにはより批判的になっている研究者もいる(31)。他の多くの国々と同様、工業の成長は、長期間におよぶ過程であり、産業革命の概念では適切には表現できないかもしれない。たとえば、現代の実証的データは、オーストリアの経済成長率は一八七三年以前でさえきわめて高く、一八四〇年代から五〇年代にかけてのドイツの成長率を上回っていることを示す(32)。

同様に、いくつかの重要なプロト工業地域の活力と成長の潜在力は、忘れ去られるべきではない。繊維工業——前貸問屋制の形態をとって組織化された——は、たとえば（主としてリネンにもとづいた）オーバーエスターライヒ州のミュールフィアテル地域においては、起源ははるか以前にさかのぼるが、一八〇〇年以降急速に発展したことはほぼ間違いない。それと同じことが、オーストリアの別の地域の鉄・金属工業と、フォーラルーベルクの編み物業にもあてはまる(33)。たとえば、リネン工業が、一八四〇年から、新たな国内産の綿工業と外国からの輸入品との激しい競争に苦しんでいたのはほぼたしかなことだ。綿工業は、一八五〇年から工場を基盤とした機械生産を導入した。しかも、たとえば、ミュールフィアテル地域のプロト工業が、その後、完全な工業化を達成したのではないことは明らかなのである。それは、ヨーロッパの他の多くの地域と同様、工業の停滞の事例であった。他方、ボヘミアで広がったプロト工業化は、より成功したように思われる(34)。より近代的な形態の生産を用いて生き延び、転換したからである。これはとくに、鉄工業にあてはまる。近代的経済成長にとって、初期のプロト工業の役割は、これまで論じてきたように、なおも議論の余地が大きい問題である。だが、それが何らかの影響を与えたことがほぼ間違いないことも明らかである。少なくとも、それは、古い「ビッグスパート」の解釈の、もっとも単純な形態を疑問視しているのである。

ドイツにかんしては、政府の役割は、一九世紀のオーストリアの経済発展をめぐる標準的文献で強調されている。[35]それは、とりわけ一八七三年以降の事例にあてはまる。いわゆる長期の不況がはじまり、介入がより強まる段階のはじまりが記されたのである。これ以降、一九一四年までは、企業にたいする直接の譲歩は、オーストリア・ハンガリー帝国の産業政策の特徴として知られていないわけではない。事実、少なくとも八四三社が（とりわけハンガリーで）、一八八一――一九一二年にこの種の支援を受けたのである。[36]しかしながら、オーストリアの長い歴史に、産業を支援するさまざまな方法があったことはいうまでもない。したがって、官房学のイデオロギーに影響を受け、マニュファクチャーを創設した啓蒙君主による計画と主導が、一八世紀から一九世紀初頭にかけては、一般的であった。そのうえ、この種の政策は、一八四八年以降のいわゆる「後期ヨーゼフの絶対主義」の時代でさえ、終焉しなかったように思われる。しかし、ドイツ諸邦と同様、政策の方向は、少しずつ、より直接的な介入から他の形態の産業発展の支援へと変化していった。この文脈でとくに重要だったのは、一八五〇年のオーストリア・ハンガリー関税同盟に代表される改革であった。これらは、農業部門の改革（もっとも重要なものは、一八四八年の農奴制廃止）と、新しくより自由な商業規制法が施行された一八五九年のギルドの廃止などにより、有益な制度的枠組みの創出を目指した。[37]むろん、一八四八年以降の軍事支出の急増も、この時代の経済と産業が全般的に成長する要因となった。

しかし、このようにより「リベラルな」時代においてさえ、国家は、工業部門にたいする介入を続けたのである。工業を支援する改革システムの背後にある理論について、ある観察者がこう述べた。「民間部門の企業家のイニシアティヴが、比較的大きな領域で与えられたが、国家はまだ、その活動を抑制し監督している」。[38]そのうえ、オー

ストリア国家は、特許法、商標の保護をめぐる新規制を強制し、商業団体、商業の地方会議所などを創設した。(39)

そのうえ、外国から輸入された工業製品への関税は、他のほとんどのヨーロッパ諸国と比較して、オーストリアははるかに高かった。一八七五年のヨーロッパにおいては、平均は六―八％であったが、同年のオーストリア・ハンガリーにおいては、一五―二〇％におよんだ。この二重君主国は、この一〇年間のあいだに、はるかに高い関税を導入する過程を開始した最初の国家でもあった。一八七〇年の関税は、すべての外国製工業製品に対して八〇―一〇〇％増加した。(40)他の多くの国と同様、オーストリアも、非常に早い段階から、鉄道建設に深くかかわっていた。実際、最初の路線は、民間部門のイニシアティヴにより、一八四〇年代に建設が開始されたが、早くも一八五〇年代になると、オーストリアの鉄道路線の三分の二以上（ハンガリーでは九〇％以上）が、政府によって所有されていたのである。国家の鉄道網の多くは、ついで、一八五〇年代に売却された。鉄道建設のブームとなった一八七〇年代には、新路線の大半を民間部門が所有した。むろん、民営化が規制緩和を意味したわけではない。むしろ、民間が敷設した鉄道路線を管理する厳格なシステムが、一八五〇年代に導入されていた。(41)しかし、より直接的な管理がふたたび一八八〇年代に導入されることになり、国営化の波が訪れた。その結果、一九一〇年頃には、オーストリアとハンガリーのすべての鉄道路線のうち五分の四以上が、国家所有になったのである。(42)このような国営化の表向きの理由は、鉄道は国家にとって非常に重要であり、経済と産業の成長のプロモーターである、ということであった。基本的に、オーストリアでは、国民の少数派を統合することが、そのための議論として重要であった。

ハーバート・マティスは、一八四八年以降に誕生した新生オーストリア・ハンガリーを、「ヨーゼフの福祉国家」とよんだ。その特徴となったのは、家父長的な態度と、工業力こそ国家の力の前提条件だという確固とした視点である。とりわけ外国政策は、経済への国家介入の強力な誘因でもあった。実際、「経済政策」は、この帝国の一般的な外国政策の異形であった。一八一八年〔エクス・ラ・シャペル〔アーヘン〕の会議によって、一八一八年に〔実質的に〕終了したウィーン会議〕は、〔王国同盟の成立もあり〕「ヨーロッパ秩序の鍵」として機能した。(43)ヨーゼフ二世の、ネオ絶対主義体制は、一八四八年以降のヨーロッパの権力政治の問題を解決しようとしていたので、「経済進展のためのチャンピオン」になった。(44)同時に、ヨーゼフの体制においては、明らかに、国家権力も、彼の巨大な帝国内部により深く統合された経済を創出しようという中央政府の能力に依存していた。そのため、上述のように一八五〇年にできた関税同盟は、最初の重要なステップであった。これはまた、帝国内部で納税者の金を分配する主要な理由であった。「豊かなドイツ、チェコ、イタリアの諸邦は、政府支出のなかからの受領額よりも税の支払額のほうが多かったのに対し、その反対のことがあてはまるのが、東部と南部のスラヴ地域である」とスコット・エディはいう。(45)

このような経済統合を増大させようという試みが、一九一八年のまさに最後のときまで、ハプスブルク支配の主要な目標として続いたのは明確であるように思われる。しかも、このような積極的介入は〔ガーシェンクロンが描いたように〕、一八九〇年代のテイクオフないしスパートにおいてもっとも重要な要因であった。一八七二／七四―一八九五／九七年には実質国民総生産が年間〇・五九％上昇したのに対し、一八九五／九七―一九一一／一三年には、二・四六％もの増加になった。(46)すなわち、オーストリア経済は、ここで論じている他のどの国の経済よりも速く成長したのである。ガーシェンクロンは、二〇世紀転換期のいわゆるケルバー計画がこのスパートの説明となると指摘した。彼の指摘の正確さは、とくにオーストリア経済がこの計画が施行される少し前にテイクオフしていたように思われたために、議論の対象となってきた。(47)しかし、たぶんほとんど誰も疑わなかった

とって重要な役割を果したことである。

ように思われるのは、これが、鉄道路線、運河、トリエステに近代的な港を建設することなどして、帝国内部のより離れた部分をつなぎあわせる小さなステップとともに、一八九〇年代中頃からはじまったビッグスパートにとって重要な役割を果したことである。

しかし、ここでふたたび、地政学の役割について言及する必要はない。他のどの事件にもまして、一八六六年のサドヴァの戦いのショック――オーストリアではなくプロイセンがドイツ地域を統一することを明確に決定した敗北――のため、オーストリアは、「軍事的・経済的・金融的崩壊の状態」にあった[48]。たぶんそれよりずっと重要なのは、ハプスブルク君主が、これ以降圧倒的に東方を重視することになったことであろう。ドイツ連邦の端の眠れる地域にいたオーストリアは、いまや自己の領土保全に専心し、近代化し、ヨーロッパの発展に追いつこうとしていた。ヨーロッパでは、戦場での戦闘力は、工業化の程度に密接に関係していることが明らかになった（サドヴァの戦いのたった二、三年後に、プロイセンによってフランスが敗れたことが、この教訓を強化した）。東方への指向は、政治面、経済面の両方でみられた。したがってボヘミアのようなオーストリア領は、脆弱ではあるが、徐々に成長し、購買力を上げていた南部と東部の経済地域のための工業製品の生産者となった。そのため、すでにより発展していた地域に工業ブームが生じた。オーストリア・ハンガリーについて、地政学的に、さらに東方と関係させてみるなら、この帝国には、比較的明確に区分された経済地域があったことはたしかである。一八七〇年代末からの保護主義と保護関税の増加によって――他の多くの国々と同様、このような東方への指向がより明確になり――、一八八〇年代からそれがさらに著しくなった。同時代のハンガリー農業が急速に成長したことも、需要側の成長にとって重要であった。

われわれは、物語の結末を知っているので、東方への志向は、第一次世界大戦につながったことを理解している。だが、二〇―三〇年間にわたり、東方志向は、このヨーロッパの経済帝国が急速に工業化し、より繁栄する原因となったのである。ウィーンは、短期間ではあったが、ダンスをし、微笑んだ。だが、それは確実に、悲劇の縁にあるダンスであった。

イタリア

何よりもまず、一九世紀におけるこの国の統一のあり方が、工業の発展の特徴を形成した。工業活動は、むろん、イタリアではかなり長い歴史があった。手工業にもとづく繊維工業、贅沢品の絹織物、他の多くの商品が中世イタリア北部の都市で出現した様子はすでに論じた。一五〇〇年になる前には、フィレンツェは最大の工業都市であり、トスカナは、イタリアでもっとも重要な工業地帯であった。けれども、早くも一六世紀後半になると、ボローニャの絹工業が、二万五千人以上の労働者を雇用するようになった（その半数は女性）。ヴェネツィアとミラノでは、それぞれ少なくとも四万人と二万五千人が、同時代の絹工業で雇用されていた。当時の西欧の他地域の多くと同様、工業の規模は小さく、ほとんどは前貸問屋制で組織されていた。だが、組織形態は多様であり、その特徴として、同じ建物内に数十人働く工場という形態をとった仕事場は、珍しくはなかった。(49) 明らかに、他の贅沢品の製造と同じく、絹工業は、一六世紀にピークに達した。それから数世紀間にわたって、このような工業は、大都市では低迷した。なかでも、絹工業は、農村に移った。数種類の「農村工業地帯」（カルロ・ポニによれば）が、そのために力強く成長した。(50) 古い世代の研究者は、（北）イタリア都市の役割が低下したことは、とくにイタリアの繊維工業がこの時代に衰退した原因となったと推定した。だが、これはあまり正しくない。全体として、農村のプロト工業は、一七―一八世紀には、重要な役割を演じていた。それには繊維工業が含まれており、ロンバルディアには小屋住みの織工が、トスカナには麦藁帽子の製造者が、多数存在した。しかも、エミリア＝ロマーニャとトスカナ（たとえば有名なプラートの繊維工業）のような場所で家族を基盤としている小規模ないし中規模の企業が支配的であった起源は、このような初期のプロト工業化にあった。[51] だから、繊維工業の活力は、一九世紀においてさえ過小評価すべきではない。イタリアの繊維工業の多くは、イギリスの繊維工業との競争の激化によって、影響を受けることはなかった。実際には、イギリスとイタリアの繊維工業は、異なった市場で競争していた。イギリスの事例としては、綿と羊毛からつくられた簡素で安価な製品があり、イタリアの事例においては、絹などの高級な原料からつくられた贅沢品がある。

だが、産業革命がどのようなものかという点についての標準的解釈によれば、イタリアは、初期の出発者の集団には属さないことはたしかである。一八世紀に、ほぼ完全な工業の停滞があったと、古い文献は強調する。それにともない、農業不況があり、そのため飢餓の縁で喘いで生活する人々を養っていくことは極度に困難になり、この苦境を脱するには、移住以外に方法がなかった。[52] 工業発展という観点からは、イタリア統一が実現するまでは、ほとんど希望がなかった。このような不本意な遅れの理由が何であれ、主要な問題は、イタリア人のあいだに産業精神が欠如していたとか、「産業の醸成」がなかったというガーシェンクロンの説明に同意する現代の専門家は、ほとんどいないであろう。[53] むしろ、ヴェラ・ザマーニが強調したように、一九世紀には、とくに北イタリアにおいて、イギリスの事例に学び、従うことにたいする関心が一般に存在した。実際、多くの地方で、工業化に適した独自の動きさえ現れたのである。そして、技術官僚の理念は、国民経済の威信および（カトリックの）家父長主義の感情と結合させられたのである。[54] しかも、このように特異な産業風土は、軍事的感覚と国家的威信、さらに帝国主義的傾向と強く関連していた。「この政治的・経済的国民主義は、帝国主義の仮の形態と結びついていた」と、ザマーニは指摘する。しかし、このような感覚は、ミラノの商業の指導者のあいだに見いだすことができただけではない。われらが著者はこういう。

この国の経済を工業化しようという目的が、一八七〇年代の終わりから政府の政策の根幹にあった。そして、結果的に、イタリアが有した自由市場経済学の数少ない支持者は、カッサンドラ〔世に入れられない予言者〕の役割を最後まで演じた。彼らの視点は無視された。彼らはイタリアの経済政策に何の影響力もおよぼすことはなかったし、工業化の理論を提示することもできなかった(55)。

一八六〇年以前の世の中にあっては、不景気と非生産的な農業部門の問題が主要な課題とされ、さらに続く三十年間は統一問題として、一八九〇年以降の発展は、驚くべき成長の時代として描かれることが多い。ビッグスパート(ガーシェンクロン)、ないし顕著に工業部門の比率が増加した産業革命が、過去との完全な断絶を意味したのである(56)。イタリア経済は、一八六一―七九年には年率で〇・九%、一八九七―一九一三年には二・七%成長した(57)。同時期に、農業で雇用される労働者の比率は六四%から五八%に低下し、その一方で、工業労働者のシェアは二〇%から二四%に伸びた(58)。明らかに、一八九〇年代後半からのほうが、急速な工業の飛躍があったといえる。それは、重工業部門と機械工業部門を含む広範な産業部門を包摂する過程であった。

ミルワードとソールによれば、このように突然飛躍が生じた理由は複雑であるのは間違いないが、とくに強調すべきは、政府の政策の役割である。「政府の政策が変更されず続いたことが重要であった」し、「国を近代化しようという決心が絶えず続いたことが、最終的に成功をもたらしたのである」[59]。カルロ・ポニもこう結論づける。「イタリアの経済発展の基盤を創出したのは、新国家の誕生という政治的出来事であった」（一八六〇年から）[60]。それゆえ、これは、統一とともに生じた近代化の過程であった。ガリバルディの反乱と一八五九―六〇年の出来事（リソルジメント）が、エマヌエーレ王とカブール首相が率いた統一イタリア王国を創りあげたのである。このような近代化の過程は、多くの次元で遂行された。より間接的には、軍備への必要性を通じ、そして鉄道や道路などのより近代的なインフラストラクチャーを建設するために政府が重要な役割を果たし、さまざまな種類の工業製品にたいする需要を創出した。それには鉄・鋼鉄などの重工業が含まれていた。この種のインフラストラクチャーを発展させるの必要なあらゆる貸付資金を提供するために、政府は国内や国外の投資家の両方から金を借りた。イタリアの国債は急速に増大したが、同時にその資金は需要増を生み出すとともに将来のために投資された。一八六一年から一八八一年にかけて、総投資額にしめる政府資金の割合は、二七・三％から五一・九％にまで上昇した[61]。その結果、一八八〇年代から、急速な経済成長がはじまったのである。だが、すでにみたように、スパートが本当にはじまったのは、一八九六年以降のことにすぎない。一八九六年から一九〇四年にかけ、一人あたりの年成長率は、四・三％もあった（それ以降、少し低下した）[62]。イタリアの鉄道網建設にたいする政府の支援は、この状況ではとりわけ重要であり、国債の増額に大きな役割を果たした。イタリアの鉄道の歴史には、他国で生じたことと多くの類似性がある。それは、一九〇五年に完全な国有化がおこなわれるまで、民間部門の企業家と国家が関与した混合システムの事例の一つである[63]。

ここからえられるすべての結論として、現実に国家が、イタリアの工業化で貴重な役割を演じたのである。ヴェラ・ザマーリによれば、したがって、公共支出は、保護主義とともに、国家の冶金業形成に目覚ましく貢献し、製造業への少なからぬ需要に対して供給をした。そして、イタリア建築業拡大へのインセンティヴとしても機能した。このような政策の結果、イタリア国家は直接的にも間接的にも、工業化の進展に関係したのである(64)。

統一に続く数十年間で、イタリア政府は、自由主義的貿易政策を遂行し、輸入関税を低下させた。ポール・ベロックによれば、一八六一年のイタリア統一は、それ以前に、とくに南イタリアでおこなわれていたことと比較するなら、「劇的な関税の削減」となった(65)。しかし、それは、一五年後にはふたたび変化した。農作物から鉄、鋼鉄にいたるすべてのものにかかる税金がかなり大きく増加したのだ。それに含まれるものは、繊維製品、紙、磁器、やすり、ガラス、砂糖などの品目であった(66)。これは、一八九〇年代中頃から、なかでも重工業と製造業に対して、急速な工業の拡大があった主要な理由の一つであるに違いない。明らかに、一八九三年のイタリア中央銀行創設の結果、通貨が安定し、銀行券の独占がたった三つの銀行にしか与えられなかった(以前は、もっと多かった)事実も重要であった。ザマーリが強調しているように、イタリア銀行は、数回にわたり(とくに一八九〇年代)、民間の銀行と信用機関が倒産しないように、「救援活動」を実行しなければならなかった(67)。実際、政府と民間の投資銀行は、ドイツの多数の民間銀行から誕生したイタリア商業銀行でさえ、非常に密接に協力した。しかも国家、銀行と産業の数部門の密接な関係は、この時代の特徴であった(68)。それは、電気産業でおそらくもっとも重要であった。この産業では、たとえばエディソン・カンパニーが、より多くの水力発電所を建設するために、商業銀行とともに、イタリア政府と協力したのである(69)。

したがって、一九一四年まで、イタリア政府は、一般的にイタリアの産業発展の重要な担い手であった。イタリア政府は、強力に、そして多くの点で、二〇世紀初頭に新工場と新企業の設立を支援した。とくに、冶金業と造船業に、国家から補助金が与えられた(70)。軍備は、工業製品にたいする投資と需要を増加させる点で、重要な役割を果たした。一九一四年の直前、イタリアは、主導的な工業国家の一つであった。イタリアではおそらくあまり製造されないと考えられるセメント、紙、綿製品、鉄鋼などの製品でさえ、イタリアの生産量は、世界で七―九番目であった(71)。ここから生じる影響のなかで見逃されていたのは、北部諸州の所得と生活水準が、南部諸州よりはるかに速く上昇したことである。北部が急速に工業化されているとき、南部は、依然として農村地帯であり、小規模な工業が支配的であった。ギャップは拡大し、それは、二〇世紀イタリアの社会・政治史にとってきわめて重要な遺産であった。

スウェーデン

一九世紀スウェーデンの工業化には、基本的に二つの異なる解釈がある。第一に、古くからの解釈では、スウェーデンは、「ビッグスパート」型の産業革命の適切な事例である。それゆえスウェーデンのテイクオフは、輸出主導であり、三つの波による急速な産業成長から成り立っていた。最初の波は、一八五〇年代におこった。工業化しつつあるヨーロッパ（とりわけイギリス）からの需要があったため、スウェーデン北部の巨大な森林地帯の鉄、鋼鉄、ひき材のような商品の輸出が急速に拡大したのである。その結果、蒸気機関が製材産業で導入され、最初の工場が設立された。スウェーデン鉄鋼業の、小規模生産から大規模生産へという変化が開始されたのである。第二に、一八七〇年代の高まりは、輸出産業と国内市場の両方に影響をおよぼした。巨大な輸出産業が絶え間なく拡大したばかりか、消費財（綿織物を含む）と機械産業のための国内市場は急速に成長した。第三に、もっとも目立ったのは、一八九〇年代中頃のテイクオフであり、鉄鉱石や製紙パルプなどの新輸出製品がその代表である。一八九〇年代には、こんにちもなお重要な輸出主導型の機械産業にもとづく多数の企業が誕生している。それらは、エリクソン、アトラス・カプコ、アルファ・ラヴァル、SKS、ヴォルヴォになった。この時代の一人あたりの成長率が異常なまでに高いのは、輸出市場と輸入市場の両方で需要が高かったことに由来する。(72)

スウェーデンが工業国家になった理由について第二の解釈によれば、国内的要因は、「ビッグスパート」の説で言われているよりもはるかに独自色の強いものであった。(73) したがってこの見解によれば、とくに農村におけるプロト工業の生産が、経済発展にとって重要だったのである。この過程の基盤は、何よりも、一八世紀にはすでにはじまっていたスウェーデン農業の転換にあった。一八世紀の農業部門の生産性は、より多くの生産要素を組み合わせたことと（より多くの労働と土地）、新しい道具の形態や輪作などの生産方法の改善のため、急速に上昇したのである。ある程度は、政府がはじめた農業改革は、この「農業革命」、とりわけ囲い込み改革（storskiftet）を緩やかなものにし、農民の土地を分割してより多くの自由を与え、より明確で適切な形での財産権の導入を強制するために何らかの役割を演じたかもしれない。ともかく、その結果、早くも一九世紀中葉に、生産が増加した。最初は、出産数の急速な増加と死亡率の低下という現象によって、マルサス的な反応をしたのである。一七八〇年代から九〇年代にかけての小規模なマルサス的危機ののち、一人あたりの所得は、とくにナポレオン戦争末期から、急激に上昇しはじめた。ついで、所得増加のため、農村住民による繊維製品、他の消費財、道具などへの需要が増大した。その結果として、とりわけ一八一五年から、農村に基盤をおいたプロト工業が急速に増加することになった。このように需要が増大したことは、とくに繊維工業（リネン、羊毛、のちには綿）に影響を与えただけではなく、他の産業が確立し、拡大するための刺激剤となった。一八五〇年代は、スウェーデンにおける農村のプロト工業の最盛期であった。製材業、金属製造業など多くの部門で、小企業が設立された。そのため、一九世紀後半から二〇世紀前半にかけて、より完全な工業化が確立されはじめた。したがって、プロト工業化は、企業家、工業技能、ヴェンチャー・キャピタル、新市場の確立に寄与し、さらに漸次的ではあるが、農業労働から解放された利用可能な一群の労働者をかなり着実に創出したのである。(74)

性格はさまざまであったが、スウェーデンの工業化にかんする長期的な観点を取り入れようとすれば、とくに一八九〇年以降、輸出主導の成長とビッグスパートの重要性を強調する見解を除外することはかならずしも必要ではない。けれども、この時期までは、スウェーデンの産業転換が漸次的に変化したことを強調しなければならないかもしれない。多くの部分が産業転換に参加し（輸出と国内需要）、そのあいだに、小規模でしばしば農村的な性格のスウェーデン産業が、非常にゆっくりとではあるが、より中央集権化した生産形態によって置き換えられたのである。だが、二〇世紀転換期には（イタリアと同様）、明確なスパートがあり、大規模な生産は重要性を増し、労働人口における工業労働者の比率も、明らかに上昇した。このように高い産業の成長率は、全般的な戦後の景気後退がスウェーデンに大打撃を与えた一九二〇年頃まで維持された。一九三四年から、工業成長はふたたび急速に増大しはじめ、それから二〇年間にわたり、スウェーデンはヨーロッパで経済成長率がもっとも高い国の一つになり、それは一九六〇年代まで続いた。(75)

国家と統治が、このサクセスストーリーで何らかの役割を果たしたのであろうか。国家の介入は、スウェーデン経済史において長いルーツがあることは明らかである。すでに中世後期において、スウェーデンは中央集権化された君主国であった。とくにスウェーデン経済史の創始者であるエリィ・F・ヘクシャーが強調したように、スウェーデンは、その歴史を通じて、決して封建制度を経験しなかった。ヴァーサ朝の統治下において（一五二一―一六五四）、さらに国家の影響力を増大させるステップがとられた。当時、スウェーデンの主要な輸出品は銀、銅、鉄（当初は純分が少ないオスムンド鉄、ついで棒鉄）であった。フィンランド（当時はスウェーデン領）から、タール、木材などの製品が、北部と東部の森林地帯から船舶で輸送された。ヴァーサ朝の時代には、これらの製品の生産と輸出用の販売――貴重な塩、毛織物などの工業製品を持ち込む――は、国家によって大きく規制された。スウェーデン王室は、スウェーデン中部のファールンの巨大な銅山とサラの銀山の所有者であった。一七世紀初頭に、いわゆる鉱山業法が採用され、特権的な鉄の製造集落（järnbruk）に、棒鉄を生産し販売する独占権が付与された。一方、周辺の地域で、農民（その多くは、それ以前には独立した鉄の生産者）は、法律にもとづき製鉄集落に木炭などの必需品を販売することを余儀なくされていた。一六二〇年代に、国王グスタヴ・アドルフは、オランダ商人と鉄製造業者をスウェーデンに招聘し、鉄工業を発展させた。そのため、企業家の技能と資本、熟練労働者がスウェーデンに移植された。それは、一七―一八世紀に、スウェーデンが棒鉄の主要輸出国になり、銅と銀の輸出とともに、三十年戦争（一六一八―四八）とその後に巨大な権力を有する地位を築き上げる礎となった。

さらに統制経済的な方向へのステップがとられたのは、大北方戦争が終わり、ニスタット条約が結ばれた一七二一年のことであった。スウェーデンは、（フィンランドを除く）バルト海地方の領土をすべて失ったのである。新しい国制は、同時に、国王の絶対主義の終焉と、国王が議会（Riksdag）と権力を分け合わなければならない混合的な支配の確立を記した。高貴な貴族とストックホルム出身の輸出商人（波止場貴族）の寡頭政治が、現実には、いわゆる「自由の時代」から一七七一年のグスタヴ三世のクーデタまで、政治の現場を支配した。製造所を設立しようという野心的な政策が始められたのは、この時期（いわゆる「ハット党」）の保護下においてであった。繊維製品（羊毛、絹）、ガラス、磁器、紙、ロープ、タバコ（！）や他の商品の製造を確立するための特定の資金を国家が提供することは、一七三八／九年にはじまった。同時に、製造局 Manufakturkontoret という官庁が、これらの産業を管理・規制することを目的として設立された。スウェーデンにおいて国家が所有する製造業が確立した背後にあった公の論拠は、そうすることで、スウェーデンは、本来ならヨーロッパとの貿易赤字に陥るのを避けられるということであった。輸入代替によって、スウェーデンは、独力で、それまでは外国から輸入していた多くの（贅沢）品を製造することができたのである。むろんこれは、ほとんどの輸入工業製品に高い関税をかけることを意味した。この政策は、ごく一部分しか成功しなかった。国が資金を提供しスポンサーとなった多数の製造所は、高品質の生産を確立することが困難であったし、そのため密輸業者や、いくつかの生産が禁止されていた製品を市場で販売していた農民の生産者との競争で敗北したのである。ヨーロッパの他の多くの国々と同様、支配し統治しようという意志は、ほとんどいつも、実行不可能なものであった。

スウェーデン経済史〔研究〕に古くからある、たぶん明確な政治的意図をもつ議論は、自由の時代の工業政策が、どの程度持続的工業成長につながったのか、あるいは、失敗だという烙印を押されるべきなのかというものである。自由主義的な観点から、エリィ・ヘクシャーは、既成の製造所は、国家の支援がなければ生きていけない温室の花であると簡単に結論づけた。したがって、一七六〇年代中頃から――あまり高位ではない貴族とハット党の大規模な友好的商人が政府の支配権を掌握していた――、これらの企業のほとんどは支払い不能になり、廃業せざるをえなくなったのである。これとは別の見解は、ペール・ニューストレームによって提起された。彼は、実証的な推計を提示し、少なくとも、ストックホルムとノルシェーピングの羊毛工業は、一七六五年以降、国家資金の撤収を生き延びたことを示した。[76] 一点で、どちらも正しい。製造業をめぐる政策のなかでもっとも非現実的なタバコの栽培や贅沢品としての繊維製品の製造などは、長期的には生き延びることができなかったが、より粗悪な繊維製品は、生き延びることができたことは明らかだ。だから、一九世紀初頭に、このような初期的工業製品にもとづいて、ストックホルムなどのいくつかの都市では羊毛生産が大変活発に展開し、主として前貸問屋制の事業形態をとった。また、「プロト工業の工場」と評される形態をとる場合もあった。[77] 他方、この議論をめぐって政治的に重要な点は、一七六六／六七年から、「自由放任」の側面が誇張されるようになったことである。それから半世紀のあいだ、政府は製造所に注目し、製造所にかんする旧来の規制の大部分は、一八四〇年代まで維持された。そのときには、以前ほどの影響力を失っていたとはいえ、製造局に信用を供与するための特別基金である製造局基金 Manufaktorfonden は、一八四六年まで廃止されなかった。

ナポレオン戦争末以降の数十年間は、古い規制、とくに製造所と鉄工業への規制がなくなっていくことが特徴であったことに、疑いの余地はない。最後に、一八三五年と一八四六年に、鉄と鋼鉄の産出高を規制し、特権を有する生産者の独占を保護していた法律が終わりを迎えた。一八四六年には、製造所にかんする特別な規制と特権も消滅した。さらに、一八四八年という乱痴気騒ぎの年に、古いギルド制度は終焉を迎え、企業を設立するために非常に拡大した権利が確立された（はるかに自由主義的な設立団体許可書は、一八六四年に出された）。さらに、一八六〇年に、地方当局の許可がなくても労働者が自由に移動できることが導入され、ついで一八八五年に、いわゆる奉公人強制が廃止されると（財産をもたない人々には主人が必要だという規則）、より「自由な」労働市場への動きが活発化した。女性が事業をはじめることを許されたとき、同じ方向のステップがとられた。つまり女性は、夫への従属というくびきから徐々に自由になり、たとえばそのために、自分自身で仕事を探すことが可能になったということでもある。疑いなく、女性労働は、一九世紀中葉の規制緩和に続く急速な工業化において、重要な役割を果たした。

しかしながら、ここでふたたび少し慎重になるべきである。この過程は、どの程度規制緩和とよばれるのかと自問すべきだ。一八五〇年代には、公的利益と私的利益のあいだで権力を分け合う複雑なシステムが勃興した。それは、グリーペンステード・システムとよばれたが、国家を無視していたわけではない。それどころか、その核心は、選択的に公的権威と手段を利用し、スウェーデン経済を発展させ、近代化することにあった。とりわけ重要なのは、スウェーデンで成長する工業部門を確立することであった。すなわち旧事業と新事業が繁栄できる一方で、市場と私的な利害関係者が任務をあまりうまくおこなえそうにない状況になったとき、国家は絶えず情勢に介入したのである。その任務には、信用部門が一八五七年と、さらに一八七八／九年に崩壊しそうになったことからの救済などがあった。ヨハン・オーガスト・グリーペンステード自身は、フランスの「調和的」経済学者のフレデリック・バスティアによってとくに強く影響された厳格な自由主義者として描かれることが多い。[78]閣僚が国家のさまざまな部門に責任をもつということがスウェーデンにはじめて導入された一八四〇年代の政府改革──それは、間違いなく、スウェーデン国家を以前よりもはるかに効率的なシステムに仕上げた──グリーペンステードは一八五六年に蔵相になった。[79]彼の在職期間中に、すでに言及した改革のいくつかが導入されるか計画された。それには、一八六五年に、スウェーデンがコブデン・システムに同意したこともあった。それによって、工業製品と農作物両方にかかる関税は、劇的に低下した。さらに、グリーペンステードは、背後で銀行部門の規制緩和を進めた企画者であった。一八六四年に新銀行法により、民間の投資銀行の開設を容易にしたのである。このプロジェクトで、彼は友人のアンドレ・オスカー・ヴァレンベリと密接に協力した。ヴァレンベリは一八五六年にストックホルム・エンスキルダ銀行を創設し、さらに彼の子孫は、それ以降百年ほどのあいだに、工業部門においてもっとも積極的な投資家となり、スウェーデンでもっとも著名な輸出企業のいくつかの実質的所有者となった[80]。

しかし、多くの人々が指摘したように、グリーペンステードが一八五〇年代に開始したシステムには、二重の歪みがあった。一方では、これまでみてきたように、この時代にグリーペンステードと政府は、自由主義的なスタンスのある多数の改革を導入した。他方では、国家は依然として、改革の計画のみならず、必要だと思われたならば、介入をすることで、重要な役割を果たしていた。一八五三年の演説で、グリーペンステードは、社会においては、「国家の責任から分離することができないような仕事がある」と強調した[81]。国家の手は、スウェーデン南部の民間銀行、スコーネ・エンスキルダ銀行が一八五七年に破産に直面し、金融部門全体の安定性を脅かしたときに明らかになった。しかしながら、鉄道との関係に注目すれば、システムが系統的な性質を有することが、もっとも明確に看取できるかもしれない。グリーペンステードに代表される多くの人々にとって、スウェーデンの民間部門は、自国を工業国家にするために必要なほど鉄道を発展させることができないのは明らかなように思われた。したがって、公的資金が費やされねばならず、国家が主要な鉄道路線の所有者としての責任をもつべきであった。鉄道は、商品を長距離輸送するのに必要なばかりではなく（スウェーデンは、地理的に広大な国である）、より長い沿線部にわたる発展をもたらし、人々を遠い場所に居住させるために使われ、重要な軍事機能を満たすことができたのである。このような議論から、混合システムが生まれた。国家が主要幹線を提供し、民間の利害関係者は、主要幹線に接続する小さな路線に投資し、所有することができた。自由主義陣営では、一八七〇年代に国家がより多くの主要幹線を建設し所有することをやめさせるために、多様な意見が出された。このような「ニヒリスト」の集団に対し、他の自由主義者たちは、鉄道は、電信、郵便制度などのように公共事業であり、スウェーデンを経済的に発展させるために必要なものだとみなされるべきだと論じた。保守主義者からの支持があったので、この主張が当時は勝利を獲得し、国家と民間部門の所有者がともに責任を負うこのようなシステムが、第二次世界大戦後まで続いたのである。(82)

スウェーデンは、他の多くの国と同様、一八六〇年代にコブデン・システムに参加したが、自由貿易の様相が比較的強かったその時代は、非常に短かった。一八五〇年以前には、関税はきわめて高く、大量の商品の輸出と輸入が禁止されていた。一八五三／四年の議会では、関税が低下すると同時に、制限のいくつかが撤廃された。しかしながら、蔵相としてのグリーペンステードには、とりわけ、一八五九／六〇年の議会の結果、保護主義を強化する方向への回帰があった。保護を強化しようという議論は、その百年前と同様、貿易赤字の脅威があった。しかし、その背後には、開かれた貿易が自分たちに損害を与えることを恐れるという工業と農業に特有な利害関係者の連合があった。(83)グリーペンステードは、一八六五年にコブデン条約に調印した責任があるとしばしば論じられた。スウェーデン議会に、関税削減のための国際的制度に加入すべしと説得することは、大変な労力がかかった。そして事態を決定したのは、コブデン条約への調印は、フランスとの貿易協定の一部だということであった。この協定では、スウェーデンが、フランスから特別な国家だという取り扱いを受けていると想定されていたのである。スウェーデンに利益をもたらしたのは、そのため当時まで輸出許可を受けなかった港のうちのいくつかが使えるようになるということであったろう。たとえそうであったにせよ、低関税の時代は、それからちょうど一五年がすぎ、工業と農業にかかる税金が上昇したときに終止符を打った。他の多数のヨーロッパ諸国と同様、スウェーデンは工業生産の成長と発展を、国家も寄与しなければならない公的な目標であるとみなしていた。

さて、この目標をみたす方法は、民間企業と国家のイニシアティヴの結合であった。だから、グリーペンステードのシステムは、スウェーデンが工業の飛躍を経験したときからの数十年間の主要な一連の原則となった。一八六六年に二院制の近代的議会制度が確立されたのち、スウェーデンの政策は、（かならずしも高貴ではない）保守的な農民、地主、大実業家からなる三位一体によって支配された。さらにその反対の立場に、（一九〇六年から、社会民主党が加わった）自由主義者がいた。この三位一体は、一般に市場にすこぶる好意的であったが、同時に、規制を、「国家の」利害が危険にさらされているときや、市場の失敗の恐れがあるときの選択肢だとみなした。たとえば、一八八二年に森林の伐採にかんする厳しい規則が導入されたのは、将来のために十分な森林地帯を残しておきたかったからである。水の権利に対しても、一八八〇年頃に多数の厳しい規制が導入され、人々を民間部門の利益から守った。しかしそれは、議会の多数派によれば、水資源を独占するだけではなく、自由に生まれついたスウェーデン人が、湖と川で魚釣りをする権利を脅かす恐れがあるものであった。[84]ほぼ同じ頃、スウェーデン政府は、特許と商標を保護する法律を導入した。後者は、「不公平な」競争と闘うためであった。スウェーデンもまた、漸次的に、近代的な中央銀行制度を導入した。最初のステップは、一八九七年に、民間銀行に対し銀行券の発券を禁止したことである。その以前でさえ、特別の機関である銀行調査局 bankinspektionen が設立され（一八七一）、国家が民間銀行を管理する行動をとる可能性をもつようになった（一八五七年と一八七八年のような危機を回避するためであったことは間違いない）。税関総監であるアクセル・ベニヒ（リベラルだとみなされていた）によれば、このような規制の背後にある一般的な考え方は、工業の成長と発展は将来のスウェーデンにとって枢要であるが、規制しなければならないというものであった。ダイナマイトの製造（！）、海での安全、移住、労働者と雇用者の関係のようなさまざまなことが、国家の介入を必然的なものにした。「貿易の自由は、もしわれわれがこの自由を他の人々の自由を侵害する地点まで拡大するなら、新しい規制を必要とする」。[85]

本章で論じたように、後発国として通常みなされてきた多数の国々（ドイツは中間に位置する）には、工業の成長と発展にかんする一つのパターンが現れているように思われる。それゆえ、ドイツ、オーストリア、スウェーデン、そしてたぶんイタリアのような国々においては、規制緩和が発生するのと同時に新規性が導入され、新たな形態での国家介入がおこなわれるようになった状況になって、初期工業化が発生する事例がみられたのである。われわれは、古い形態の統治が崩れていく姿をみてとることができる。それはしばしば、いくつかの市場ないし工業にたいする独占を維持する特権や禁止令、そして新制度の確立による市場の形成と発展を強制した新形態の規制の導入と結びついていた。けれどもまた多くの場合、国家は（たとえば鉄道建設のために）直接介入し、工業の成長と国家の発展を促進したのである。それゆえ、南部のイタリアから北部スウェーデンまで、分裂的な近世国家が、近代的になるとより一体化し、ほとんどの場合、より強力になった国家によって、漸次的に置き換えられたにすぎない。国によっては、いくつかの国家目標を達成するために、すすんで権力を強化しようとした。そのための意志と能力が増加するにつれ、国家の介入も大きくなっていったように思われる。しかしながら、一八七〇年以降になると、新しい段階の産業資本主義の段階を確認することができる。この結論がどの程度正しいのかということは、（組織された資本主義テーゼで示唆したように）それとはまた別の問題である。たとえばスウェーデンの場合、このような結論を導きだすことが不可能なのは、国家の介入が一八五〇年代から六〇年代にかけて消滅することはなく続いたけれども、外観をいくらか変えただけだからである。証拠の多くが、他の国々にもこういった一般化が可能だということを支持する。

六　西欧から最初に派生した工業化

帝国が勃興し、最初に産業革命を経験したために、イギリスは、一九世紀の大半を通じて世界のリーダーになった。これまでみてきたように、帝国と工業の転換は密接に関係する出来事であった。一八世紀に植民地がなければ、イギリスが主要な工業化の発動者であることはなかったであろうが、世界の工場としてのイギリスの地位こそ、一九世紀に巨大な植民地帝国の形成を可能にしたことも明らかである。したがって、富が権力を生み出すように、権力が富を生み出したのである。しかしながら、一九世紀末には、イギリスは、まずドイツに、ついでアメリカ合衆国によって、工業のリーダーとしての地位を取って替わられた。二〇世紀転換期にアメリカ合衆国ではじまったいわゆる「第二次産業革命」は、通常大量生産という概念で要約される科学技術と生産方法に由来していた。一単位と一連の長いラインによるコスト低下の原理にもとづく工業生産を創出することで、二〇世紀に工業が拡張した。それは、恐るべき結果をもたらした生産性の革命であり、六千年前に農業が導入されたときに生じた革命しか匹敵するものはない。アメリカ合衆国の経済史家アルフレッド・チャンドラーが「規模と範囲の経済」と名づけたものを導入する過程そのものが、消費革命だけではなく、福祉国家の存在を可能にしたのである。(1) アメリカ合衆国から、このような工業モデルが次々と、最初は西半球から多数の国々に拡散した。そのピークは、第二次世界大戦後の「黄金時代」であった。

その結果、二〇世紀は、アメリカ合衆国が、世界の（ときにはためらいがちであったが）政治リーダーとなった世紀である。それは、前世紀にイギリスが占めていたのとほとんど同じ地位であった。一九四五年には、かつての植民地とそこから派生した地域［アメリカ合衆国］が、イギリスから世界の主導権を奪ったが、それは、ずっと以前からはじまっていた過程であった。経済大国として、アメリカ合衆国は、一八九〇年代には、イギリスと他のどこよりも進んでいた。アメリカ合衆国の鉄鋼業、化学工業、繊維製品、食料、機械工学が、世界のどの地域よりも多くの商品を生産した。しかも、一八九八年のスペインとの戦争により、とくに太平洋と大西洋にかんしては、アメリカ合衆国も地政学的役割を果たそうとしていることを示した。アメリカ合衆国は、こんにち、とりわけアジアが台頭してきたため、かつての経済的・政治的リーダーとしての地位を失いつつあるとしばしばいわれる。一九四五年から、アメリカ合衆国が世界の工業生産に占める比率を低下させていたことは間違いない事実である。数十年間のうちに、中国が主導的な工業国家になるだろうと推測されている。しかしながら、こんにちにおいてさえ、巨大な多国籍企業のほとんどの本部はアメリカ合衆国にある。そして、驚くべきことに、その多くは、二〇世紀初頭からもっとも巨大な企業に属していた[2]。たぶん、一九一四年以前でさえ、アメリカ合衆国は、イギリスから世界の金融界の主導者の地位を受け継いでいた。この主導権をさらに強化したのは、二つの世界大戦であった。第二次世界大戦末から、ブレトンウッズ合意のため、アメリカ合衆国のドルが国際金融、商品貿易において［イギリスの］金本位制を受け継ぐことになった。アメリカ合衆国は事実上、「最後の貸し手」となった。明らかに、金融のリーダーであるこの役割は、アジアで出現しつつある金融センターと、ここ数十年間にまた強くなったロンドンのシティからの挑戦を受けている。しかしながら、一九世紀後半において、ロンドンの主導的地位は、アルビオン［イギリス］が巨大な植民地帝国を支配し、その結果生じる資本のフローの決済所として機能した事実に由来した。新しく巨大な経済力をもったアメリカ合衆国は、違う道を選んだ。短期間の植民地拡大の時代ののち――それは二〇世紀転換期にキューバとフィリピンを襲った――、アメリカ合衆国は方向を変え、非公式的支配を選択した。科学技術、工業、金融で抜きん出ていたので、アメリカ合衆国は圧倒的な支配力を行使することができた。一八七〇年代まで、イギリスにもこのような利点があった。イギリスが、ヨーロッパ外の公式帝国の奪いあいと、帝国特恵というシステムを通じて産業の保護の確立に参加しはじめたのは、このような相対的優位が失われたときのことであった。

したがって、経済的・政治的（そしてまた軍事的）指導者としてのアメリカ合衆国の地位の基盤は、およそ百年前に築かれたことになる。(3) 二〇世紀転換期の直前のスペイン―アメリカ戦争、とくに一八九八年キューバで戦闘をおこないハバナに進軍した経験が、すべてを暗くした。アメリカ合衆国の新聞――とりわけウィリアム・ランドルフ・ハーストが所有するタブロイド紙（いわゆる「イエローペーパー」）――は、国内の読者にスペインの身の毛もよだつ圧政を思い浮かべさせたのである。世論は声高に行動を要求したが、マッキンリー大統領は躊躇した。伝統的なアメリカ合衆国の路線は、イギリス王室への抗議に根ざしていたので、介入はなく――とりわけ、自分自身の植民地を獲得することはなかった。とうとう戦争がはじまると、海軍の絶頂期の後、戦艦マリン号がハバナの港で爆破され沈んだ。アメリカ合衆国の人々は、それがスペインの王党派の仕業だということを疑わなかった。だが、それが証明されることは決してなかった。キューバにおける勝利をもたらした戦闘のあいだ、将来が期待される政治家セオドア・ローズヴェルトが名を上げた。志願兵として、彼は当時の英雄になり、前途有望な政治家としての基礎固めをした。最終的に彼は、ホワイトハウスの住人になったのである。ローズヴェルトがいうには、アメリカ合衆国は、白人の負担を引き受けるのを躊躇すべきではない。急速に成長しつつあった産業経済によって、アメリカ合衆国は、他のすべてを圧倒する海軍を有するようになった。これは、とりわけ、海軍将校のアルフレッド・テイヤーが書いた当時もっとも影響力があった書物『歴史にたいする海軍力の影響』（一八九〇）で定式化された視点である。[4] だが、ともあれ、第一次世界大戦の勃発が、アメリカ合衆国のこの種の帝国主義的発展に終止符を打った。それに代わって、アメリカ合衆国は、伝統的な「門戸開放政策」へと戻った。これが他国への介入の妨げとならなかったのは、二〇世紀のラテンアメリカとアジアの歴史が示している。だが、外国の領土を直接獲得することは例外であった。アメリカ合衆国は、しぶしぶ帝国主義者になったのであったが、主導的立場が危うくなると、軍事力を用いて制圧したのである。

故国では、一八九八年という年には、たくさんのことが生じた。遠隔地ミネソタのビアレイクでは、末期のネイティヴ・アメリカンの反乱が勃発した。アメリカ合衆国の兵士が、インディアン狙撃兵の犠牲になった事実は、同国の人々を震えあがらせた。同時に、オマハでは、大規模な展覧会が開かれ、アメリカ合衆国の急速な科学技術、産業、内政の進歩をみせびらかした。大勢の観客の前で、いくつかのネイティヴ・アメリカンの民族が姿を現した。日刊紙の「オマハ・ビー」は、マッキンリー大統領が展覧会をみたとき、古くて死に絶えつつある文明――一千人のインディアンで代表される――が、それ以外の点では新しいアメリカ合衆国の文明の進展に捧げられている展覧会でパレードをしたという記事を載せることができた。[5] おおねむ、一九〇〇年頃は、経済と科学技術の急速な発展によって特徴づけられた。トマス・アルヴァ・エディソン、ヘンリ・フォード、フレデリク・ウィンスロー・テイラーは、脚光を浴びた数少ないアメリカ合衆国の英雄であった。さらに、ジョージ・プルマン（プルマン・カーズ）、ジョージ・ウェスティングハウス（油圧ブレーキ）、グラハム・ベル（電話）は、当時の革新の状況をさらに例示している。科学と産業は、強力に結びついた力であった。ソースティン・ヴェブレンのような観察者にとって、「産業の時代」にたいするアメリカ合衆国の独自の貢献とは、機械技術であった。たぶん他の誰よりも、彼は機械（と技術者）が、将来の文明の足場であると強調した。より進んだ文明をめぐる競争において、アメリカ合衆国はリーダーになり、世界への実例として機能するであろう。アメリカ合衆国の産業について述べたのち、彼は代表作である『不在所有者』〔邦訳のタイトルは『アメリカ資本主義批判』一九二三〕を書いた。「アメリカ合衆国にあてはまることは、全体として、産業システムの矛盾した言葉の変化にむしろあてはまる。それに含まれるのは、彼らが文明化されるのと同じ方法で文明化された国民である……」(6)。セオドア・ローズヴェルトのような政治家は、新産業主義と最初の発動者であることから生じる利点に潜む巨大な力を理解していたのである。

したがって、一八九八年には、二〇世紀の米国史を案じさせる二つの側面があった。第一に、二〇世紀のアメリカ合衆国の対外政策の原型として、スペイン―アメリカ間の紛争があった。二〇世紀全体を通じて、アメリカ合衆国は、それ以前の世紀の帝国とは異なり、あいまいな態度をとる国際的リーダーであった。たしかに、アメリカ合衆国は、たいていの場合、自国の優越を確信していた。だが、それと同時に、アメリカ合衆国の利益を保護するための干渉は、ほとんどが、他国の要請によるものであった。その要請は、真剣な場合も、虚構にもとづく場合もあった。あるいは、多少とも尊大な道徳原理とアメリカ合衆国が特別にもつ文明化の役割を訴えることが、介入の背後に潜んでいた。原則として、門戸開放政策が指針であった。そこから離れていく一つ一つの歩みに、人道的・道徳的理由があったはずである。キューバをめぐるスペイン―アメリカ戦争が、簡潔にいえば、それを示す。セオドア・ローズヴェルトに代表される海賊のような残酷性と、人類のために自己犠牲的な行動する英雄が混在することは、二〇世紀の米国史を恐ろしいまでに正確に表すのである。

セオドア・ローズヴェルトは、別の観点からも、興味深い人物である。共和党のマッキンリーは、一九世紀の特徴を体現した最後の大統領であった。弱い指導者であったが、伝統的なアメリカ合衆国の政党政治に深くかかわっていた。ところが、ローズヴェルト以降、新しいタイプの強い大統領が、古い政党、上院、下院をないがしろにして権力をえたのである。これは、人民に直接訴えかけるのを好んだ大統領であり、メディアをみずからの地位を強固にする道具として使い、みずからの判断で戦争を開始し、講和を結ぶ権利があると考えたのである。キューバとの戦争以前には、ローズヴェルトはかなり無名の政治家であり、ニューヨーク市長に立候補したが、落選した。対キューバ戦争ののち、成功への道が開かれた。換言すれば、こんにちのアメリカ合衆国の政治の多くが、一八九八年に見いだせるのである。

アメリカ合衆国の他者性

科学としての経済学の初期の進展にかんする標準的な解釈は、アメリカ合衆国における発展について、ほとんど目を向けてこなかった[7]。しかも、間違いなく、この国での経済学の発展は、アダム・スミスから二〇世紀初頭に近代経済学が飛躍的発展を迎えるまでの思考法（著名なフランス人経済学者が大きく寄与した）の進化の標準的な観点——すなわちイギリス——からみれば、非典型的であった。けれども、歴史家の観点からみれば、アメリカ合衆国の事例が、他国よりも分析する対象として興味がわかないということではない。二〇世紀にいたるまで、アメリカ人が開拓した経済学の新しい分析ツールの発展は何もなかったとしても——二〇世紀になって、アメリカ人は、真のグローバル経済と経済学という科学のリーダーの座を受け継いだ——、一九世紀の経済学の議論は、アメリカ合衆国とアメリカ大陸の特徴について多くを示唆する[8]。アメリカ合衆国の（経済学的）思考法は、しばしばヨーロッパよりも現実的な事柄に影響されるのが一般的だといわれる。フランス人著述家のアレクシス・ド・トックヴィルは、『アメリカのデモクラシー』において、アメリカの科学一般について書いたとき、こう強調した。

アメリカ合衆国では、科学の完全に現実的な面が見事に理解されており、すぐに応用すべき理論的部分に十分に注意が払われる。このような頭をしたアメリカ人は、つねに、明確で、自由で、独創的で、発明の才のある人々である。だが、アメリカ合衆国のほとんど誰も、人間の知識なかの本質的に理論的・抽象的な部分を探究しようとはしない。この点において、アメリカ人は、私が考えるに、彼らほどではないが、すべての民主主義的な国民にみられる傾向を、過度に示しているのである。(9)

だが、アメリカ合衆国の経済学の主題の特徴は、それにとどまらない。アメリカ合衆国の経済学的思考法が異なっていたのは、主として多数のヨーロッパ諸国、とりわけイギリスで広まった経済発展とは違う前提条件があった結果である。それは、たとえば、自由貿易対保護主義にかんする議論にあてはまる。たとえばイギリスでの論争とは、焦点が大きく異なっていたのである。アメリカ合衆国においては、進歩と工業化の両方を称揚することが完全に可能であった。アダム・スミスを賞賛することとさえできたけれども、それと同時に、保護主義政策を宣伝し、若くて競争力のない産業を保護する政策を擁護したのである。一九世紀初頭の経済学者の多くは、自分たちがアダム・スミスの信奉者であると考えており、テヴィッド・リカードとトマス・ロバート・マルサスの著述に対し批判的であった。たとえば、保護主義者であると同時に、みずからをアダム・スミスの信奉者であると考えていたハーバード大学の経済学者フランシス・ボウエン（一八一一―九〇）は、一八五六年に、こう論じた。[10] もしアダム・スミスが生きていたなら、自由貿易の原理の熱烈な信奉者ではなかったはずだ、と。環境の変化、さまざまな国で普及している異なる習慣と制度に教義を適合させることがいつも必要である、と彼はいった。[11]

さらに、ボウエンは、人口の多いヨーロッパの国々とアメリカ合衆国のおもな相違点を指摘する。

経済学者は……、あまりに熱心に自分たちのお気に入りの教義をそれぞれの事例の特異な状況に注意を払わずに押し付けたことで……いくらか非難されるべきである。たとえば、自由貿易という一般的教義は、あらゆる点で同じような地位にあり、同じ制度と同じ法律のもとで成長し、資本の利潤、労働の賃金、領土にたいする人口の割合が同じ二国にあてはめる場合には正しいかもしれないが、これらすべての点で対照的な国々にまで軽率な一般化をおよぼし、少なくともその原理の正しさが大変疑わしい二国に適用されているのである。[12]

一九世紀のアメリカ合衆国の経済学者の多くは、リカードとマルサスの教義に執着することが困難だと思った。その理由を理解するのがきわめて難しいわけではない。この二人は、どちらも、同時代人が〔カーライルに倣って〕「陰気な科学」とんだものを象徴していた。[13] マルサスの教えによれば、こんにちの世界で「持続的経済成長」とよばれているものがあるとは考えられない。所得が着実に上昇しても、人口成長によって抑制され、経済的安定は、一般に、消費の低迷がずっと続く傾向があることで脅かされた。それと同じような批判は、リカードにも向けることができた。リカードは、たとえ土地の相対的収穫逓減の法則の発明者ではなくとも、それをより精巧な理論的システムにし、人口に膾炙させた。一八一五年に、穀物にたいする関税がイギリスで導入された。リカードは、イギリスで貧しい土地の利用が増えるだけだと主張した。これは、土地の使用料が増加する結果、食料価格と賃金がより高くなる要因となると述べた。このようなゼロ・サムゲームにおいては、地主が勝者で、資本家と企業家が敗者である。その長期的帰結は、経済不況であった。この二つの理論から、一九世紀のアメリカ合衆国における情勢の認識が、〔ヨーロッパと〕どれほどへだたっていたのかがすぐにわかるであろう。ボストン商人のオリヴァー・パトナムが書いた小冊子『経済学にかんするいくつもの問題』（一八三四）の序文で、匿名の申告者が、当時のアメリカ合衆国の経済学について、以下のようにいうことができた。

これらの論文において……、彼は、経済学の偉大な格言にかんする簡単で現実的な見方だけではなく、彼自身の国の状況に適した格言にたいする見解を出そうと努力していた。われわれのあいだで流布しているこれらの点にかんする誤りの多くは、まったくヨーロッパにかぎられた知見にもとづき、大西洋の向こう側の意見を急いで採用したことによって生じたと感じていた。(14)

アメリカ合衆国の変貌

一九世紀のあいだに、アメリカ合衆国は根本的な経済的・社会的転換を遂げた。(15) 一七九〇年の人口は四百万人に満たず、ほとんどすべてが東部に住んでいた。一九一四年に第一次世界大戦が勃発したときには、この数値は一億人近くにまで上昇した。以前には実質的に無人であった地域が、いまや新たな移民で溢れかえっていた。その多くは、旧世界からきた人々であった。だが、出生数が死亡数を大きく上回っていたことも、それに寄与した。

出生率は高く、ヨーロッパと比べると生活水準が高かったので、死亡率は低かった(16)。多くの点で、ほとんど人が住んでいなかった北米に大量の移民が流入したことは、その後のアメリカ合衆国の文化・社会・政治史にとって、決定的な出来事であった。早くも一八九三年に、歴史家フレデリク・ジャクソン・ターナーは、アメリカ合衆国の社会と政体を描くために「フロンティア社会」という概念を創り上げた。ターナーが提起した有名な前提は、移民が大量に流入する文明にすべては同じ性質がある、というものであった。前提の一つは、人が住まない土地に接するフロンティアがあったので（もちろん、無数のネイティヴ・アメリカンがいたことは事実だが！）、開拓者魂と企業家精神が生まれたということであった。同様に、移民が大量に流入したので、新しく変化する状況に絶えず適合することが必要であった。その結果、アメリカ合衆国の神話のなかにきわめて強く組み込まれた民族と人々のるつぼが出来上がったのである(17)。

人口が急速に増大したけれども、人々がまばらにしか住んでいない国であり、土地が豊富にあった。少なくとも経済学的にみて、それがさらに発展するためのもう一つの、そしてもっとも重要な要因の一つとなる現象であったと強調することが重要である。すでに暗示したように、この若い国の経済学者が、長期的には経済成長が困難だという暗い予言にとらわれることは困難であった。そのような人々は、アメリカ合衆国では、リカード学派（マルサスを含む）だといわれた。ヨーロッパとは対照的に、アメリカ合衆国では、土地が余っており、所得が人口より速く上昇することが確実なように思われたのである。たぶんこの点で、イギリスの経済学にたいするもっとも有名な批判者は、ヘンリ・C・ケアリ（一七九三―一八七九）であった。ケアリは、アダム・スミスの断固たる賞賛者であったが、イギリス人の信奉者とは、二点で違っていた。第一に、自由貿易の問題があった。ケアリは、結局、保護主義者となったからだ。第二に、同時代人にはマルサスによる「悲観的予言」と知られたことをめぐる問題であった。これは、同時代人には「定常状態」として知られていた。一八四〇年に、ケアリは彼のもっとも重要な――多く利点があり、まだ印象的な――作品である全三巻の『政治経済学原理』を上梓した。異なる利子率での完全均衡にかんする議論を導入したことに加えて、彼は、リカードの地代論を批判した。完全均衡は、リカードとマルサスに反旗をひるがえそうという理論であった。彼らの教えは、激しい階級対立があり、どちらも所得の成長を単に再分配の問題にすぎないとみなしていたからである。ケアリの反論は、アメリカの経験にもとづいており、人口が増大し、より多くの資本と労働が土地に投資されれば、より生産的な土地に種がまかれると主張したのである。歴史的な帰結は、むしろ、農民が最初にもっとも利用しやすい土地を使うということであった。その後、利用することがより困難ではあるが生産的な土地に種がまかれたのである（新技術の助けがあったことはいうまでもない）。ケアリの考えでは、富と農業の生産性が上昇するのと同時に人口が増えると想定することは、受け入れられるのである[18]。もっと以前に出版された『自然の調和』（一八三六）において、リカードの理論を裏返しにすることも述べた。「地代の上昇は、必ず、富と食料供給のための設備が増加した結果である」[19]。このような仮定は、一九世紀中葉のアメリカ合衆国の経済学者によってつくられたものであり、ケアリはそのような多数者の一人にすぎなかった。この仮定は、のちに、アメリカ合衆国の経済史家と計量経済学者によって、実証的に確認された[20]。所得の増加は、一八六〇年代の南北戦争以後、とくに多かった。人口成長とともに、それは、消費需要を創出し、さらにそのために、急速な経済と産業の成長の要因となったのである。

これまでは、経済学者が、アメリカ経済の「他者性」についてどのように考えてきたのかということをみてきた。では、現実はどのようなものであったのだろうか。アメリカ合衆国の工業化の開始は早かった[21]。しかも、その基盤とそれ以上の発展は、こんにちのアメリカ合衆国の三つの異質な経済地域に関係している。北東部は多様な混合経済であったが、早くから、工業製品（繊維製品、道具、消費財）の巨大な製造業者もいた。南部は、綿、タバコなどのプランテーション作物に特化し、主要な労働源として奴隷を使うことが多かった。西部は、家族農業によって、穀物と家畜を生産していた。したがって、東部諸州では、北はボストンから南はフィラデルフィアにいたるまで、すでに一九世紀初頭から、巨大な繊維工業が発達していたのである。だが、他の多くの消費財と農業用の道具も製造されていた。このように、初期工業のなかには、植民地時代にまでさかのぼるものもあった。さらに、一七七六年以前でさえ、イギリスのプランテーションの監督官は、北米植民地の工業が、イングランドの輸出工業の重大な競争相手になることがわかっていたことで知られる。このような早くからの工業化の一例は、ボストンから数マイル内陸部に位置するロウェル市に見いだされる。この地は、川のそばにあり、一九世紀初頭に多数の繊維工業が急速に成長した。それは、同時期のイングランドのマンチェスターによく似ていた。

しかしながら、早期の工業化を引き戻す二つの要因がアメリカ合衆国に存在した。第一に、母国であるイギリスとの競争があった。つねに戦争の縁にあるという公然とした敵対関係にあった——最後の間奏曲は、一八一二年のアメリカ—イギリス戦争であった——が、貿易はとくにアメリカ合衆国南部で盛んであった。南部は、一九世紀になっても、かつての母国の経済的飛び地であるとみなすことさえできた。南部で生産される綿は——プランテーションの奴隷の助けによって——、原料のままほとんどもっぱらリヴァプールに船で送られた。そこから、急速成長しているランカシャーの繊維工業へと流通した。すでにみてきたように、この工業は、一九世紀中葉以前のもっとも効率的な工業部門であった。このとき、イギリスが、「世界の工場」として出現したのである。すなわち、アメリカ合衆国、なかでも同国最大の繊維都市フィラデルフィアの繊維工業でさえ、競争することが困難であることがわかったのである。同市は、早くも一八二〇年代に工業都市として開花し、数千ではなくとも数百の小企業が、きわめて競争が激しい市場で活動していた。(22) そのため、多くの実業家が、繊維製品と他の製品に対して保護関税をかけることを、前進するための唯一の方法だと考えたことは驚くにあたらない。わずか数百マイル南方にあり、アメリカ合衆国の首都に隣接するヴァージニアで収穫された原料から繊維を生産する企業との競争に敗北することは、少し恥ずかしいことだとさえ感じたのかもしれない。

第二に、人がまばらにしか住んでいない国のほうが、急速な工業の拡大にとってはるかに大きな障害となったであろう。広大な処女地――西部のフロンティアに沿ってはいるが、実質的にはどこでもあった――が、労働力不足を創出した。当時のヨーロッパでは、土地の不足と工業からより多くの所得を獲得する必要性が、工業化の重要な前提条件であった。アメリカ合衆国では、ほとんど誰でも土地を入手し、独立することができたので、工業労働力市場のリストに加えられるのを避けることができたのである。そのため、労働力は稀少であるばかりか、弾力性が少なかった。労働力を入手するためには、比較的高い賃金を支払わなければならなかった。(23) そのため、アメリカ合衆国の工業の競争力が損なわれたのである。輸送があまり発展していなかったこと（少なくとも、一八四〇年代以降、運河と鉄道が建設されるまでは）と、広大でありすぎたことも、労働力の補充を困難にした。多くの地域で、労働者を引きつけるために、新しい方法が試された。たとえばロウェルでは、若い女性が繊維工場の労働力の重要な部分を構成した。彼女たちは、農場やあまり裕福ではない家庭の出身であり、工場主が提供した善良でキリスト教的な教育と労働を結合させたのである。彼女たちの多くは、女性管理人が管理する下宿で共同生活をした。それは、ヨーロッパの工業化の事例で知られているものと比べると、むしろ寄宿舎に近かったかもしれない。

安価な労働力供給が欠如し、賃金が比較的高かったことが、多数の帰結をもたらした。四〇年以上前、イギリスの経済史家であるH・J・ハバカクが、労働力の欠如こそ、ヨーロッパと比較してアメリカ合衆国の工業において科学技術が急速に発達したもっとも重要な理由だというテーゼを出した。とくに、アメリカ合衆国の機械と長い生産ライン〔の重要性〕を強調した[24]。ハバカクは、二つの相互に関係してはいるが、別々の問題について話した。すなわち、アメリカ合衆国では労働コストが高く、弾力性を欠いていたことである。弾力性の欠如ということで、彼が意図したのは、土地が簡単に入手できるので、十分な数の人々に工場労働者としてプロレタリアートになるよう説得することは難しかったということである。それは、より熟練度が低い労働者の調達にかなりの影響を与えた。彼らはむしろ、別の場所で成功しようとした。より適任であり非常に技術のある労働者のほうが簡単に雇用されたかもしれないが、その場合、賃金コストは大きく上昇した。全体として、それは、アメリカ人のほうが、機械と工場という形態をとって、労働を資本にすすんで置き換えようとしていたことを意味した。そのため、技術発展が強制され、ヨーロッパと比較したアメリカ合衆国の工業の生産性が高くなったのである。

南北戦争前の一八六〇年代初頭でさえ——だが、戦後になればなおさらのこと——、労働節約的な機械がアメリカ合衆国に大規模に導入されたのである。それは、高価な労働を節約する方法であった。第一に、このような機械化は、農業で利用された。農業は、高賃金への需要があり利用可能な土地が簡単に入手できることから「被害を受けていた」からだ。たとえば、アメリカ人は、早くも一八五〇年代に、西部の中央部の広大な小麦畑にいわゆる自動刈り取り機を最初に導入した国民である。それは、オベド・ハッシーとサイラス・マコーミックの発明にもとづいており、馬が引く自動刈り取り機を使うことで、多くの労働が節約された。自動刈り取り機は、以前なら多くの人間が鋤を使っておこなっていた作業を代替することができた。全体として、すでに一九世紀中葉には、アメリカ合衆国は進んだ農業用機械で知られており、それには（自動の）芝刈り機、馬が引くまぐわ、種まき機、耕耘機などがあった。かなり早くから、労働節約的な技術が、アメリカ合衆国の工業部門の特徴となっていた。ダグラス・C・ノースが書いているように、すでに、一八五〇年代に、たとえばイギリスの観察官（と産業スパイ?）は、嫉妬して、故国に、さまざまな部門で機械化がどれほど進展しているのかを描出して送った。(25) 発展は、イギリスから輸入された科学技術のおかげでもあった。それを、アメリカ合衆国の状況に合致させたのである。だが、アメリカ合衆国の発明と革新もいくつか登場した。もっとも有名なものは、イーライ・ホイットニーとシメオン・ノースによって率いられた実験であった。この実験は、たとえばライフルのように、一続きの過程のなかで同じ箇所を回転させ、切断する機械をつくったのである。それゆえ、生産はより安価になり、生産方法も、異なる作業の広範な機械化を可能にしたのである。とくに、この手法で大量生産された安価なライフルは、一八六一―六五年の南北戦争のさいに大いに使用された（レミントン・ライフル）。

原理的には、これと同じことが、当時の他分野にもあてはまった。とくに、アメリカ合衆国の製材産業と食品産業は、一八六〇年代以降、急速な機械化が特徴となった。この点でもっとも有名なのは、シカゴとその近辺で出現し、アプトン・シンクレアが小説『ジャングル』（一九〇六）で不朽のものにした缶製造業であった。家畜は、運河や鉄道で大量に中西部から都市に輸送され、コーンビーフなどの食材として缶詰にされた。鉄道網の急速な拡大は、より多くの機械生産工場へのニーズを生み出した。むろん、鉄と鋼鉄の生産が急上昇することにもなった。アパラチア山脈に沿って、近代的な銑鉄と鉄鋼の工場が、急速に設立された。そして、ボルティモアやピッツバークのような巨大都市が出現したが、そうなったのは、主として一八八〇年以降のことであった。

急速な機械化と労働節約的な機械の導入は、工業生産に対して、イギリスとは対照的な「アメリカンシステム」と初期にいわれた。イギリスでは、たしかに、分業は十分に発達したが、機械化の程度ははるかに低く、未熟練労働者の必要性ははるかに高かった。このシステムはまた、大量生産の基盤を形成し、一九〇〇年以降のアメリカ合衆国を大きく特徴づけることになった。大量生産というこのシステムは、こんにちではヘンリ・フォードと関係づけられることが多く、「フォーディズム」とよばれてきた。このシステムを採用することで、長いラインで同じ部品の投入し最終製品を生産するという原理にもとづいて、広範な機械化が可能になったのである。そのため価格は下落し、より多くの顧客が製品を購入できるようになった。したがって、大量生産と大衆市場の出現は、相互依存関係にあった。このような観点からみた場合、南北戦争以降、アメリカ合衆国で工業化が急速に進展したことは、あまり驚くべきことではないかもしれない。一方では、商品（食料、衣類と日常生活に必要なすべての商品）が安くなると同時に、他方では、人口が増え、人々が豊かになるにつれ、それらを購入する経済的余裕が生まれたのである。さらに、消費財にたいする需要が急増したことは、一九〇〇年以降、新しい消費財が誕生する原因となった。車、冷蔵庫、掃除機などの製品がそれにあたる。このような家庭用の製品は、通常、統計的には、「耐久消費財」の見出しのもとに現れる。

一八二〇年代から、いかなる基準に照らしても、アメリカ合衆国経済はきわめて速く拡大した。一八二〇年から七〇年にかけて、成長率は年間一・五％であった。それは、同時代の西欧の成長率よりも高い。また、イギリス同時期の成長率よりも少し高い（これまでの議論をみよ）。一八七〇年から一九一三年の成長期に成長率はさらに上昇し、年平均一・八％に到達した。たしかに、この時代は、西欧の工業国の成長の時代でもあった。だが、一番速く成長していたドイツでさえ、同じ水準には達しなかったのである（年平均で「わずか」一・六％）[26]。アメリカ合衆国経済の産出高にかんする少し後の推計は、一八〇〇年から一八五五年の一人あたりの年平均成長率を〇・九三％、一八五五年から一八九〇年を一・五五％、一八九〇年から一九二七年を一・八〇％とした[27]。この視点に則して考えるなら、一八八〇年以降の時代に、アメリカ合衆国が急速に発展し、世界最大の工業経済になったのは、驚くほどのことではない。第二次世界大戦直前には、アメリカ合衆国の生産高は、世界の工業生産全体の三六％を占めていた(28)。そのため、すべての工業国家のなかで、もっとも高い生活水準の基盤が提供された。そして同国は、二〇世紀のあいだに、その地位を獲得したのである。一人あたりのGNPで測定した場合、アメリカ合衆国は、一八七〇――一九〇〇年のどこかで、他のすべての国を上回ったのである。一八七〇年には、イギリスがアメリカ合衆国をリードしていたが、一九一三年には、それが逆転したのはたしかである(29)。しかし、これは平均値を示しているにすぎない。実際には、アメリカ合衆国のさまざまな地域で、所得の差異はきわめて大きかった。南北戦争直前には、南部諸州の一人あたりの所得は、北部諸州のわずか半分しかなく、所得水準のこのような差異はまた、アメリカ合衆国では持続する傾向があった(30)。

とくに南北戦争以降の網羅的な鉄道建設は、しばしば続く数十年間の急速な工業拡張にとって、唯一もっとも重要な誘因であったとみなされる。象徴的にそのようにみなされるのは、ユタ砂漠でユニオン・パシフィックラインとセントラル・パシフィックラインが結びついた一八六九年に、最初のアメリカ大陸横断鉄道ラインが導入されたことである。たしかに一九六〇年代においては、（鉄道時代の直前に建設された）エリー運河のような水路と北部の五大湖と東部の工業地帯とをつなげる他の運河が、この鉄道ラインとどの程度同じようなことができたのかということが、熱心な議論の対象になった。アメリカ人のノーベル賞受賞者ロバート・フォーゲルは、網羅的な運河システム――一八三〇年代から拡大していた――は、商品の流通の増加とアメリカ合衆国を連結する役割をうまく果たすことができたかもしれないと主張した。彼の計算では、運河の交通は、同じ量を鉄道で運んだ場合と比較して、いくぶん安かった(31)。他の「事実に反する仮定」の歴史と同様、鉄道が建設されなかったら何がおこったのかを知ることはむろん困難である。間違いなく、ロバート・フォーゲルが指摘するように、鉄道だけでは一八四〇年以降のアメリカ合衆国の経済成長を説明することはできない。だが、他方、鉄道の発展が大きな役割を果たしたことは、ほとんど疑えないのである。

事実、鉄道は、アメリカ合衆国の工業化に対して、さらにいくつかの点で重要な影響をおよぼした。それが、とくに重要なことだったかもしれない。第一に、鉄道は、この大国の地方市場を巨大な共通市場に結びつけるために重要であった。それはまた、「アメリカンシステム」が現実にもとづいている大量生産をするための前提条件であった。経済史家ウィリアム・パーカーは、最近こう主張した。鉄道は、ピッツバークとオハイオ川流域の豊かな炭田をさらに東部の工業地帯と結ぶという点で、とくに重要な媒介として機能した、と。

鉄道が、この運動の媒介となっていたことは間違いない……鉄道は西部と発達した東部とを、ペンシルヴァニアの連水陸路運河よりもはるかに効率的に結びつけ、東部のさまざまな工業製品と豊かなペンシルヴァニア中部地域の穀物とを西部にもたらし、西部の農業・重工業の商品を東部に運んだのである。内陸の帝国を構築するためにより重要なこととして、鉄道が北部のオハイオの湖港——最終的にはミルウォーキーとシカゴへの移民と交易を簡単にしたことがある。(32)

第二に、鉄道建設は、アメリカ合衆国の工業化にとってそれ以外にも重要な結果をもたらした。とりわけ、鉄と鋼鉄への大きな需要が創出され、きわめて多くの建設労働者が鉄道の建設現場に引き寄せられたため、消費財の需要も強く刺激されたに違いない。だが、当然のこととして、鉄道は、レール、釘、ボルト、まくら木の消費

者になった。これらの商品は、とくに基本的な産業の成長に利益を与えた。(33)

新たに登場した一群のアメリカ合衆国の鉄鋼業の企業創設者と企業家に、一八七〇年以降利益を提供したのがこの需要であった。歴史家チャールズ・ベアードとメアリ・ベアードによって、この時代は「金ぴか時代」と名づけられたことで有名である。(34)なかでも著名なのが、アンドルー・カーネギーである。カーネギーは、この当時、鉱石と石炭が豊富なペシルヴァニア州で広大な土地を購入しはじめていた。P・J・モルガンとともに、カーネギーはアメリカ合衆国の鉄鋼業の大立者になった。世紀転換期に、ユナイテッド・ステイツ・スチール・コーポレーションが創設された。それは、何よりもカーネギーとモルガンの会社が合併した結果であった。同社は、アメリカ合衆国ではじめて一年間の総売上高が一〇億ドルを越えた。全体として、「金ぴか時代」は、アメリカ合衆国の新しい大企業の成長によって特徴づけられた。新しい重要な企業家のなかで、もっとも有名な人物はジョン・D・ロックフェラーである。石油に基盤をおいた彼の帝国は、この当時に設立された。二〇世紀転換期に、彼のスタンダードオイル・オブ・ニュージャージーは、アメリカ合衆国と世界で最大の企業であった。

当時発達していた大量生産のシステムには、企業を集中する強い傾向が続いた。もっとも弱い形態の集中であるカルテルは、アメリカ合衆国の製造業と鉄道が代表例であった。(35)だが、もっとも拡大した形態は、とりわけ一八九〇年代からはトラストであった。すなわち、多数の小さな企業を所有する巨大な企業である。当時、企業がその規模を拡大することはあたり前になりつつあった。同じ商品のすべてないし一部分を製造する企業、ないし同じ製品を購入する企業にとって重要な投入物を製造している企業を買収したのである。最初の方法は、ふつう、「水平的」、第二の方法は、「垂直的」統合として知られる。どちらも、成長し、より強力になろうとする企業戦略の一部を形成した。それが、二〇世紀転換期のアメリカ合衆国の事業の特徴となった。この戦略は「スケール・アンド・スコープ（規模と範囲）」とばれ、ここですでに論じた。そして、アルフレッド・チャンドラーによって、アメリカ合衆国の企業成長の背後にある主要な要因として非常に強い定式化がなされた。

これまでみてきたように、南部の輸出志向型の農村経済と北東部の工業・手工業経済の争いは、一八世紀の植民地時代から一八六一—六五年の南北戦争まで続いたアメリカ史の特徴である。現実には、南北戦争のずっとのちになっても、これはアメリカ合衆国経済の発展の決定的な要因であった。しかし、アメリカ合衆国の産業経済が、一八六五年の南北戦争終了後、とりわけ強く発展しはじめたことは、まず偶然ではない。それは、北部諸州の勝利と、北部によっていまやより包括的な意味で、（石油を含む！）豊富な天然資源と潜在的に大きな市場をもった南部諸州が（必要なら武力を用いて）統合されたことを意味した。さらに、北部・南部諸州の対立は、長期的に、統合政策の可能性を妨げることになっていた。それはとくに、経済の成長と発展に役立つ外国貿易の分野にあてはまった。おそらく、達成されたことのなかでもっとも重要なのは、南部の奴隷制によって、以前には使うことができなかった労働力から、北部諸州が利益をえられるようになったことである。それ以降、かつての奴隷労働者と貧しくて土地をもたない白人は、北部に移動することができた。その結果、経済学者のあいだでは利潤の移転として知られるものが生み出された。彼らは、比較的生産性の低い農業部門からより生産的な工業部門へと移動したのである。そのために成長がおこったのは疑えない。同様に、一九世紀末から第一次世界大戦まで膨大な数の移民がアメリカ合衆国に流入したため、アメリカ合衆国の工業化には、特別な条件が発生した。アメリカ合衆国は人種のるつぼだったので、ヨーロッパとはまったく異なる特徴と労使関係がある労働力が形成された（人種によっても「分けられた」）。アメリカ合衆国最初の労働組合が、異なる職種で働く労働者を網羅していたのは、偶然ではなかった。それは、嫉妬心をまねくさまざまな職業のあいだに不承不承線が引かれていた旧世界とは対照的であった。多くの企業が、社会的責任を強調する人間関係にかんする政策を発展させたのも偶然ではない。処女地の環境における小さな問題点からはじまって、企業は雇用者であるだけではなく、労働者の住まいと生活条件全般についても責任を負うことを余儀なくされた。このようにして、会社と労働者間の調和が強調された。企業は独立した労働組合を嫌い、彼らに対して闘ったが、その代わり、社会的利益を提供した。これはとくに移民労働者にきわめて適していたかもしれない。彼らは、故国に深い文化的ルーツがあったが、アメリカ合衆国に適合しなければならないと認識していたからだ。

政府と工業化

ある国や地域の外的・内的な政治的・社会的状況が、工業化の形成方法に影響をおよぼす。これは、確実に、アメリカ合衆国にもあてはまる。一七七六年からのアメリカ合衆国の政体は、(二院と強力な大統領の権限の三つからなる) 行動的な国家と地方政府、さらにより弱く連邦主義的な上部構造があると描かれることが多い。その理念は、連邦当局は、あまり干渉せず、外国政策、軍事、郵便事業、国家間商業に行動を限定することを確証した。したがって、国家と地方政府は、自分たちの学校を管理し、公共事業を実行し、法的事案を編成し、税金を徴収したのである。[36]すなわち、工業の拡大を遂行したり大きく経済成長するために介入することは (明らかに現在もなお)、おおむね、連邦の責任というより、国家当局の手中にあるとみなされた。しかも、地方の利害関係者と権力をもつエリートが、地方では、国家の見える手の背後でしばしば重要な役割を果たした。それゆえ、連邦の観点からみればあまり介入がない時代が、地方では、はるかに統制経済政策的だとみえたかもしれないのである。

明らかに、一九世紀と二〇世紀のどちらも、連邦政府が権力を拡大していった。たとえば、強力な中央銀行（連邦準備制度）を創設した。だが、全体としては、このような非中央集権的な構造は依然として続き、いまなおアメリカ合衆国の政治生活と統治システムの特徴となっている。

したがって、政府（国家とある程度は連邦当局）が、アメリカ合衆国の工業が飛躍するに際して重要な役割を演じたのである。しかしこれは、かならずしも受け入れられた事実ではない。非常に逆説的であるが、アメリカ合衆国の経済史は、自発的で市場が原動力となった過程だと描かれることが多いが、この国は、たぶん、西半球のどこよりも政治的な手続きと規制に大きく依存していた。一九世紀アメリカ合衆国の産業発展は、一七七六年につくられた非中央集権的な政治秩序によっておおむね形成され、一八六五年の南北戦争終了後改革された。さまざまな州の政治的・社会的・経済的状況の重要な相違は、これらの過程の結果であった。こんにちでもまだ、経済に州が介入することについての制度は、州によって違っている。一九〇〇年の直後でさえ、ロックフェラーのスタンダードオイルは、本部をオハイオからニュージャージーに「移動させ」、競争にたいするオハイオの厳しい法から免れようとしたのだ。しかし長期的には、それは助けにはならなかった。一九一三年に、アメリカ合衆国の連邦政府は、オハイオと同様の反トラスト法を開始し、同社は解体せざるをえなかった。

しかし、それと同時に、南北戦争が終わったため、統合された市場経済の形成を余儀なくされたのである。そして、連邦政府は、それを強化するために重要な役割を果たした。連邦当局の役割が上昇しはじめたのもこの頃からであった。連邦政府は、経済成長と工業生産を上昇させるためにさまざまな政治政策を用いだした。たとえば、一八六五年以降、アメリカ合衆国で保護主義が拡大した。それについては、後で触れたい。西部の土地の所有権にかんする一般的規制を創出したいくつかの重要な法律も施行された。とりわけ、いわゆるホームステッド法が有名である。同法で、おおまかにいえば、ある程度までの広さの土地は自由に流通させ、それを個々人が耕作することが定められたのである。これは、明らかに、アメリカ合衆国の経済成長と工業化を促進したもっとも重要な法律である。ホームステッド法は、西部への人の移動速度を速めただけではなく、所得の急速な再分配の基盤も提供した。土地がこのように寛大に分配されたときに、勝者になったものがいれば、そうなることができず、土地を売らなければならなかったものもいた。したがって、土地は以前なら自由に与えられたのに、急速に取引しやすい商品になった。そうして、巨額の富と重要な企業が創出された。すでに議論し、急速な経済の拡張に重要な必要条件であった需要の創出と同じ過程をたどり、工業のための資本が生み出された。同様に、連邦当局が熱心に支援した新しい大陸横断鉄道の建設が可能になった。

このように「見える手」によって、類似の規則と制限が設けられ、統合された市場経済が創出された。間違いなく、それは市場経済であったが、強い規制が枢要となってはじめて機能したことは認めなければならない。とくに、ロックフェラーの事例は、競争をめぐる法律が、現実にアメリカ合衆国ではどれほど厳しかったか、そして現在もそうであることを示す。競争をめぐる領域では、二〇世紀転換期に、決定的な飛躍がもたらされた。すでに一八九〇年に、貿易の自由を妨げるためにつくられたトラストなどにたいする保護を提供することが目的として、シャーマン法が施行された。だが、この法律を回避することは可能であったし、事実、一八九〇年代のアメリカ合衆国では、それまで以上にトラストがつくられた。結局、一九一四年にクレイトン法が施行された。同法は、シャーマン法以上に過激であり、もっとも小さな抜け穴さえ塞ごうとしていた。持株会社の定義は、他の会社の株を所有し、その会社の支配権を獲得することである。そのような持株会社は、いまや禁止されることになった。それだけではなく、競争会社の役員を兼任したり、価格を差別化したり、カルテルの同意で市場を分割したりすることなど多くのことが違法になった。この立法の一部が、一九三〇年代にフランクリン・ローズヴェルトの国家産業復興法によって廃止されても――ローズヴェルトのニューディールは、大量の失業者が出ている時代に企業が共同することをより肯定的にとらえたのである――、アメリカ合衆国は、強力な競争を支援する法が特徴であり続けた。貿易と工業生産を統治する規制は、一九―二〇世紀のほとんどを通して、一般的なルールとなった。最近、リチャード・H・K・ヴィエトールが指摘したように、アメリカ合衆国における公的統治は、かならずしも非常に開放的な過程をたどったわけではない。（国家ないし連邦政府による）国家の介入は、いつでもどこでも、レントシーキングの慣行を実行しようとする利己的なグループのための隠れ蓑になると一般の人々が疑っていたので、市場の失敗の議論は、アメリカ合衆国では市場規制を弁護するために公然と用いられた。とはいえ、このような警告があったので、ある種の市場構造を獲得したり、産業のどこかの部門に投資をおこなうことへの公的規制は、たぶんふつうでは考えられないほどに強かった。したがって、ここでまたヴィエトールに従えば、「二〇世紀の規制は、アメリカ合衆国に、企業を維持するために政治的に受容可能な手段を提供し、それはいまだに企業を支配している」のである[37]。間違いなく、ほとんど同じことが一九世紀にたいしても、アメリカ合衆国が世界の産業のリーダーになるべくテイクオフした時代についてもいうことができるのである。

ここでしばらく議論を中断して、アメリカ合衆国の工業化における見える手の役割を指摘できる二つの領域について言及してもよいであろう。

ここまで示したように、二〇世紀後半のレトリックから、アメリカ合衆国が現在、そしてこれまで、つねに自由貿易が約束された地であり、保護主義に対して激しい嫌悪感をもっていると信じがちである。しかし、すでに示唆したように、アメリカ合衆国が二百年以上前に創設されてから、保護主義の考え方と保護主義者の政策が、同国の経済史で重要な役割を果たしてきたのである。すでに一九世紀転換期に、アレグザンダー・ハミルトンが創始者となった経済学における「アメリカンシステム」が生み出されていた。このシステムは、イデオロギー的にも規制形態における現実生活においても、強い保護主義の要素に特徴づけられており、実際、一九世紀に支配的になった。たとえば、法律家・政治家・経済学者のアレグザンダー・ヒル・エヴェレット（一七九〇―一八四七）は、ハミルトンの影響を受け、一八三〇年にこう書いた。「保護システムは、現実にはすでに国家が確定した政策である」[38]。他の多くの人々と同様、彼も偽善的なイギリス人に触れた。イギリス人は、突然自由貿易システムの運動家となり、その一方で、「数世紀間にわたって、港を国内でも生産可能な外国製品のために使わせようとはしなかった」のである[39]。あるいは、別の批判者のロバート・P・ポーターが一八八四年に書いたように、「自由貿易の理論家が経済学とよんだものに似ているものは、イングランドの一般的改革にはいくら研究しても何も発見できない」のである[40]。

関税史の専門家ポール・ベロックによれば、一九世紀のアメリカ合衆国の貿易政策の歴史は、三つの特徴をもつ時代に分割することが可能である。一八一六年から一八四六年までの保護主義段階、一八四六年から一八六一年の短期的な「自由主義」時代、それ以降、第二次世界大戦末までの「厳しい保護主義」の時代である[41]。政治的現象としてみれば、「アメリカンシステム」という概念は、歴史的には経済的国民主義者であるケンタッキーのヘンリ・クレイと関係している。彼は戦後の一八一二年以降、洪水のように押し寄せる（イギリスの）工業製品の流入に反対した。一八三〇年代末からジャクソン大統領によって構成された関税額低下のプログラムは、南部の農業利害関係者と明らかに農業支持者（であったので工業化には懐疑的な）トマス・ジェファソンの支持者によって、とくに賞賛された。南北戦争まで、輸入関税は比較的低く抑えられていた[42]。一八五〇年代には、それとは反対の傾向があり、若く意欲的な共和党がそれを支持していた。彼らは、南部諸州の新参者が、関税に対して独自の政策を行うことを許そうとはしなかった。多くの研究者が主張したように、工業製品にたいする関税は、この新党にとって重要な改革要因になった。同党は、この一〇年間で、影響力を増大させていった。この党が国をリードするようになった南北戦争後、保護主義が支配的なイデオロギーになった。[43] 貿易政策の変動は、南部と北部の関係と農業と工業の利害関係者の闘いを最大限に反映する。北部の産業資本家と商人は、一般に保護主義者であった。それは、若き日のフリードリヒ・リストが一八二〇年代にフィラデルフィアで出会った人々に似ていた。一方、（南部の）農民とプランテーション所有者は、自由貿易を支持した。

したがって、南北戦争以降、保護主義はアメリカ合衆国の貿易政策の一部としての色彩を強めた。古い南部諸州が陥落すると、自由貿易を擁護する政治力はなくなった。このような環境で、ジョセフ・ドルフマンは、「自由貿易主義者は、せいぜい、関税の改革者にすぎない」と強調した。[44] この傾向は、民主党の影響力が強まった一八八〇年代でさえ、変化することはなかった。一八八八年に、民主党の大統領クリーヴランドは、たしかに、工業製品の輸入にたいする関税を減らした。だが、例によって、そのために彼は、翌年の大統領選で再選されなかったのである。一八九〇年代には、世論が自由貿易に傾いていなかったことは明らかである。一八九〇年に、長期的傾向以上に関税が上げられ、その後一八九七年にふたたび上昇させられた。[45] 一八六〇年から一九一四年にかけて、共和党が政権を取らないことは数年間しかなかった。歴史家アルフレッド・E・エクス・ジュニアによれば、その改善には、「アメリカ合衆国の市場を発展させ、国内の生産者と労働者の商業的利益を促進することを意図した国民主義的な貿易政策」という特徴があった。[46] 外国製品の輸入にかかる関税も、非常に低いわけではなかった。一八七〇年には、四四・九％、一八八九年には二九・一％、一九〇〇年には二七・六％であった。それ以降、いくぶん低下し、一九一〇年に、二一・一%で終わった[47]。アメリカ合衆国の共和党が用いた議論は、通常使われるものにとどまらなかった。すなわち若い産業を、古くて大きな産業から保護するというだけではなかったのである。多数の専門家も、ある程度の工業化と経済力――保護政策によって促進することができる――は、国際的な観点からみた政治力にとって、必要な前提条件だと論じた。

それゆえ、保護主義は一般に、愛国心の発露となった[48]。一八九五年、セオドア・ローズヴェルトは友人に、こういう手紙を書いた。自由貿易への共感は、道徳的にいい加減な態度をとっていることを明らかにする。「私が自由貿易主義者でないことを神に感謝する！」。別のときに、彼は突然こういった。「〔南北戦争以来〕四〇年間あまりは、この国がまだみたことがない繁栄の時代であった。他のどの国よりも繁栄した歳月は……わが国民のすべてが保護関税によって利益をえた時代であった[49]」。彼の発言は正しかったのだろうか？　むろん、合衆国が自由貿易政策を遂行した場合に何がおこったのかをいうことは不可能である。経済成長はずっと速くなったかもしれない。だが、それは確実ではない。

明らかに、連邦政府も、新しく成長を促進する企業を積極的に支援しようとしていた。シャーマン法、クレイトン法、さらに他のさまざまな規制を通じて、連邦政府はみずから直接介入しない経済の枠組みをつくりあげる方法を創り上げた。しかし、はじめのうちは、政府はあまり慎重ではなかった。たとえば、フランク・ドビンは、こう指摘した。新国家の誕生後数十年間で、すでに国家と地方当局の両方が経済成長と製造業の設立を促進する手助けをしていた、と。これは、とくに公的財源――貸付ないし贈与――を民間企業に移転することで達成された。だが、このような直接的介入主義は、鉄道の場合には滅多にみられなかった。ドビンは、この事例が、数十年間のうちに数段階発展した統治する側の公的な干渉であると判断した。まず、一八六〇年代まで、連邦政府ないし地方政府が、鉄道を建設しようとしているものにすすんで無料の土地を提供したり、直接経済的支援をおこなうことはあたり前であった。たとえば、一八二七年に、ボルティモア市は、五〇万ドルを民間の鉄道会社であるボルティモア・アンド・オハイオ鉄道に寄付した。より多くの金が到着したのは、同社が倒産の危機に脅かされた数年後のことであり、ボルティモア市とメリーランド州の両方が支払った(50)。別の事例として、一八六二年にアブラハム・リンカン自身が法令に署名をしたことがある。土地は無償で譲られ、貸付けの保証が会社――ユニオン・パシフィック鉄道とセントラル・パシフィック鉄道――に与えられた。それは、オマハ―サクラメント間に鉄道を敷設することを目的としていた(51)。疑いなく、ユニオン・パシフィック鉄道の政策の背後にあった誘因は複雑であった。しかしながら、明らかになったことが少しある。第一に、リストの考えでは、鉄道は、人々を結びつけ、新市場を開き、経済の生産能力を上げる方法であった。だから、鉄道敷設は、国家建設の一部であった。第二に、ダンラヴィが指摘したように、鉄道はまた、「新国家の安全にたいする不安が続いた時代」に重要であった。イギリス人は、さほど離れて住んでおらず（カナダで損失を被った）、南部と西部では、イギリス人以外の外国人用の港が力をもっていた。それゆえ、鉄道建設は、安全への投資でもあったし、軍事的・戦略的に大きな価値があった(52)。

このように特権が寛大に分配されたことが、しばしば、嫉妬を招き、腐敗や賄賂などの原因となった。そのため、政治が混乱した。したがって、介入主義の第二段階において、政府は委員会に任命し、腐敗のスキャンダルを選別し、独占傾向を一掃し、投資家と顧客が不当な請求をされることからの保護を強要されたのである。第三段階では――いまや一八九〇年代に近づいているが――、どのようにして事業での競争が維持され、消費者が保護され、さらに直接的な支援が与えられるかぎり、それがどのようにして規制されるのかということにたいする一定の決まりをつくろうという目的があった。[53]

通常工業の飛躍として示される時代に、アメリカ合衆国は自由市場が原動力となった経済発展の顕著な事例だと主張するのは、たしかに、大きな誇張である。他のほとんどの国と同様、連邦と他の公的当局が、工業の拡大と転換において大きな役割を果たした。アメリカ合衆国にかんしては、このような役割が、他の多くの国々よりもはるかに目立ったと論じることは可能である。アメリカ合衆国の連邦当局と地方の州当局は、さまざまな方法で、成長する工業国家に介入した。この国の経済力と政治力にとって戦略上重要だとみなされた部門（たとえば鉄道）は、補助金を受けた。それと同じ目的のために、規制が導入された。インフラストラクチャーへの投資が、意図的に、アメリカ大陸の市場を共通市場へと結びつけた。それと同様に、強力な保護主義的性格をもち、その効率性が疑われる貿易政策が遂行された。アメリカ合衆国は、たとえ制限がより弱い貿易政策を用いたとしても、これほどまでに高い、場合によってはより高い成長を実現したということは可能である。だが、成長率が一九世紀のアメリカ大陸で非常に高く、当時の工業への課税が低下することはほとんどなかったことだけは確実である。高い税金が、企業家活動や革新を求める精神を後戻りさせたという証拠はない。それとは反対に、ヴェブレンが示したように、科学を工業と創造的破壊に適用することは、この拡大の時代のアメリカ合衆国工業の大きな特徴であった。[54]

この章は、一九世紀の工業の飛躍に続く二〇世紀が、多くの点で、どのようにしてアメリカ合衆国の世紀となったのかということに言及することではじまった。同時代人にとって、このような支配的な地位――政治的・軍事的・イデオロギー的――が、究極的には経済力に依存することは明らかであった。これは市場の力と強力な資本主義社会の企業家の成果が組み合わせられただけではなく、政府の見える手も加わった一九世紀の産物であった。このモデルは――将来はその有効性が低下することが問題になるだろうと予言した多くの人々が論じたように――、こんにちであればあまりうまく機能しないかもしれない。しかしそれは、間違いなく、二〇世紀を中心としたアメリカ合衆国経済の活力を理解するために重要な鍵であった。

七　結　論

一八五一年のイギリスは、二百年前のオランダ共和国と同様、世界から嫉妬の対象となっていた。世界のほとんどあらゆるところから、キングストンの水晶宮をみるためにイギリスに訪れた人々は、イギリスが主導的役割を演じている新産業時代の奇跡に驚いていたかもしれない（しかし、入場するために一シリングを支払った一日九万人の入場者の多くは、ロンドンに家族で住んでいるか、ミドランドの都市からこの日のために一張羅の晴れ着を着て旅行した人々であった）。万国博のスポンサーの一人であるヘンリ・コールはこう書いた。

世界の歴史で、一八五一年の万国博覧会ほど、人間の勤勉性を推進したイヴェントは記録されていない。偉大なるイギリス国民が、すべての文明化された国民を一つの催しに招待し、人間の技能が創った作品を比較した。博覧会は、民間の手でおこなわれた。古代の偉大なる作品が強要したのとは異なり、独立採算であり、税金を使わず、奴隷も使用していないのだ。(1)

巨大なピラミッドの建設との比較は、当然問題を生じさせるが、コールはここで、当時のリベラルなウィッグの自己像を表している。過酷な労働、自由貿易、自助努力、最小限の政府を価値基準として賞賛し、未来はどこでも、平和な国際的競争をし、近代的産業社会を設立することにあるという見解を表したのである。しかしながら、すべての人々が同じくらい熱狂的だったわけではない。新世界の岸から、ヘンリ・ケアリは一八五一年に堰を切ったように話した。「イギリス人は、他人の労働でみずからを支えようとしてきたアテネ、ローマなどの共同体と同じ方向に向かいつつあるという事実に目を向けるべきときだ(2)」。多くの人々は、自由貿易という全世界的な信条には何かしら気詰まりなものを感じていた。イギリスは現実には、最初に工業化を成し遂げたという地位を利用し、他国を搾取していると彼らは論じたのだ。自由貿易が相互に利益を与える側面を宣伝しながら、イギリス人はそれとはまったく違ったことをしていた。だが、一九世紀末に、アメリカ合衆国の経済学者デヴィッド・ライス・ホールは、次のように論じた。

イギリスは、変則的な中央政府からなる光景を表す。自由貿易システムは、人間に救済を与える唯一の原理であり、その周囲には世界中を循環するイギリスの植民地銀河があると告白される。例外はほとんどなく、これらの崇高にみえる告白のすべてが偽善であることがわかる。イギリス人以外の人々だけではなく、母国のイングランドに対しても、地元では保護的な高関税を採用しているからだ(3)。

これらは、実際には不公平な表現であったかもしれない。それは、とくにアメリカ合衆国にあてはまる。この国は、他のほとんどの国よりもはるかに高い保護関税をかけていた。しかしながら、イギリスが偽善者であり、世界の工場の地位を保持するからこそ自由な交通をしているという見解は、当時の多くの人が共有していた。国際貿易の支配が経済的富と繁栄に不可欠だということは、ほとんどのヨーロッパの国王、君主、政治家、商人、政治作家が、少なくとも一六世紀には共有していた真実であった。たぶん、国家の住民より国家そのものの幸福に関心があったので、彼らは近世にヨーロッパの大半の領土が巻き込まれた政治的・軍事的パワーゲームにおいて、国際貿易の役割を強調した。少なくとも、オランダ共和国の建国以来、ほとんどの人々は、国際貿易は、製造所の確立と工業での雇用増加のためにも必要な前提条件であったということに同意していたであろう。国際貿易での圧倒的優位――とりわけ、国内における利益と雇用を意味する国際貿易の集散地としての役割――は、政治的手段がなければ確立することはできなかった。強大な力を有する国家が、新しい貿易ルートをすみやかに確保しようとしていたし、必要なら、巨大な海軍の力を借りたのである。工業と製造所をさらに促進する手段として、保護政策と輸入代替の役割を強調する見方が現れ、それがますます強くなった。だから、権力が富を獲得するために必要な手段となったのだ。だが、ここから、富が、より政治的・軍事的な力を創出したということもできる。

政治権力と経済的富のあいだにこのように複雑な関係があり、何らかの理由で、それが一九世紀初頭に突如として視界から消えたと信じることは、一九世紀にもどって考える多くの歴史家と経済学者の奇妙な先入観である。統制経済政策ではなく自由放任、保護ではなく互恵主義にもとづく自由貿易へと変わったという理由からこう考えるのである。このような話のなかでは、理念型かつ基準としてのイギリスの役割は、完全に適合しているように思われた。イギリスが恐るべき経済成長を遂げ、最初に産業革命を経験したという事実は、ずっと以前から十分に発展した市場（イングランドは市場経済を包摂し、すでに中世から資本主義精神があったということが、数多くの専門家からいわれてきた）があった結果であり、一六八八年の名誉革命で、政治的・制度的改革がはじまったのである。しかしながら、時代は変化した。こんにちでは、イギリスが最初の発動者となり、最初の産業革命を経験した理由は、一八世紀に帝国を形成し、この目的を達成するために、見えざる手とはあまりいい難いものを使った結果であった（予算の赤字と、長い時間をかけ巨額の国債となったものを形成したからである）。穀物法の廃止後の時代は、「古き腐敗」の重要な部分が取り除かれたという特徴はあるが、イギリス諸島を経済的・社会的にさらに進歩させる点で、公的当局の役割を完全に無視するのは間違いである。だが、イギリスは、一九世紀中葉に、市場が起動力となる産業発展の理念型にかぎりなく近づいたのかもしれない。

けれどもこのような問題にかんして、明確な意見の一致がみられたわけではないが、多くの外国人観察者が恐れと妬みで、イギリスの事例と最初の発動者であった利点をみていたことは疑いの余地がないように思われる。農業ではなく工業に基盤をおいていた文明のほうが、ずっと早く生産力と生産能力を発展させる傾向があると、彼らは論じた。しかしまた、発展した経済のほうが発展していない経済よりも大規模に、「不公平な」貿易を発展させることができたのは、より効率的な生産技術と高い生産性のためであった。このような長所の結果、「貧しいヒンドゥー教徒」が織機から追いやられたばかりか、当時の状況ではシレジア、ブランデンブルクやフィラデルフィアは、ランカシャーと競争することができなかったと、ヘンリ・ケアリは一八五一年に指摘し、かつそう信じたのだ。同時に、機械で労働を置き換えた結果として生じた「乱売」も、わずかな賃金しかえていなかったランカシャーの労働者に悲惨な影響をもたらした。そのため非常に栄えていたランカシャーの諸都市にある小道と穴蔵で、労働者はようやく飢え死にから免れたのである。(4)

工業の進化の前線にいることがきわめて有利だということが、周辺地域から感じられた。それは、この国の人々のほとんどにとって、より大きな繁栄を意味したばかりか（けれども、すでにみたように、アメリカ人のヘンリ・ケアリは、マンチェスターのような場所で貧しい労働者にまでその影響がおよんだ《トリックルダウン》かどうかは、あまり確信がもてなかった）、ほとんど間違いなく、政治的・軍事的な力を高めた。ウィーン会議の最盛期から一八四八年までのおもな恐怖は、新しいナポレオンがフランスで登場することであった。だが、乱痴気騒ぎの年から、新しい恐怖と希望が生じた。ヨーロッパの中央部では、過激なリベラル派でさえ、急速な工業化（公的統治の助けによって）を促進し、工業国家をつくった。そして、オーストリアや、さらに悪い場合にはむろんロシアのような反動国家に対抗するために、銃器や鉄道を生産することができた。とくにパーマストン卿のロシアへの自由放任主義（カール・マルクスが主張したように、それは、外国への野心を積極的に支援するための隠れ蓑だったかもしれない）のため、大陸の強国がイギリス工業の支配に挑戦する必要があった。これが歴史的に正しかったにせよそうでなかったにせよ（われわれは、いまだに帝国の負担と利益については不確かである）、多くのヨーロッパの強国は、非ヨーロッパ地域の植民地所有を、政治的・経済的強国への前提条件だとみなした。というのは、たしかに、最初の産業国家になったイギリスが世界の主要な植民地所有国家であったのは、偶然ではありえないことが確実だからである。

それと同時に、多くのヨーロッパ諸国の政治的・軍事的エリートは迷っていた。たしかに、彼らの考えでは、工業化は危険な脅威だともみなしえた。工業化は、長期的には、管理することが困難かもしれない社会的・政治的な要因を解放することができた。しかし、ほとんどの場合、彼らは、進んで経済的「近代化」を支援した。彼らが教科書でみた最近のヨーロッパ史は、工業化の競争で敗北した国家や地域に何がおこったのかを明確に示している。オランダの衰退が、強い説得力をもつ事例となる。しかしながら、同じことは、スペインやポルトガルのような旧帝国にもいえる。ヨーロッパの「病人」とよばれたオスマン帝国はいうまでもない。さらに、一八六六年にプロイセンがオーストリアを辱めることができた方法は、工業的な生産様式を発展させるのに必要な物資の量がどれほどであったのかを物語る。

産業革命が、経済成長、所得、生活水準全般、さらに特定の国に対してどのような衝撃をおよぼしたのかということは、いまなお誰もが参加でき、激しく議論される問題である。ある見解によれば、生産性の低い圧倒的に農業が優位な経済が、石炭と機械に基盤をおいた経済へと移行したことが、きわめて重要であった。それは、経済が生産と人口の両面で成長し、そのためマルサスの罠から逃れることを可能にした革命であった。別の見解によれば、産業革命の役割は、あまりに過大評価されており、実証的検証に耐えない(5)。われわれはここで、おおむね「事実に反する仮定」を扱っている。飛び杼が発明されなければ、いったいどうなっていたのか。あるいは、もし、綿製品にたいする一八世紀末の需要増によってランカシャーの工場生産が拡大しなければ、イギリス経済はどうなっていただろう、ということである。ほぼ確実なことは、このような疑問には妥当性があるので、歴史家による質問に値するということだ。同時に、それらは事実があった後に出された主張であり、そのため研究者は、不公平な観察者ないし審判という困難な地位におかれてしまう。たとえば、一九世紀中葉に生きていた人々が、革命的な時代を経験していると信じていたことは疑えない。そのなかには、経済学者、政治家、職人、一般の人々がいた。歴史の行程とその発展の仕方をみれば、この信念が非常に強い力をもっていたことがわかる。そのため、人々が周囲で発生していることにどう対応対処するかが、おおむね決められたのである。産業革命は、変革の時代に遭遇しているときに、〔人々が直面していた〕希望と苦境に名称をつけたのである。この意味で、産業革命は〔何が生じているのかを〕「考えるため」には、とくに良い概念であった。

本書では、連続した歴史を描くことにたいする議論をしてきた。すなわち、一七世紀と一八世紀の近世の統制経済政策国家にはじまり、一九世紀の大半を通じた規制緩和と「最小」国家の時代をへて、一八八〇年以降国家の規制と保護が高まる新しい時代がはじまったことを論じたのである。旧来の規制システムのなかで重要な部分を廃止したり改革したりするために、とくに一九世紀中葉にとられた重要な政策と手順を強調するのは、まったく正しい。だが、当然、この過程において、古い規制に代わって、新しい規制が強制された。そして、国家と他の公的制度の役割は、むろん無視することはできない。したがって、ほとんどの場所では、規制システムの廃止または改革の結果として出現するのは、利己的な個人による自然発生的な秩序ではなかった。むしろ、近代的経済成長と産業の確立を達成する任務をより効率的におこなうことができたのは、統治と規制の新形態が出現したためでもあるように思われる。国家の規模と重要性が低下することはなかった。むしろわれわれは、一九世紀により強力になった国家が出現したことを目の当たりにした。

したがって、一九世紀にわれわれが現実に観察できるのは、近代国家の成長である。近代国家は、工業の急速な成長と同時に発生し、近世における古いタイプの「軟性」ないし「分裂」〔国家〕よりも、政策の実現能力が高かった。ほとんどの歴史研究において、このように現実に密接に連動した過程が、互いに何の関係もなく取り扱われることが大変多かった。したがって、産業革命と長期的な経済成長が経時的に生み出されたのは、分業が増大し市場の成長があった内生的要因の結果であると主としてみられてきた。それは、おおきくみれば、たしかに真実である。しかしながら、それと同時に、今世紀においてさえ、このような内生的過程を高め、それを方向づけたり、それが自動的に生み出されることが難しそうな状況にあっても内生的過程を構築しようとするために、強力な公的主体が果たした役割を無視すべきではない。これまでみてきたように、一九世紀においては、このような手順と政策がヨーロッパの多くでとられたのである。このような介入がどの程度成功したのか、ないしより自由市場志向的な態度のほうが良い機会を提供できたかどうかということは、むろん別問題である。このような議論に参加するために、われわれはふたたび、「事実に反する仮定」の議論を利用しなければならない。これには、より正確な結論にいたることがほとんどないという欠点がある（歴史家が確信をもっていえるようなことがない）。場合によっては、見える手がなければ、民間の主体がもっと良い仕事をすることができたと強硬に主張することが可能であることはたしかだ。確固たる判断が下せない場合もある。たとえそうであれ、ヨーロッパ中で（アメリカ合衆国においても）、介入という手段によって、公的主体が近代的経済成長と工業化のためにより良い機会を創出したと、その主体自体が信じていたのである。そしてこのような信念は、われわれが知るように、歴史上、強力な動機として力を発揮しているのである。

訳者あとがき

本書は、Lars Magnusson, *Nation, State and the Industrial Revolution: The Visible Hand*, London: Routledge, 2009 の邦訳である。直訳すれば、邦題は『国民・国家・産業革命――見える手』となるが、本書の意図をくんで、『産業革命と政府――国家の見える手』とした。原書では、目次は各章の題名しか書かれていないが、本訳者では、章内の小見出しも目次に入れた。また、本文中の〔 〕は、訳注ないし訳者がおぎなった言葉である。

通常、「訳者あとがき」では、訳書の内容が簡単にまとめられる。しかし本訳書の場合、著者が「日本語版への序文」でそうしてくれたので、本来「訳者あとがき」で書くべき多くの部分は不必要になってしまった。本書の概要については、「日本語版への序文」をお読みいただきたい。

本書の著者、マグヌソン教授の書物については、すでに知泉書館から、『重商主義――近世ヨーロッパと経済的言語の形成』（熊谷次郎・大倉正雄訳、二〇〇九年）が上梓されている。『重商主義』が、主として経済学説史家にあてて書かれた書物であるとすれば、本書『産業革命と政府』は、経済史家にたいして書かれた書物といってよい。その共通点は、経済学者の書物やパンフレットを、たんに経済学説の一部としてとらえるのではなく、経済ひいては社会全体のなかでどのように位置づけられるべきか、きちんと述べている点にあろう。

マグヌソン教授はこれまで、重商主義者、自由貿易主義者、アメリカ合衆国の経済学者の書いた書物、パンフレット類をまとめたものを編纂してきた。おそらくその過程で、さまざまな経済学者の学説を自家薬籠のものにしたのであろう。経済学説史と経済史の知識をこれほどまでに高い次元で関連させられる人物は、おそらくマグヌソン教授以外にはいないであろう。

私が大学院生になった頃、マグヌソン教授はプロト工業化の研究者として知られていた。プロト工業化にかんする学識は、本書の随所にちりばめられていることがおわかりいただけよう。経済史家になろうとこころざした私にとって、マグヌソン教授——正確にいえば、まだ教授ではなかったが——は、あこがれの研究者の一人であった。

ところが一九九四年、『重商主義』の原著が出版され、彼が経済学説にたいしてもなみなみならぬ知識をもっていることを知った。さらにわずかその二年後の一九九六年には、スウェーデン語で『スウェーデン経済史』が上梓された。これだけ分野が違う書物が短期間にあらわれたので、本当に同一人物が書いたのかと、信じられぬ思いであった。

マグヌソン教授の扱う領域はきわめて広く、経済史・経済学説史、さらに現在のスウェーデン・ヨーロッパ経済にかんする著作はもちろんのこと、進化経済学についての編著もある。研究者として著名なばかりでなく、行政面でもその能力を発揮し、二〇〇五—二〇〇九年にはウプサラ大学副学長であった。二〇〇四年以降スウェーデン王立アカデミー会員、二〇〇五年以降、ノーベル経済学賞選考委員を兼ねている。一年間に二〇回以上外国に行き、アジアへの渡航も珍しくはない。文字通り、世界を股にかけた活躍をされている。そのようななかで、多様な分野の研究をし、次々と話題作をものにされてきた。バイタリティーのかたまりのような人物である。それでいて、いつも非常にリラックスしており、非常に親しみやすい雰囲気がある。肩から力が抜けているという感じが、ピッタリとする人だと思う。

ところで産業革命と政府の役割は、ずいぶんと前から論じられているテーマである。最近では、とりわけグローバルヒストリーの提唱者であるパトリック・オブライエン教授――マグヌソン教授の推薦で、ウプサラ大学の名誉博士となった――の活躍で、イギリスは自由放任経済ではなく、中央政府が市場を保護したからこそ世界最初の工業国家になったということは、国際的に認められるようになった。本書にも、オブライエン教授の影響がさまざまな箇所で見受けられる。もちろん、マグヌソン教授はオブライエン教授のたんなるエピゴーネンではない。ヨーロッパとアメリカ合衆国の工業化における政府の役割を、それぞれの歴史的状況を考慮しながら述べている点に、マグヌソン教授の歴史家としてのすぐれた資質がうかがえるであろう。しかも、たとえばフリードリヒ・リストの事例をもちいてドイツとアメリカ合衆国の工業化について論じ、さらにリストの理論と収穫逓増の関係を述べるあたりに、現代の経済理論にも精通しているマグヌソン教授の真骨頂があらわれている。

私がマグヌソン教授にはじめてお目にかかったのは、二〇〇五年のことであった。マグヌソン教授の教え子であるエーリク・リンドベリ氏の紹介でお目にかかったわけだが、偉大な研究者に会えるということで、非常に緊張してしまった。翌二〇〇六年には、京都産業大学の招聘で奥様とともに来日され、京都産業大学、東京大学、神戸大学で講演会やセミナーで報告された。さらに京都産業大学からは、名誉博士号が贈呈された。

マグヌソン教授は、その後も数回来日された。来日のたびに京都や東京で会い、さらに私がスウェーデンに旅行すると、ウプサラ大学で会って、研究をはじめ、さまざまな話をさせていただいている。本書をもとにして、マグヌソン教授、斎藤修一橋大学名誉教授、フィンランド・ユヴァスキュラ大学のヤリ・オヤラ教授らとともに、二〇一一年四月にロンドン大学政治経済学院で開催されたグローバルヒストリーの学会で一八―一九世紀の工業化と政府の役割というパネルを組織したところ、多くの聴衆から活発な質問が出た。本書の内容が、多くの人々を引きつける魅力をもっていることを確認した。さらに、現代の後発国の工業化における政府の役割を論じるにあたり、本書は欠かせない書物となろう。現代経済の研究者にも、ぜひ読んでいただきたい一冊である。

本書の翻訳にあたり、スウェーデン語にかんしては旭川高専の根本聡先生、ドイツ語については関西大学の村上宏昭先生、フランス語にかんしては京都産業大学の嶋中博章先生、オランダ語については早稲田大学の山本大丙先生からの助言をえた。また、慶応義塾大学の丸山徹先生は、二〇一一年のマグヌソン教授のセミナーにお誘いいただいた。知泉書館の小山光夫社長には、いつもながら適切なアドヴァイスを賜った。これらの人々に心からお礼申し上げる。

本訳書は、マグヌソン教授との、そしてまた、これまで研究をともにしてきた内外の北欧史研究者とのフレンドシップの成果である。この訳業が、彼らとのフレンドシップ、さらにむろん読者の期待にかなう水準のものであることを願うばかりである。

二〇一一年一二月

京都にて

玉木　俊明

索　引

ア　行

カ　行

サ　行

タ　行

ナ　行

ハ　行

マ　行

ヤ　行

ラ　行

ワ　行

参考文献

Abramovitz, Moses and Paul A. David,'American Macroeconomic Growth in the Era of Knowledge-based Progress: The Long-run Perspective'. In Stanley L. Engerman and Robert E. Gallman (eds), *Cambridge Economic History of the United States*, vol. III. Cambridge: Cambridge University Press 2000.

Armengaud, André,'Population in Europe 1700-1914'. In Carlo Cipolla (ed.), *The Fontana Economic History of Europe*, vol. 3. London: Fontana/Collins 1975.

Arrighi, Giovanni, *Adam Smith in Beijing: Lineages of the Twenty-first Century*.London: Verso Books 2007.[邦訳：中山智香子ほか訳，山下範久解説『北京のアダム・スミス——21世紀の諸系譜』作品社，2011 年]

Ashton, T.S., *The Industrial Revolution. 1760-1830*. Oxford: Oxford University Press1966. [邦訳：中川敬一郎訳『産業革命』岩波文庫，1973 年]

Babbage, Charles, *On the Economy of Machinery and Manufactures* [1835]. New York: Augustus M. Kelley 1971.

Bairoch, Paul,'European Trade Policy, 1815-1914'. In Peter Mathias and Sidney Pollard (eds), *The Cambridge Economic History of Europe*, vol. VIII. Cambridge: Cambridge University Press 1989.

Baldwin, Robert and Martin Cave (eds). *Understanding Regulation: Theory, Strategy and Practice*. Oxford: Oxford University Press 1999.

Beard, Charles and Mary, *The Rise of American Civilization*. New York: Macmillan,1930. [邦訳：松本重治ほか訳『アメリカ合衆国史』岩波書店，1964 年]

Beck, Hermann, *The Origins of the Totalitarian Welfare State in Prussia*. Ann Arbor: University of Michigan Press 1997.

Beik, William, *Absolutism and Society in Seventeenth-century France: State Power and Provincial Aristocracy in Languedoc*. Cambridge: Cambridge University Press 1985.

Belfanti, Carlo Marco,'The Proto-industrial Heritage: Forms of Rural Proto-industry in Northern Italy in the Eighteenth and Nineteenth Centuries'. In Sheilagh C. Ogilvie and Markus Cerman (eds), *European Proto-industrialization*. Cambridge:Cambridge University Press 1996.

Bensel, Richard Franklin, *The Political Economy of American Industrialization 1877-1900*. Cambridge: Cambridge University Press 2000.

Berg, Maxine, *The Machinery Question and the Making of Political Economy 1815-1848*. Cambridge: Cambridge University Press 1981.

Berg, Maxine, *The Age of Manufacture 1700-1820*. London: Fontana Press 1985.
Bergeron, Louis, *L'Industrialisation de la France au XIXe siècle*. Paris: Hatier 1979.
Blackbourne, David and Richard J. Evans (eds). *The German Bourgeoisie: Essays on the Social History of the German Class from the Late Eighteenth to the Early Twentieth Century*. London: Routledge 1991.
Borchardt, Knut,'Germany 1700-1914'. In Carlo Cipolla (ed.), *The Fontana Economic History of Europe*, vol. 4, part 1. London: Fontana 1973.
Bowen, Francis, *The Principles of Political Economy*. Boston, MA: Little Brown & Co.1856.
Braudel, Femand, *Civilization and Capitalism, 15th-18th Century*, vol. Ill: *The Perspective of the World*. London: Fontana Press 1984. [邦訳：村上光彦訳『物質文明・経済・資本主義 15-18 世紀――世界時間』みすず書房，1996-1999 年]
Braudel, Femand, *The Identity of France: People and Production*, vol. II. London: Collins 1990.
Brewer, John, *The Sinews of Power: War, Money and the English State 1688-1783*. London: Unwin Hyman and Knopf 1989. [邦訳：大久保桂子訳『財政 = 軍事国家の衝撃――戦争・カネ・イギリス国家　1688-1783』名古屋大学出版会，2003 年]
Bridge, Francis R., *The Habsburg Monarchy among the Great Powers, 1815-1918*.Providence, RI and Oxford: Berg 1990.
Briggs, Asa, *Victorian People. Harmondsworth:* Pelican Books 1965. [邦訳：村岡健次・河村貞枝訳『ヴィクトリア朝の人びと』ミネルヴァ書房，1986 年]
Bruland, Kristine (ed.). *Technology Transfer and Scandinavian Industrialisation*. New York/Oxford: Berg Publishers 1991.
Burke, Peter, *The Italian Renaissance: Culture and Society in Italy*. Cambridge: Polity Press 1986. [邦訳：森田義之・柴野均訳『イタリア・ルネサンスの文化と社会』岩波書店，1992 年]
Burke, Peter, *The Fabrication of Louis XIV*. New Haven, CT: Yale University Press 1992. [邦訳：石井三記訳『ルイ 14 世――作られる太陽王』名古屋大学出版会，2004 年]
Cafagna, Luciano,'Italy 1830-1914'. In Carlo Cipolla (ed.), *The Fontana Economic History of Europe*, vol. 4. London: Fontana 1973.
Cain, P.J. and A.G. Hopkins, *British Imperialism,* vol. 1: *Innovation and Expansion*,1688-1914. London: Longman 1993. [邦訳：竹内幸雄・秋田茂訳『ジェントルマン資本主義の帝国 1――創生と膨張 1688-1914』名古屋大学出版会，1997 年]
Cameron, Rondo,'The Crédit Mobilier and the Economic Development of France', *Journal of Political Economy*, 61(6), 1953.
Cameron, Rondo, *A Concise Economic History of the World*. Oxford: Oxford University Press 1989.
Carey, Henry C., *Harmony of Nature*. Philadelphia: Carey, Lea & Blanchard 1836.
Carey, Henry C., 'The Harmony of Interests' [1851]. In Lars Magnusson (ed.), *Free Trade and Protectionism in America 1822-1890*, vol. I. London: Routledge 2000.
Caron, François,'French Railroad Investment, 1850-1914'. In Rondo Cameron (ed.), *Essays in*

French Economic History. Homewood, IL: Richard D. Irwin Inc. 1970.

Cassel, Gustav, *Riksbanken under krisen 1907-1908*. Stockholm: Hugo Gebers förlag 1908.

Cerman, Markus,'Proto-industrialization in Austria'. In Sheilagh C. Ogilvie and Markus Cerman (eds), *European proto-industrialization*. Cambridge: Cambridge University Press 1996.

Chandler, Alfred D. Jr, *Scale and Scope: The Dynamics of Industrial Capitalism*. Cambridge, MA: Belknap Press 1990. [邦訳：安部悦生ほか訳『スケール・アンド・スコープ——経営力発展の国際比較』有斐閣，1996 年]

Clapham, John, *An Economic History of Modern Britain,* part 1: *The Early Railway Age*. Cambridge: Cambridge University Press 1926.

Clark, Gregory,'The Secret History of the Industrial Revolution'. UC Davis Economic History Working Papers, University of California 2001.

Clark, Gregory,'What Made Britannia Great? How Much of the Rise of Britain to World Dominance by 1850 Does the Industrial Revolution Explain?' In Timothy J. Hatton, Kevin O'Rourke and Alan M Taylor, (eds), *The New Comparative Economic History*. Cambridge Mass: The MIT Press 2007.

Clarkson, L.A., *Proto-industrialization: The First Phase of Industrialization?* Houndmills: Macmillan 1985.[邦訳：鈴木健夫訳『プロト工業化——工業化の第一局面 ?』早稲田大学出版部，1993 年]

Cole, Charles W., *French Mercantilist Doctrines before Colbert*. New York: R.R. Smith Inc. 1931.

Cole, W.A. and Phyllis Deane, 'The Growth of National Incomes'. In H.J. Habakkuk and M. Postan (eds), *The Cambridge Economic History of Europe*, vol. VI. Cambridge: Cambridge University Press 1965.

Coleman, Donald C.,'Proto-industrialisation: A Concept Too Many?', *Economic History Review*, 2nd series, 36, 1983.

Crafts, Nicholas F.R.,'Industrial Revolution in England and France: Some Thoughts on the Question Why was England First?', *Economic History Review*, 2nd ser., 30(3), 1977.

Crafts, Nicholas F.R., *British Economic Growth during the Industrial Revolution.*Oxford: Oxford University Press 1985.

Crouzet, François, *Britain Ascendant: Studies in Franco-British Economic History*. Cambridge: Cambridge University Press 1985.

Crouzet, François,'France'. In Mikulas Teich and Roy Porter (eds), *The Industrial Revolution in National Context: Europe and the USA*. Cambridge: Cambridge University Press 1996.

Crouzet, François,'The Continental System after Eighty Years'. In Ronald Findlay, Rolf G.H. Henriksson, Håkan Lindgren and Mats Lundahl (eds), *Eli Heckscher, International Trade and Economic History*. Cambridge, MA: MIT Press 2006.

Davenant, Charles, *Discourse on the Public Revenues and on Trade*, part II [1698]. In *The Political and Commercial Works of that Celebrated Charles D'Avenant*, vol. 1. London: R. Horsfield 1771.

Davies, Ralph, *English Overseas Trade*. London: Methuen 1973.

Davis, Lance, Richard A. Easterlin and William N. Parker (eds), *American Economic Growth*. New York: Harper & Row 1972.

De Vries, Jan and Ad van der Woude, *The First Modem Economy: Success, Failure, and Perseverance of the Dutch Economy, 1500-1815*. Cambridge: Cambridge University Press 1997.[邦訳：大西吉之・杉浦未樹訳『最初の近代経済――オランダ経済の成功・失敗と持続力　1500-1815』名古屋大学出版会，2009 年]

De Vries, Jan, *The Industrious Revolution*. Cambridge: Cambridge University Press 2008.

Deane, Phyllis, *The First Industrial Revolution*. Cambridge: Cambridge University Press 1965. [邦訳：石井摩耶子・宮川淑訳『イギリス産業革命分析』社会思想社，1973 年]

Deane, Phyllis, *The State and the Economic System: An Introduction to the History of Political Economy*. Oxford: Oxford University Press 1989.[邦訳：中矢俊博・家本博一・橋本昭一訳『経済認識の歩み――国家と経済システム』名古屋大学出版会，1995 年]

Deane, Phyllis, 'The British Industrial Revolution'. In Mikulas Teich and Roy Porter (eds), *The Industrial Revolution in National Context: Europe and the USA*. Cambridge: Cambridge University Press 1996.

Deyon, Pierre, *Le Mercantilisme*. Paris: Flammarion 1969.[邦訳：神戸大学・西洋経済史研究室訳『重商主義とは何か』晃洋書房，1975 年]

Dhondt, Jan and Marinette Bruwier, 'The Low Countries 1700-1914'. In Carlo Cipolla (ed.), *The Fontana Economic History of Europe*, vol. 4, part 1. London: Fontana 1973.

DiMaggio, Paul,'Interest and Agency in Institutional Theory'. In his *Institutional Patterns and Organizations: Culture and Environment*. Cambridge: Ballinger 1988.

Dittrich, Erhard, *Die deutschen und osterreichischen Kameralisten*. Darmstadt: Wissenschaftliche Buchgesellschaft 1974.

Dixit, Avinash K., *The Making of Economic Policy: Action-Cost Politics Perspective*. Cambridge, MA: MIT Press 1996.[邦訳：北村行伸訳『経済政策の政治経済学――取引費用政治学アプローチ』日本経済新聞社，2000 年]

Dobbin, Frank, *Forging Industrial Policy: The United States, Britain and France in the Railway Age*. Cambridge: Cambridge University Press 1994.

Dorfman, Joseph, *The Economic Mind in American Civilization, 1606-1865*. New York: Viking Press 1946.

Dorfman, Joseph, *The Economic Mind in American Civilization*, vol. III. New York: Viking Press 1946.

Duden, Barbara, Jurgen Schlumbohm and Patrice Veit, *Geschichte des Ungeboren*. Göttingen: Vandenhoeck & Ruprecht 2002.

Dunham, Arthur Louis, *The Industrial Revolution in France, 1815-1848*. New York:Exposition Press 1955.

Dunlavy, Colleen A., *Politics and Industrialization: Early Railroads in the United States and*

Prussia. Princeton, N J: Princeton University Press 1994.

Earl of Lauderdale, *An Inquiry into the Nature and Origin of Public Wealth*. Edinburgh:Arch. Constable & Sons 1804.

Eckes, Alfred E. Jr, *Opening America's Market: US Foreign Trade Policy since 1776*. Chapel Hill: University of North Carolina Press 1995.

Eddie, Scott M.,'Economic Policy and Economic Development in Austria-Hungary, 1867-1913'. In Peter Mathias and Sidney Pollard (eds). *The Cambridge Economic History of Europe*, vol. VIII. Cambridge: Cambridge University Press 1989.

Eley, Geoff (ed.). *Society, Culture and the State in Germany 1870-1930*. Ann Arbor: University of Michigan Press 1996.

Engerman, Stanley and Robert E. Gallman (eds). *The Cambridge Economic History of the United States*, vol. II: *The Long Nineteenth Century*. Cambridge: Cambridge University Press 1998.

Engerman, Stanley and Robert E. Gallman (eds). *The Cambridge Economic History of the United States*, vol. III: *The Twentieth Century*. Cambridge: Cambridge University Press 1998.

Epstein, S.R., *Freedom and Growth*. London: Routledge 2000.

Evans, Peter B., Dietrich Rueschenmeyer and Theda Skocpol (eds). *Bringing the State Back In*. Cambridge: Cambridge University Press 1985.

Everett, Alexander Hill, *British Opinions on the Protection System*. Boston, MA: Nathan Hale 1830.

Faccarello, Gilbert, *The Foundations of Laisse Faire: The Economics of Pierre de Boisguilbert*. London: Routledge 1999.

Ferguson, Niall, *The Cash Nexus: Money and Power in the Modern World*. New York: Basic Books 2001.

Findlay, Ronald and Kevin O'Rourke, *Power and Plenty: Trade, War and the World Economy in the Second Millennium*. Princeton, NJ: Princeton University Press 2007.

Fischer, Wolfram, *Die Staat und der Anfange der Industrialisierung in Baden 1800-1850*. Berlin: Duncker & Humblot 1962.

Floud, Roderick and Donald McCloskey (eds). *The Economic History of Britain since 1700*, vol. I, *1700-1860*, 2nd edn. Cambridge: Cambridge University Press 1994.

Fogel, Robert W, *Railroads and American Economic Growth: Essays in Econometric History*. Baltimore, MD: Johns Hopkins University Press 1964.

Fohlen, Claude, 'The Industrial Revolution in France'. In Rondo Cameron (ed.), *Essays in French Economic History*. Homewood, IL: Richard D. Irwin Inc. 1970.

Fohlen, Claude, 'The Industrial Revolution in France 1700-1914'. In Carlo Cipolla (ed.), *The Fontana Economic History of Europe*, vol. 4, part 1. London: Fontana 1973.

Foreman-Peck, James and Robert Millward, *Public and Private Ownership of British Industry, 1820-1990*. Oxford: Clarendon Press 1994.

Fores, Michael, 'The Myth of a British Industrial Revolution', *History*, 66, 1981.

Fortrey, Charles, *England's Interest and Improvement*. London: Nathanael Brook,1673.

Gasslander, Olle, *J. A. Gripenstedt statsman och företagare*. Lund: Gleerups 1949.

Gerschenkron, Alexander. *Economic Backwardness in Historical Perspective*. Cambridge, MA: Belknap Press 1966. [邦訳：絵所秀紀ほか訳 (部分訳)『後発工業国の経済史——キャッチアップ型工業化論』ミネルヴァ書房，2005 年]

Gerschenkron, Alexander, *An Economic Spun that Failed: Four Lectures in Austrian History*. Princeton, NJ: Princeton University Press 1977.

Goldstein, Judith, *Ideas, Interests and American Trade Policy*. Ithaca, NY: Cornell University Press 1993.

Good, David F., *The Economic Rise of the Habsburg Empire, 1750-1914*. Berkeley: University of California Press 1984.

Good, David F., 'The Economic Development of Austria-Hungary'. In Richard Sylla and Gianni Tonioli (eds), *Patterns of European Industrialisation in the Nineteenth Century*. London: Routledge 1991.

Good, David F.,'Issues in the Study of Habsburg Economic Development'. In Herbert Matis (ed.), *The Economic Development of Austria since 1870*. Cheltenham: Edward Elgar 1994.

Greenfield, Liah, *The Spirit of Capitalism: Nationalism and Economic Growth*. Cambridge, MA: Harvard University Press 2001.

Habakkuk, H.J., *American and British Technology in the Nineteenth Century: The Search for Labour-saving Invention*. Cambridge: Cambridge University Press 1967.

Hall, Charles, *The Effects of the Civilization on the People in European States*. London: privately printed 1805.

Hall, Peter and David Soskice (eds). *Varieties of Capitalism*. Oxford: Oxford University Press 2001. [邦訳：遠山弘徳ほか訳『資本主義の多様性——比較優位の制度的基礎』ナカニシヤ出版，2007 年]

Harley, C. Knick,'Reassessing the Industrial Revolution'. In Joel Mokyr (ed.). *The British Industrial Revolution: An Economic Perspective*. Boulder, CO: Westview Press 1993.

Harley, C. Knick,'Cotton Textile Prices and the Industrial Revolution', *Economic History Review*, 2nd series, 51, 1998.

Harling, Philip, *The Waning of Old Corruption: The Politics of Economical Reform in Britain 1779-1846*. Oxford: Oxford University Press 1996.

Harris, J.R.,'Industrial Espionage in the Eighteenth Century', *Industrial Archeological Review*, 7, 1985.

Harris, Ron,'Government and the Economy'. In Roderick Floud and Paul Johnson (eds), *The Cambridge Economic History of Modern Britain*, vol. I: *Industrialisation 1700-1860*. Cambridge: Cambridge University Press 2004.

Hartwell, R.M. (ed.). *The Causes of the Industrial Revolution in England*. London: Methuen 1967.

Heckscher, Eli F.,'Produktplakatet: den gamla svenska sjöfartspolitikens grundlag'. In Eli F.

Heckscher, *Ekonomi och historia*. Stockholm: Bonniers 1922.

Henderson, W.O., *The State and the Industrial Revolution in Prussia 1740-1870*. Manchester: Manchester University Press 1958.

Henriques, Ursula R.Q., *Before the Welfare State: Social Administration in Early Industrial Britain*. London: Longman 1979.

Henshall, Nicholas, *The Myth of Absolutism: Change and Continuity in Early Modern European Monarchy*. London: Addison-Wesley Longman 1992.

Hentschel, Volker, 'German Economic and Social Policy, 1815-1939'. In Peter Mathias and Sidney Pollard (eds), *The Cambridge Economic History of Europe*, vol. VIII. Cambridge: Cambridge University Press 1989.

Herrigel, Gary, *Industrial Constructions: The Sources of German Industrial Power*. Cambridge: Cambridge University Press 1996.

Hilton, Boyd, *Corn, Cash, Commerce: The Economic Policies of the Tory Government 1815-1830*, Oxford: Oxford University Press 1972.

Hirst, Margaret, *Life of Friedrich List and Selections from His Writings*. London: Smith, Elder & Co 1909.

Hobsbawm, Eric, *Industry and Empire*. Bungay, Suffolk: Penguin Books 1971. [邦訳：浜林正夫ほか訳『産業と帝国』未来社，1996 年]

Hobsbawm, Eric, *The Age of Capital*. London: Weidenfeld & Nicolson 1975. [邦訳：柳父圀近ほか訳『資本の時代』みすず書房，全 2 冊，1981-1982 年]

Hofstadter, Richard, *The Progressive Historians: Turner, Beard, Parrington*. New York: Alfred A. Knopf 1968.

Hont, Istvan, *Jealousy of Trade: International Competition and the Nation-state in Historical Perspective*. Cambridge, MA: Belknap Press 2005. [邦訳：大倉正雄ほか訳『貿易の嫉妬——国際競争と国民国家の歴史的展望』昭和堂，2009 年]

Hoon, Elizabeth Evelynola, *The Organization of the English Custom Systems 1696-1786*. New York: D. Appleton-Century Company 1938.

Hudson, Pat (ed.). *Regions and Industries - A Perspective on the Industrial Revolution in Britain*. Cambridge: Cambridge University Press 1998

Hudson, Pat, 'Industrial Organisation and Structure'. In Roderick Floud and Paul Johnson (eds), *The Cambridge Economic History of Modern Britain*, vol. I: *Industrialisation 1700-1860*. Cambridge: Cambridge University Press 2004.

Israel, Jonathan. I., *The Dutch Republic: Its Rise, Greatness, and Fall, 1477-1806*. Oxford: Oxford University Press 1995.

Jones, Byrd L, 'A Quest for National Leadership: Institutionalization of Economics at Harvard'. In William J. Barber (ed.), *Breaking the Academic Mould: Economists and American Higher Learning in the Nineteenth Century*. Middleton, CT: Wesleyan University Press 1988.

Jones, Richard, *Literary Remains, Lectures and Tracts on Political Economy* [1859].New York:

Augustus M. Kelley 1964.
Jörberg, Lennart, *Growth and Fluctuations of Swedish Industry 1869-1912*. Lund: Gleerups 1961.
Jörberg. Lennart, 'Några tillväxtfaktorer i 1800-talets svenska industriella utveckling'. In Ragnhild Lundström (ed.), *Kring industrialismens genombrott i Sverige*. Stockholm: W&W 1966.
Jörberg, Lennart and Olle Krantz, 'Economic and Social Policy in Sweden 1850-1939'. In Peter Mathias and Sidney Pollard (eds), *The Cambridge Economic History of Europe,* vol. VIII. Cambridge: Cambridge University Press 1989.
Jupp, Peter, *The Governing of Britain 1688-1848*. London: Routledge 2006.
Kadish, Alon, *Historians, Economists and Economic History*. London: Routledge 1991.
Kamen, Henry, *European Society 1500-1700*. London: Hutchison 1984.
Kemp, Tom, 'Economic and Social Policy in France'. In Peter Mathias and Sidney Pollard (eds), *The Cambridge Economic History of Europe*, vol. III. Cambridge: Cambridge University Press 1989.
Kiesewetter, Hubert, *Industrielle Revolution in Deutschland 1815-1914*. Frankfurt am Main: Suhrkamp 1989.
Knoke, David (ed.), *Comparing Policy Networks: Labor Politics in the US, Germany and Japan*. Cambridge: Cambridge University Press 1996.
Kocka, Jürgen, 'The Rise of the Modem Industrial Enterprise in Germany'. In Alfred D. Chandler Jr and Herman Daems (eds), *Managerial Hierarchies: Comparative Perspectives on the Rise of the Modern Industrial Enterprise*. Cambridge, MA: Harvard University Press 1980.
Kohli, Atui, *State-directed Development: Political Power and Industrialization in the Global Periphery*. Cambridge: Cambridge University Press 2004.
Kolm, Evelyn, *Die Ambitionen Österreich-Ungarns im Zeitalter des Hoch Imperialismus*. Frankfurt am Main: Peter Lang 2001.
Kossman, E.H., *The Low Countries 1780-1940*. Oxford: Oxford University Press 1978.
Krantz, Olle, 'Production and Labour in the Swedish Manufactories during the 18th Century', I-II. *Economy and History*, 19(1) and 19(2), 1976.
Krueger, Anne, 'The Political Economy of Control: American Sugar'. In Lee J. Alston, Thràinn Eggertson and Douglass North (eds), *Empirical Studies in Institutional Change*. Cambridge: Cambridge University Press 1996.
Kriedte, Peter, *Peasants, Landlords and Merchant Capitalists*. Leamington Spa: Berg Publishers 1983.
Kula, Wittold, *An Economic Theory of the Feudal System: Towards a Model of the Polish Economy 1500-1800*. London: New Left Books 1976.
Kyle, Jörgen, 'Statliga utgifter i Sverige under 1800-talet'. *Historisk Tidskrift* 1987.
Landes, David, 'The Fable of the Dead Horse, or The Industrial Revolution Revisited'. In Joel Mokyr (ed.), *The British Industrial Revolution*. Boulder, CO: Westview Press 1993.
Landes, David, *The Wealth and Poverty of Nations: Why Some Are So Rich and Some Are So Poor.*

New York: W.W. Norton 1998.

Lane, Frederick, *Venice: A Maritime Republic*. Baltimore, MD: Johns Hopkins University Press 1973.

Lebrun, Pierre, Marinett Bruwier, Jan Dhont and Georges Hansotte, *Essai sur la révolution industrielle en Belgique 1770-1847*. Bruxelles: Palais des Académies 1983.

Lee, W.R. (ed.). *The Paradigm of German Industrialisation*. London: Routledge 1991.

Lévy-Leboyer, Maurice, *Les Banques européennes et l'industrialisation internationale*. Paris: Presses Universitaires de France 1964.

List, Friedrich, *The National System of Political Economy*. London: Longmans, Green & Co. 1909. [邦訳：小林昇訳『経済学の国民的大系』未来社，1970 年]

Loit, Alexander, *Kampen om feodalräntan: Reduktionen och domänpolitiken i Estland*, I. Uppsala: Studia Historica Upsaliensis 71, 1975.

Maddison, Angus, *Dynamic Forces in Capitalist Development*. Oxford: Oxford University Press 1991.

Magnusson, Lars, *Mercantilism: The Shaping of an Economic Language*. London:Routledge 1994. [邦訳：熊谷次郎・大倉正雄訳『重商主義――近世ヨーロッパと経済的言語の形成』知泉書館，2009 年]

Magnusson, Lars, *The Contest for Control: Metal Industries in Sheffield, Solingen,Remscheid and Eskilstuna during Industrialization*. Oxford: Berg Publishers 1994.

Magnusson, Lars, 'Proto-industrialisation in Sweden'. In Sheilagh C. Ogilvie and Markus Cerman (eds), *European Proto-industrialization*. Cambridge: Cambridge University Press 1996.

Magnusson, Lars, *An Economic History of Sweden*. London: Routledge 2000.

Magnusson, Lars, *Sveriges ekonomiska historia*. Stockholm: Prisma 2002.

Magnusson, Lars, *The Tradition of Free Trade*. London: Routledge 2004.

Magnusson, Lars and Maths Isacson, *Proto-industrialization in Scandinavia*. Leamington Spä: Berg Publishers 1986.

Magnusson, Lars and Jan Ottosson (eds). *The State, Regulation and the Economy: An Historical Perspective*. Cheltenham: Edward Elgar 2001.

Mandeville, Bernard de, *The Fables of the Bees, or Private Vices*, Publick Benefits, 6th edn. London: J. Tonson 1732. [邦訳：泉谷治訳『蜂の寓話――私悪すなわち公益』法政大学出版局，1985 年]

Mann, Michael, *State, War and Capitalism: Studies in Political Sociology*. Oxford: Basil Blackwell 1988.

Mantoux, Paul, *The Industrial Revolution m the Eighteenth Century*. London: Jonathan Cape 1927. [邦訳：徳増栄太郎ほか訳『産業革命』東洋経済新報社，1964 年]

Marczewski, Jean, 'The Take-off Hypothesis and French Experience'. In Walt W. Rostow (ed.), *The Economics of Take-off into Sustained Growth*. New York: St Martin's Press 1963.

Marek, George R., *The Eagles Die: Franz Joseph, Elizabeth and their Austria*. New York: Harper

& Row 1974.
Markovitch, Tihomir J., 'The Dominant Sector of French Industry'. In Rondo Cameron (ed.), *Essays in French Economic History*. Homewood, IL: Richard D. Irwin Inc. 1970.
Marland, Hilary and Anne Marie Rafferty (eds). *Midwives, Society and Childbirth: Debates and Controversies 1850-1995*. London: Routledge 1995.
Masur, Gerhard, *Imperial Berlin*. New York: Basic Books 1970.
Matis, Herbert, *Österreichs Wirtschaft 1848-1913*. Vienna: Duncker & Humblot 1972.
Matis, Herbert, 'Austria: A Multinational Setting'. In Mikulas Teich and Roy Porter (eds), *The Industrial Revolution in National Context: Europe and the USA*. Cambridge: Cambridge University Press 1996.
Matis, Herbert, 'Guidelines of Austrian Economic Policy 1848-1918'. In Herbert Matis (ed.), *The Economic Development of Austria since 1870*. Aldershot: Edward Elgar 1994.
Matis, Herbert (ed.). *The Economic Development of Austria since 1870*. Aldershot: Edward Elgar 1994.
Mettam, Roger, *Power and Faction in Louis XIV's France*. Oxford: Blackwell 1988.
Mill, John Stuart, *Principles of Political Economy*. Fairfeld, NJ: Augustus M. Kelley 1987. [邦訳：末永茂喜訳『経済学原理』岩波文庫，全５冊，1959-1963 年]
Milward, Alan and S.B. Saul, *The Economic Development of Continental Europe 1780-1870*. London: George Alien & Unwin 1973.
Milward, Alan S. and S.B. Saul, *The Development of the Economies of Continental Europe 1850-1914*. London: George Alien & Unwin 1977.
Miskimin, H.A., *The Economy of Later Renaissance Europe, 1400-1600*. Cambridge: Cambridge University Press 1977.
Mitchell, B.R., *European Historical Statistics, 1750-1970*. London: Macmillan 1975.
Mokyr. Joel (ed.). *The British Industrial Revolution: An Economic Perspective*. Boulder,CO: Westview Press 1993.
Mokyr, Joel, 'Accounting for the Industrial Revolution'. In Roderick Floud and Paul Johnson (eds), *The Cambridge Economic History of Modern Britain*, vol. I: *Industrialisation 1700-1860*. Cambridge: Cambridge University Press 2004.
Montgomery, Arthur, *Svensk Tullpolitik 1816-1911*. Stockholm: Norstedts 192I.
Morris, Cynthia Taft and Irma Adelman, *Comparative Patterns of Economic Development, 1850-1914*. Baltimore, MD: Johns Hopkins University Press 1988.
Mun, Thomas, *A Discourse of Trade* [1621]. New York: Augustus M. Kelley 1971. [邦訳：堀江英一・河野健二訳『重商主義論』改造社，1948 年]
Mun, Thomas, *England's Treaure by Forraign Trade* [1623]. New York: Augustus M. Kelley 1986. [邦訳: 渡辺源次郎訳『外国貿易によるイングランドの財宝』東京大学出版会, 1971 年]
Myrdal, Gunnar, *Asian Drama: An Inquiry into the Poverty of Nations*, vols 1-3. York: Twentieth Century Fund 1968.[邦訳：板垣与一監訳『アジアのドラマ――諸国民の貧困の一研究』

東洋経済新報社，縮刷版，全2冊，1974年]

Myska, Milan, 'Proto-industrialization in Bohema, Moravia and Sileasia'. In Sheilagh C. Ogilvie and Markus Cerman (eds), *European Proto-industrialization*. Cambridge:Cambridge University Press 1996.

Neuburger, H. and H. Stokes, 'German Banks and German Growth, 1883-1913: An Empirical View', *Journal of Economic History*, 34, 1971.

Nilsson, Göran B., *Andre Oscar Wallenberg*, vols I-III. Stockholm: Norstedts 1984,1989, 1994.

Nilsson, Torbjörn, *Elitens svängrum: Första kammaren, staten och moderniseringen*. Stockholm: Almqvist & Wiksell International 1994.

North, Douglass, 'Industrialization in the United States'. In H.J. Habakkuk and Michael Postan (eds), *The Cambridge Economic History of Europe*, vol VI: 2. Cambridge: Cambridge University Press 1965.

North, Douglass, *The Economic Growth of the United States, 1790-1860*. New York: W.W. Norton 1966.

Nyberg, Klas, 'Köpes: ull, Säljes: kläde. Yllemanufakturens företagsformer i 1780-talets Stockholm' Diss: Ekonomisk historiska institutionen, Uppsala universitet 1992.

Nye, John V.C., *War, Wine and Taxes: The Political Economy of the Anglo-French Trade, 1689-1900*. Princeton, NJ: Princeton University Press 2007.

Nyström, Per, *Stadsindustrins arbetare före 1800-talet*. Stockholm: Tidens förlag 1955.

O'Brien, Denis P., *The Classical Economists*. Oxford: Oxford University Press 1975.

O'Brien, Patrick, 'The Impact of the French Revolutionary and Napoleonic Wars 1793-1815 on the Long-run Growth of the British Economy', *Review*, 12, 1989.

O'Brien, Patrick, 'Central Government and the Economy, 1688-1815'. In Roderick Floud and Donald McCloskey (eds), *The Economic History of Britain since 1700*, vol. I: *1750-1860*. Cambridge: Cambridge University Press 1994.

O'Brien, Patrick, 'Imperialism and the Rise and Decline of the British Economy,1688-1989', *New Left Review*, 238, 1999.

O'Brien, Patrick K., 'Government and the Economy'. In Roderick Floud and Paul Johnson (eds), *The Cambridge Economic History of Modern Britain*. Cambridge: Cambridge University Press 2004.

O'Brien, Patrick K., 'Fiscal and Financial Preconditions for the Rise of British Naval Hegemony'. Working Papers in Economic History no 9/05, Department of Economic History, London School of Economics 2005.

O'Brien, Patrick K, 'Mercantilist Institutions for the Pursuit of Power with Profit: The Management of Britain's National Debt, 1765-1815.' Working Papers in Economic History, no 95/06, Department of Economic History, London School of Economics . 2006.

O'Brien, Patrick and Stanley Engerman, 'Changes in Income and its Distribution'. In Roderick Floud and Donald McCloskey (eds). *The Economic History of Britain since 1700*, vol. I: *1700-*

1860. Cambridge: Cambridge University Press 1994.

O'Brien, Patrick and Caglar Keyder, *Economic Growth in Britain and France, 1780-1914*. London: George Allen & Unwin 1978.

O'Brien, Patrick and L. Prados de la Escosura, 'The Costs and Benefits of European Imperialism from the Conquest of Ceuta 1415 to the Treaty of Lusaka, 1974', *Revista de Historia Ecónomica,*14(1), 1988.[邦訳：秋田茂訳「海外帝国がヨーロッパ人にもたらした利益とコスト」，パトリック・オブライエン著，秋田茂・玉木俊明訳『帝国主義と工業化 1415-1974——イギリスとヨーロッパからの視点』ミネルヴァ書房，所収，2000 年]

Ogilvie, Sheilagh C. and Markus Cerman (eds). *European Proto-industrialization*. Cambridge: Cambridge University Press 1996.

Ohlsson, Per T., *Hundra år av tillväxt: Johan August Gripenstedt och den liberala revolutionen*. Stockholm: Brombergs 1994.

Olivier, Jean-Marc, 'Petites industries, grands dévelopements. France, Suisse, Suéde (1780-1939)'. Dossier, Université de Toulouse 2008.

Olson, Mancur, *The Logic of Collectiive Action*. Cambridge, MA: Harvard University Press 1965. [邦訳：依田博・森脇俊雅訳『集合行為論——公共財と集団理論』ミネルヴァ書房。1996 年]

Olson, Mancur, *Power and Prosperity: Outgrowing Communist and Capitalist Dictatorships*.New York: Basic Books 2000.

Oredsson, Sverker, *Järnvägarna och det allmänna*. Lund: Gleerups 1969.

Ormrod, David, *The Rise of Commercial Empires: England and the Netherlands in the Age of Mercantilism, 1650-1770*. Cambridge: Cambridge University Press 2003.

Palmer, Sarah, *Politics, Shipping and the Repeal of the Navigation Laws*. Manchester: Manchester University Press 1990.

Parker, William N., *Europe, America and the Wider World*, vol. II. Cambridge: Cambridge University Press 1991.

Parker, William N., 'Revolution and Continuities in American Development'. In Mikulas Teich and Roy Porter (eds), *The Industrial Revolution in National Context: Europe and USA*. Cambridge: Cambridge University Press 1996.

Persson, Christer, *Stockholms klädesmanufakturer 1816-1848*. Stockholm: Acta Universitatis Stocholmiensis, Stockholm Studies in Economic History 1993.

Petty, William, *The Economic Writings of Sir William Petty* [1899], (ed. C. Hull). New York: Augustus M. Kelley 1986.

Pierenkemper, Tony and Richard Tilly, *The German Economy during the Nineteenth Century*. New York: Berghahn Books 2004.

Polanyi, Karl, *The Great Transformation* [1944]. Boston, MA: Beacon Press 1977. [邦訳：野口建彦・栖原学訳『「新訳」大転換——市場社会の形成と崩壊』東洋経済新報社，2009 年]

Pollard, Sidney, *Peaceful Conquest: The Industrialization of Europe 1760-1970*.Oxford: Oxford

University Press 1981.

Pomeranz, Kenneth, *The Great Divergence: China, Europe and the Making of the Modern World Economy*. Princeton, NJ: Princeton University Press 2000.

Pomeranz, Kenneth and Steven Topik, *The World that Trade Created*. Armonk, NY: M.E. Sharpe 2006.

Poni, Carlo and Giorgio Mori, 'Italy in the Longue Durée'. In Mikulas Teich and Roy Porter (eds), *The Industrial Revolution in Context: Europe and the USA*. Cambridge: Cambridge University Press 1996.

Porter, Robert P., 'Free Trade Folly' [1882]. In Lars Magnusson (ed.), *Free Trade and Protectionism in America: 1822-1890*, vol. III. London: Routledge 2000.

Putnam, Oliver, *Tracts on Sundry Topics of Political Economy* [1834]. New York:Augustus M. Kelley 1970.

Reddy, William, *The Rise of Market Culture: The Textile Trade and French Society,1750-1900*. Cambridge: Cambridge University Press 1984.

Ribeill, Georges, *La Revolution ferroviaire*. Paris: Belin 1993.

Roberts, Michael (ed.). *Sweden's Age of Greatness 1632-1718*. London: Macmillan 1973.

Rooke, John, *An Inquiry into the Principle of National Wealth: The Political Economy of the British Empire* [1824]. New York: Augustus M. Kelley 1969.

Rosenberg, Nathan, *Exploring the Black Box: Technology. Economics and History*. Cambridge: Cambridge University Press 1994.

Rosenberg, Nathan and L. Birdsell, *How the West Grew Rich*. London: I.B. Tauris 1986.

Rostow, Walt W, *Stages of Economic Growth: A Non-Communist Manifesto*. Cambridge: Cambridge University Press, 1960. [邦訳：木村健康ほか訳『経済成長の諸段階——一つの非共産主義宣言』ダイヤモンド社，1974 年]

Sabel, Charles and Jonathan Zeitlin, 'Historical Alternatives to Mass-production', *Past & Present*, 108, 1985.

Sabel, Charles and Jonathan Zeitlin (eds), *World of Possibilities: Flexibility and Mass Production in Western Industrialization*. Cambridge: Cambridge University Press 1997.

Schama, Simon, *The Embarassment of Riches: An Interpretation of Dutch Culture in the Golden Age*. Berkeley and Los Angeles: University of California Press 1988.

Schlumbohm, Jurgen, *Lebensläufe, Familien, Höfe: Die Bauern und Heurleute des Osnabruckischen Kirchspiels Belm in proto-industrieller Zeit, 1650-1860*. Göttingen. Vandenhoeck & Ruprecht 1994.

Schön, Lennart, *Industrialismens förutsättningar*. Lund: Liber förlag 1982.

Schön, Lennart, *En modern svensk ekonomisk historia*. Stockholm: SNS förlag 2000.

Schremmer, D.E., 'Taxation and Public Finance in Britain, France and Germany'. In Peter Mathias and Sidney Pollard (eds), *Cambridge Economic History of Europe*, vol. VIII. Cambridge: Cambridge University Press 1989.

Schumpeter, Joseph, *Imperialism and Social Classes* (ed. P.M. Sweezy). New York:Augustus M. Kelley 1951.[邦訳：都留重人訳『帝国主義と社会階級』岩波書店，1956 年]

Schumpeter, Joseph, 'The Crisis of the Tax State'. In Joseph Schumpeter, *The Economics and Sociology of Capitalism* (ed. Richard Swedberg). Princeton, NJ: Princeton University Press 1991. [邦訳：木村元一・小谷義次訳『租税国家の危機』岩波文庫，1983 年]

Scranton, Philip, *Proprietary Capitalism: The Textile Manufacture of Philadelphia 1800-1865*. Cambridge: Cambridge University Press 1983.

Semmel, Bernard, *The Rise of Free Trade Imperialism*. Cambridge: Cambridge University Press 1970.

Small, Albion, *The Cameralists*. Chicago: University of Chicago Press 1909.

Smith, Adam, *An Inquiry into the Nature and Causes of the Wealth of Nations*.Oxford: Oxford University Press 1976. [邦訳：山岡洋一訳『国富論――国の豊かさの本質と原因についての研究』日本経済新聞社，全 2 冊，2007 年]

Smith, S., 'The Market for Manufactures in the Thirteen Continental Colonies, 1698-1776', *Economic History Review*, vol LI: 4 (1998).

Stangeland, Charles, *Pre-Malthusian Doctrines of Population* [1904]. New York: Augustus M. Kelley 1966.

Stedman-Jones, *Gareth, Languages of Class: Studies in English Working-class History 1832-1982*. Cambridge: Cambridge University Press 1983.[邦訳：長谷川貴彦訳『階級という言語――イングランド労働者階級の政治社会史 1832-1982 年』刀水書房，2010 年]

Steuart, James, *An Inquiry into the Principles of Political Economy: Being an Essay on the Science of Domestic Policy in Free Nations*. Dublin: James Williams and Richard Moncrieffe 1770.[邦訳：小林昇監訳『経済の原理』名古屋大学出版会，全 2 冊，1993-1998 年]

Stiglitz, Joseph, 'Towards a General Theory of Wage and Price Rigidities and Economic Fluctuations', in Tyler Cowen and Eric Crampton (eds), *Market Failure and Success*. Cheltenham: Edward Elgar 2002.

Stiglitz, Joseph, 'Keynesian Economics and Critique of First Fundamental Theorem of Welfare Economics', in Tyler Cowen and Eric Crampton (eds), *Market Failure and Success*. Cheltenham: Edward Elgar 2002.

Supple, Barry, 'The State and the Industrial Revolution 1700-1914'. In Carlo Cipolla (ed.), *The Fontana Economic History of Europe*, vol. 3. London: Fontana 1973.

Taylor, A.J.P, *The Struggle for Mastery in Europe, 1848-1918*. Oxford: Clarendon Press 1988.

Teich, Mikulas and Roy Porter (eds). *The Industrial Revolution in National Context: Europe and the USA*. Cambridge: Cambridge University Press 1996.

Temin, Peter, *Iron and Steel in Nineteenth-century America*. Cambridge: Cambridge University Press 1964.

Temple, William, *Observations upon the United Provinces of the Netherlands* [1673].Cambridge: Cambridge University Press 1932.

Terrill, Tom E., *The Tariff, Politics and American Foreign Policy 1874-1901*. Westport, CT: Greenwood Press 1973.

Thompson, Edward P., 'The Making of the English Working Class: Standards and Experiences'. In Arthur J. Taylor (ed.), *The Standard of Living in Britain in the Industrial Revolution*. London: Methuen 1975.

Thornton, John, 'Co-integration, Causality and Wagner's law in 19th-century Europe', *Applied Economic Letters* 6-7, 1999.

Tilly, Richard H., *Vom Zollverein zum Industriestaat: Die Wirtschaftssoziale Entwicklung Deutschlands 1854 bis 1914*. Munich. Deutsche Taschenbush Verlag 1990.

Tilly, Charles, *Coercion, Capital and European States*. Oxford: Blackwell 1990.

Tocqueville, Alexis de. *Democracy in America,* vol. II. London: Everyman's Library 1994. [邦訳：松本礼二訳『アメリカのデモクラシー』岩波文庫，全 4 冊，2005-2008 年]

Toniolo, Gianni, *An Economic History of Liberal Italy, 1850 to 1918*. London: Routledge 1990.

Toynbee, Arnold, *Lectures on the Industrial Revolution*. London: Rivingtons 1884. [邦訳：塚谷晃弘・永田正臣訳『英国産業革命史』邦光書房，1953 年]

Traxel, David, *1898: The Birth of the American Century*. New York: Alfred A. Knopf 1998.

Trebilcock, Clive, 'Germany'. In his *The Industrialization of the Continental Powers, 1780-1914*. New York: Longman 1997.

Tribe, Keith, *Governing Economy*. Cambridge: Cambridge University Press 1988.

Tribe, Keith, *Strategies of Economic Order*. Cambridge: Cambridge University Press 1995. [邦訳：小林純ほか訳『経済秩序のストラテジー ――ドイツ経済思想史 1750-1950』ミネルヴァ書房，1998 年]

van der Wee, Herman, 'The Industrial Revolution in Belgium'. In Mikulas Teich and Roy Porter (eds). *The Industrial Revolution in National Context: Europe and the USA*. Cambridge: Cambridge University Press 1996.

Veblen, Thorstein, *The Instinct of Workmanship* [1914]. New York: Augustus M.Kelley 1964. [邦訳：松尾博訳『ヴェブレン経済的文明論――職人技本能と産業技術の発展』ミネルヴァ書房，1997 年]

Veblen, Thorstein, *Absentee Ownership and Business Enterprise in Recent Times* [1923]. New York: Augustus M. Kelley 1964.[邦訳：橋本勝彦訳『アメリカ資本主義批判』白揚社，1940 年]

Verley, Patrick, *La Revolution industrielle*. Paris: Éditions Méréal/ADHE 1992.

Verley, Patrick, *L'Échelle du monde: essai sur l'industrialisation de l'occident*. Paris: Gallimard 1997.

Vietor, Richard H. K., 'Government Regulation of Business'. In Stanley Engerman and Robert E. Gallman (eds). *The Cambridge Economic History of the United States*, vol. III. Cambridge: Cambridge University Press 2000.

Voth, Hans-Joachim, 'Living Standards and the Urban Environment'. In Roderick Floud and Paul

Johnson (eds), *The Cambridge Economic History of Modern Britain*, vol. I: *Industrialization 1700-1860*. Cambridge: Cambridge University Press 2004.

Weber, Eugén, *Peasants into Frenchmen*. Stanford, CA: Stanford University Press 1976.

Wehler, Hans-Ulrich, *Das Deutsche Kaiserreich 1871-1918*. Göttingen: Vandenhoeck & Ruprecht 1973.[邦訳：大野英二・肥前栄一訳『ドイツ帝国　1871-1918 年』未来社，1983 年]

Wilson, Charles, *England's Aprenticeship, 1603-1763*. London: Longman 1984.

Wilson, James Q. (ed). *The Politics of Regulation*. New York: Basic Books 1980.

Winch Donald and Patrick O'Brien (eds). *The Political Economy of British Historical Experience 1688-1914*.Oxford: Oxford University Press 2002.

Woronoff, Denis, *Histoire de l'industrie en France*. Paris: Editions de Seuil 1994.

Wrigley, E. A., *Continuity, Cahnce and Change: The Character of the Industrial Revolution in England*. Cambridge: Cambridge University Press 1988.[邦訳：近藤正臣訳『エネルギーと産業革命――連続性・偶然・変化』同文舘出版，1991 年]

Zamagni, Vera, *The Economic History of Italy*: Oxford: Oxford University Press 1993.

Zeldin, Theodore, *France 1848-1945,* vol. 1 : *Ambition, Love and Politics*, Oxford: Oxford University Press 1973.

原　注

一　序　章

1）　Gunnar Myrdal, *Asian Drama*, 3 vols. New York: Twentieth Century Fund 1968.

2）　Michael Mann, *State, War and Capitalism: Studies in Political Sociology*. Oxford: Basil Blackwell 1988, p. 4.

3）　Ibid., p. 22.

4）　Kenneth Pomeranz, *The Great Divergence: China, Europe and the Making of the Modern World Economy*. Princeton, NJ: Princeton University Press 2000. 彼の主張は以下ではるかに明確に述べられている。Kenneth Pomeranz and Steven Topik, *The World that Trade Created*. Armonk: M.E. Sharpe 2006.

5）　Thorstein Veblen, *The Instinct of Workmanship*. [1914]. New York: Augustus M. Kelley 1964, p. 302.

6）　Charles Hall, *The Effects of the Civilization on the People in European States*. London: privately printed, 1805, p. 97.

7）　たとえば，Giovanni Arrighi, *Adam Smith in Beijing: Lineages of the Twenty-first Century*. London: Verso Books 2007 をみよ。

8）　E.A. Wrigley, *Continuity, Chance and Change: The Character of the Industrial Revolution in England*. Cambridge: Cambridge University Press 1988, p. 7.

9）　Kenneth Pomeranz, op. cit., p. 297.

10）　たとえば，以下をみよ。Gregory Clark, 'What Made Britannia Great? How Much of the Rise of Britain to World Dominance by 1850 does the Industrial Revolution Explain?'. In Timothy J. Hatton, Kevin O'Rourke and Alan M. Taylor (eds), *The New Comparative Economic History*. Cambridge, MA: MIT Press 2007.

11）　David Landes, *The Wealth and Poverty of Nations: Why Some Are So Rich and Some Are So Poor*. New York: W.W. Norton 1998.

12）　John Rooke, *An Inquiry into the Principle of National Wealth: The Political Economy of the British Empire*. [1824]. New York: Augustus M. Kelley 1969, p. 115.

13）　Maxine Berg, *The Age of Manufactures 1700-1820*. London: Fontana Press 1985, pp. 287f.

14）　この主題にかんするエリィ・ヘクシャーの著名な書物にたいする最近の概観と意見については，以下をみよ。François Crouzet, 'The Continental System after Eighty Years'. In Ronald Findlay, Rolf G.H. Henriksson, Håkan Lindgren and Mats Lundahl (eds), *Eli Heckscher, International Trade and Economic History*. Cambridge, MA: MIT Press 2006.

15）　Adam Smith, *An Inquiry into the Nature and Causes of the Wealth of Nations*. Oxford: Oxford University Press 1976, Book 1, chapter 1, pp. 19f.

16） Earl of Lauderdale, *An Inquiry into the Nature and Origin of Public Wealth*. Edinburgh: Arch. Constable & Sons, 1804, p. 347.

17） James Steuart, *An Inquiry into the Principles of Political Economy: Being an Essay on the Science of Domestic Policy in Free Nations*. Dublin, 1770, Book I, p. 122.

18） Ibid.

19） Ibid., pp. 123f.

20） Maxine Berg, *The Machinery Question and the Making of Political Economy 1815-1848*. Cambridge: Cambridge University Press 1981.

21） Ibid., p. 73.

22） Earl of Lauderdale, op. cit., p. 167.

23） この点については，Maxine Berg, *The Machinery Question*, op. cit., ch. 9 をみよ。

24） Ibid., p. 209.

25） 18 世紀初頭から 19 世紀にかけてイギリスに向けられた産業スパイについては，J.R. Harris, 'Industrial Espionage in the Eighteenth Century', *Industrial Archeological Review*, 7 (1985) をみよ。その例証となる事例としては，Kristine Bruland (ed.), *Technology Transfer and Scandinavian Industrialisation*. New York/Oxford: Berg 1991 をみよ。

26） Mikulás Teich and Roy Porter (eds), *The Industrial Revolution in National Context: Europe and the USA*. Cambridge: Cambridge University Press 1996.

27） Sidney Polard, *Peaceful Conquest: The Industrialization of Europe 1760-1870*. Oxford: Oxford University Press 1981 における，シドニー・ポラードの抗弁を参照せよ。ポラードは，18-19 世紀の工業の発展を調査するための焦点として国境を利用するのは，可能なかぎり避けるべきであると述べた。

28） Mann, op. cit., p. 24.

29） Patrick K. O'Brien, 'Fiscal and Financial Preconditions for the Rise of British Naval Hegemony', Working Papers in Economic History, Department of Economic History, London School of Economics nr 9/05 (2005) and David Ormrod, *The Rise of Commercial Empires: England and the Netherlands in the Age of Mercantilism, 1650-1770*. Cambridge: Cambridge University Press 2003.

30） S.R. Epstein, *Freedom and Growth*. London: Routledge 2000, p. 173.

31） Nathan Rosenberg and L.E. Birdsell, *How the West Grew Rich*. London: I.B. Tauris 1986, p. 145.

32） 本書の第三章をみよ。.

33） Philip Harling, *The Waning of Old Corruption: The Politics of Economic Reform in Britain 1779-1846*. Oxford: Clarendon Press 1996, p.30. など。

34） Boyd Hilton, *Corn, Cash, Commerce: The Economic Policies of the Tory Government 1815-1830*. Oxford: Oxford University Press 1972.

35） Sarah Palmer, *Politics, Shipping and the Repeal of the Navigation Laws*. Manchester: Manchester University Press 1990, and Lars Magnusson, *The Tradition of Free Trade*. London:

Routledge 2004, pp. 38f をみよ。

36） Magnusson, op. cit., chs 2, 3.

37） Keith Tribe, *Governing Economy*. Cambridge: Cambridge University Press 1988, and *Strategies of Economic Order*. Cambridge: Cambridge University Press 1995;Magnusson, op. cit., pp. 123ff.

38） Magnusson, op. cit.

39） Denis P. O'Brien, *The Classical Economists*. Oxford: Oxford University Press 1975, P. 32.

40） Magnusson, op. cit, pp. 35f からの引用。

41） Magnusson, op. cit., p. 41 における引用。

42） アメリカ合衆国の砂糖産業にかんする以下の有名な解釈をみよ。Anne Krueger, 'The Political Economy of Control: American Sugar'. In Lee J. Alston, Thràinn Eggertson and Douglass North (eds), *Empirical Studies in Institutional Change*. Cambridge: Cambridge University Press 1996. 経路依存にかんする議論としては，Lars Magnusson and Jan Ottosson (eds), *The State, Regulation and the Economy: An Historical Perspective*. Cheltenham: Edward Elgar 2001 をみよ。

43） Atul Kohli, *State-directed Development: Political Power and Industrialization in the Global Periphery*. Cambridge: Cambridge University Press 2004, pp. 8f.

44） Patrick K. O'Brien, op. cit.; Ron Harris, 'Government and the Economy'. In Roderick Floud and Paul Johnson (eds), *The Cambridge Economic History of Modern Britain*. Cambridge: Cambridge University Press 2004, p. 217.

45） B.R. Mitchell, *European Historical Statistics, 1750-1970*. London: Macmillan 1975, pp. 697ff.

46） Patrick K. O'Brien, 'The Impact of the French Revolutionary and Napoleonic Wars 1793-1815, or the Long-run Growth of the British Economy', *Review*, 12 (1989), pp. 373f.

47） Harling, op. cit., p. 177.

48） D.E. Schremmer, 'Taxation and Public Finance: Britain, France and Germany'. In Peter Matthias and Sidney Pollard (eds), *The Cambridge Economic History of Europe*, vol. VIII. Cambridge: Cambridge University Press 1989, p. 178.

49） Schremmer, op. cit., p. 178.

50） John Thomton, 'Co-integration, Causality and Wagner's Law in 19th-century Europe', *Applied Economic Letters,* 6-7,1999, pp. 413f.

51） Avinash K. Dixit, *The Making of Economic Policy: Action-Cost Politics Perspective*. Cambridge, MA: MIT Press 1996, p. 9.

52） Dixit, op. cit, pp. 20f.

53） 参考文献として，Robert Baldwin and Martin Cave (eds), *Understanding Regulation: Theory, Strategy and Practice*. Oxford: Oxford University Press 1999, p. 22, をみよ。

54） Mancur Olson, *The Logic of Collection Action*. Cambridge, MA: Harvard University Press 1965. 本書は依然として，古典的文献である。

55）　とくに，スティグリッツ Stiglitz の次の二つの論文をみよ。‘Keynesian Economics and Critique of First Fundamental Theorem of Welfare Economies’ and ‘Towards a General Theory of Wage and price Rigidities and Economic Fluctuations’, in Tyier Cowen and Eric Crampton (eds), *Market Failure and Success*. Cheltenham: Edward Elgar 2002.

56）　Peter Hall and David Soskice (eds), *Varieties of Capitalism*. Oxford: Oxford University Press 2001.

57）　Krueger, op. cit., p. 173.

58）　James Q. Wilson (ed.), *The Politics of Regulation*. New York: Basic Books 1980; and D. Knoke (ed.), *Comparing Policy Networks: Labor Politics in the US, Germany and Japan*. Cambridge: Cambridge University Press 1996.

59）　Peter B. Evans, Dietrich Rueschenmeyer and Theda Skocpol (eds), *Bringing the State Back In*. Cambridge: Cambridge University Press 1985.

60）　Frederick Lane, *Venice: A Maritime Republic*. Baltimore, MD: Johns Hopkins University Press 1973.

61）　Femand Braudel, *Civilization and Capitalism, 15th-18th century,* III: *The Perspective of the World*. London: Fontana 1984, p. 135.

62）　Ibid., p. 157.

63）　フィレンツェにかんしては，Braudel, op. cit, III, pp. 578ff., and Peter Burke, *The Italian Renaissance: Culture and Society in Italy*. Cambridge: Polity Press 1986 をみよ。

64）　Jan De Vries and Ad van der Woude, *The First Modern Economy: Success, Failure, and Perseverance of the Dutch Economy, 1500-1815*. Cambridge: Cambridge University Press 1997, p. 502.

65）　Ibid., ch. 12.

66）　Ormrod, op. cit, pp. 11 f.

67）　Ibid., p. 21.

68）　Ibid., p. 89.

69）　Ibid., pp. 62f.

70）　S.D. Smith, ‘The Market for Manufactures in the Thirteen Continental Colonies, 1698-1776’, *Economic History Review*, 51, 1998, pp. 676-808.

二　近世国家の経済学《ポリティカル・エコノミー》

1）　Lars Magnusson, *Mercantilism: The Shaping o f an Economic Language*. London:Routledge 1994, pp. 176f.

2）　この議論にかんする最近の批判として，Ronald Findlay and Kevin O'Rourke, *Power and Plenty: Trade, War and the World Economy in the Second Millennium*. Princeton, NJ: Princeton University Press 2007, pp. xviiiif をみよ。

3）　Mancur Olson, *Power and Prosperity: Outgrowing Communist and Capitalist Dictatorships*. New York: Basic Books 2000.

4) 西欧における絶対君主制の確立については，たとえば，以下をみよ。Nicholas Henshall, *The Myth of Absolutism: Change and Continuity in Early Modern European Monarchy*, London: Addison-Wesley Longman 1992;Henry Kamen, *European Society 1500-1700*. London: Hutchison 1984; H.A. Miskimin, *The Economy of Later Renaissance Europe, 1400-1600*. Cambridge: Cambridge University Press 1977; and Charles Tilly, *Coercion, Capital and European States*. Oxford: Blackwell 1990. フランスについては，以下をみよ。Roger Mettam, *Power and Faction in Louis XIV's France*. Oxford: Blackwell 1988, William Beik, *Absolutism and Society in Seventeenth-century France: State Power and Provincial Aristocracy in Languedoc*. Cambridge: Cambridge University Press 1985 and Peter Burke, *The Fabrication of Louis XIV. New Haven*, CT: Yale University Press 1992.

5) Eugène Weber, *Peasants into Frenchmen*. Stanford, CA: Stanford University Press 1976.

6) Pierre Deyon, *Le Mercantilisme*. Paris: Flammarion 1969, and Charles W. Cole, *French Mercantilist Doctrines before Colbert*. New York: R.R. Smith Inc. 1931.

7) David Ormrod, *The Rise of Commercial Empires: England and the Netherlands in the Age of Mercantilism, 1650-1770*. Cambridge: Cambridge University Press 2003, part I and pp 334f, and Jonathan I. Israel, *The Dutch Republic: Its Rise, Greatness, and Fall. 1477-1806*. Oxford: Oxford University Press 1995.

8) Ronald Findlay and Kevin O'Rourke, op. cit.

9) この概観にかんしては，Sheilagh C. Ogilvie and Markus Cerman (eds), *European Proto-industrialization*. Cambridge: Cambridge University Press 1996. をみよ。

10) Joseph Schumpeter, 'The Crisis of the Tax State', in Joseph A Schumpeter, *The Economics and Sociology of Capitalism* (edited by Richard Swedberg). Princeton, NJ: Princeton University Press 1991, p. 108.

11) Simon Schama, *The Embarassement of Riches: An Interpretation of Dutch Culture in the Golden Age*. Berkeley and Los Angeles: University of California Press 1988.

12) *The Economic Writings of Sir William Petty* (edited by C. Hull)[1899]. New York:Augustus M. Kelley 1986, p. 250.

13) William Temple, *Observations upon the United Provinces of the Netherlands* [1673]. Cambridge: Cambridge University Press 1932, p. 131.

14) Charles Fortrey, *England's Interest and Improvement*. London: Nathanael Brook, 1673, p. 7.

15) Thomas Mun, *A Discourse of Trade* [1621]. New York: Augustus M. Kelley 1971,pp.1f.

16) Ibid.

17) Thomas Mun, *England's Treasure by Forraign Trade* [1623]. New York. Augustus M. Kelley 1986, pp. 52f.

18) Ibid, p. 81.

19) Istvan Hont, *Jealousy of Trade: International Competition and the Nation-state in Historical Perspective*. Cambridge, MA: Belknap Press 2005, p. 13.

20) Charles Davenant, *Discourse on the Public Revenues and on Trade,* part II [1698]. In *The*

Political and Commercial Works of that Celebrated Charles D'Avenant, vol. I, London: R. Horsfield, 1771, p. 350.

21） Charles Tilly, op. cit., p. 104.

22） Ibid., p. 103.

23） Lars Magnusson, op. cit., pp. 187f. and Erhard Dittrich, *Die deutschen und österreichischen Kameralisten*. Darmstadt: Wissenschaftliche Buchgesellschaft 1974 をみよ。

24） これらの方法をめぐる最良の概観は，たぶん残念なことに，スウェーデン語でしか上梓されていない。Alexander Loit, *Kampen om feodalräntan: Reduktionen och domdnpolitiken i Estland*, I. Uppsala: Studia Historica Upsaliensis, 71, 1975, pp. 20f.

25） 官房学については，たとえば以下をみよ。Albion Small, *The Cameralists*. Chicago: University of Chicago Press 1909; Keith Tribe, *Governing Economy*. Cambridge: Cambridge University Press 1988; Erhard Dittrich, op. cit.

26） たとえば，以下の文献で詳細に論じられている。Wittold Kula, *An Economic Theory of the Feudal System: Towards a Model of the Polish Economy 1500-1800*. London: New Left Books 1976 and Peter Kriedte, *Peasants, Landlords and Merchant Capitalists*. Leamington Spa: Berg 1983, pp. 1f.

27） たとえば，以下をみよ。Hilary Marland and Anne Marie Rafferty (eds), *Midwives, Society and Childbirth: Debates and Controversies 1850-1995*. London: Routledge 1995. また，以下をみよ。Barbara Duden, *Jurgen Schlumbohm and Patrice Veit, Geschichte des Ungeboren*. Göttingen: Wandenhoek & Ruprecht 2002.

28） Charles Stangeland, *Pre-Malthusian Doctrines of Population* [1904]. New York:Augustus M. Kelley 1966, p. 217.

29） John Brewer, *The Sinews of Power: War, Money and the English State, 1688-1783*. Cambridge, MA: Cambridge University Press 1983; より多くの参考文献については，本書の第一章をみよ。

30） Lars Magnusson, *Sveriges ekonomiska historia*. Stockholm: Prisma 2002, pp. 164f をみよ。Michael Roberts (ed.), *Sweden*'s *Age of Greatness 1632-1718*. London: Macmillan 1973, ch. 3 を参照せよ。

31） 20 世紀転換期のスウェーデン銀行の政策にかんする有名な猛攻撃については，Gustav Cassel, *Riksbanken under krisen 1907-1908*. Stockholm: Hugo Gebers förlag 1908 をみよ。また，Lars Magnusson, *An Economic History of Sweden*. London: Routledge 2000, p. 192 を参照せよ。

32） Eli F. Heckscher, 'Produktplakatet: den gamla svenska sjöfartspolitikens grundlag', in Eli F. Heckscher, *Ekonomi och historia*. Stockholm: Bonniers 1922.

33） Ibid.

34） Gilbert Faccarello, *The Foundations of Laissez Faire: The Economics of Pierre de Boisguilbert*. London: Routledge 1999, p. 59 に引用。

35） Ibid., p. 6.

36） John Nye, *War, Wine, and Taxes: The Political Economy of Anglo-French Trade, 1689-1900*. Princeton, NJ: Princeton University Press 2007, pp. 89f.

37） David Ormrod, op. cit., p. 124.

38） Ralph Davies, *English Overseas Trade*. London: Methuen 1973.

39） David Ormrod, op. cit., pp. 109f.

40） Elizabeth Evelynola Hoon, *The Organization of the English Custom Systems 1696-1786*. New York: D. Appleton-Century 1938, p. l.

41） シェフィールドについては，Lars Magnusson, *The Contest for Control: Metal Industries in Sheffield, Solingen, Remscheid and Eskilstuna during Industrialization*. Oxford: Berg 1994 をみよ。

42） Ralph Davies, op. cit.; David Ormrod, op. cit.

43） Charles Wilson, *England's Apprenticeship, 1603-1763*. London: Longman 1984, p. 267.

44） Ibid., p. 267

45） Simon Schama, op. cit., p. 62.

46） David Ormrod, op. cit., pp. 49f.

三　産業革命――凶兆か未来への希望か？

1） Sidney Pollard, *Peaceful Conquest: The Industrialization of Europe 1760-1970*. Oxford: Oxford University Press 1981.

2） Michael Mann, *State, War and Capitalism: Studies in Political Sociology*. Oxford: Basil Blackwell 1988, p. 119.

3） Liah Greenfield, *The Spirit of Capitalism: Nationalism and Economic Growth*. Cambridge, MA: Harvard University Press 2001.

4） Charles Babbage, *On the Economy of Machinery and Manufactures* [1835]. New York.: Augustus M. Kelley 1971, p. 3.

5） Richard Jones, *Literary Remains, Lectures and Tracts on Political Economy* [1859]. New York: Augustus M. Kelley 1964, p. 349.

6） John Rooke, *An Inquiry into the Principles of National Wealth* [1824]. New York:Augustus M. Kelley 1969, pp. 113f.

7） David Landes, 'The Fable of the Dead Horse, or The Industrial Revolution Revisited', in Joel Mokyr (ed.), *The British Industrial Revolution*. Boulder, CO: Westview Press 1993, pp. 132ff.

8） Alon Kadish, *Historians, Economists and Economic History*. London: Routledge 1991, pp. 79ff.

9） E. P. Thompson 'The Making of the English Working Class: Standards and Experiences'. In Arthur J. Taylor (ed.), *The Standard of Living in Britain in the Industrial Revolution*. London: Methuen 1975. この編著には，イギリスの生活水準にかんするもっとも影響力のある論文が含まれている。

10） Hans-Joachim Voth,'Living Standards and the Urban Environment'. In Roderick Floud and

Paul Johnson (eds), *The Cambridge Economic History of Modern Britain* I*: Industrialisation 1700-1860*. Cambridge: Cambridge University Press 2004, p. 293.

11） Patrick K. O'Brien and Stanley Engerman, 'Changes in Income and its Distribution'. In Roderick Floud and Donald McCloskey (eds), *The Economic History of Britain since 1700,* I, *1700-1860*. Cambridge: Cambridge University Press, 1994.

12） Paul Mantoux, *The Industrial Revolution in the Eighteenth Century*. London: Jonathan Cape 1927, p. 25.

13） Ibid., p. 486. 参考文献は，むろん，カール・ポラニーの記念碑的作品である *The Great Transformation*. Boston, MA: Beacon Press 1977 に関係する。

14） Nicholas Crafts, *British Economic Growth during the Industrial Revolution*. Oxford:Oxford University Press 1985. また，以下の書物の産業革命にかんする章の彼の議論をみよ。Roderick Floud and Donald McCloskey, op. cit.

15） John Clapham, *An Economic History of Modern Britain,* vol. 1: *The Early Railway Age*. Cambridge: Cambridge University Press 1926. また，Phyllis Deane, *The First Industrial Revolution*. Cambridge: Cambridge University Press 1965, p. 93 もみよ。

16） Lars Magnusson, *The Contest for Control: Metal Industries in Sheffield, Solingen, Remscheid and Eskilstuna*. Oxford: Berg 1994 をみよ。

17） 現代における概観としては，Sheilagh C. Ogilvie and Markus German (eds), *European Proto-industrialization*. Cambridge: Cambridge University Press 1996 をみよ。

18） Jan de Vries, *The Industrious Revolution*. Cambridge: Cambridge University Press 2008.

19） 概観として，Peter Kriedte, *Peasants, Landlords and Merchant Capitalist*. Leamington Spa: Berg 1986 をみよ。

20） Sheilagh C. Ogilvie and Markus Cerman, op. cit.

21） たとえば，概観として，Pat Hudson (ed.), *Regions and Industries - A Perspective on the Industrial Revolution in Britain*. Cambridge: Cambridge University Press, 1998 をみよ。

22） D.C. Coleman, 'Proto-industrialisation: A Concept Too Many?', *Economic History Review*, 36, 1983, and L.A. Clarkson, *Proto-industrialization: The First Phase of Industrialization?* Houndmills: Macmillan 1985.

23） ドイツの特定の地域で，このシステムがどのように作用したのかということについての具体的かつ詳細な説明として，F. Jürgen Schlumbohm, *Lebensläufe, Familien, Höfe: Die Bauern und Heurleute des Osnabruckischen Kirchspiels Belm in proto-industrieller Zeit, 1650-1860*. Göttingen: Vanderhoeck and Ruprecht 1994 をみよ。

24） Lars Magnusson, 'Proto-industrialisation in Sweden', In Sheila C. Ogilvie and Markus Cerman, op. cit.

25） 概観として，たとえば Pat Hudson, op. cit をみよ。

26） 大量生産に対する代替手段としての手仕事の形成については，Charles F. Sabel and Jonathan Zeitlin (eds), *World of Possibilities: Flexibility and Mass Production in Western Industrialization*. Cambridge: Cambridge University Press 1997 をみよ。

27）　さらに，Lars Magnusson, *The Contest for Control*, op. cit., ch. 1 をみよ。

28）　Alexander Gerschenkron, *Economic Backwardness in Historical Perspective*. Cambridge, MA: The Belknap Press 1966, p. 44.

29）　Ibid., p. 357.

30）　Ibid., p. 50.

31）　たとえば，H. Neuburger and H. Stokes, 'German Banks and German Growth, 1883-1913: An Empirical View', *Journal of Economic History*, 34, 1971 をみよ。また，概観として，Tony Pierenkemper and Richard Tilly, *The German Economy during the Nineteenth Century*. New York: Berghahn Books 2004, ch. 7 をみよ。

32）　Jürgen Kocka, 'The Rise of the Modern Industrial Enterprise in Germany'. In Alfred D. Chandler Jr and Herman Daems (eds), *Managerial Hierarchies: Comparative Perspectives on the Rise of the Modern Industrial Enterprise*. Cambridge, MA: Harvard University Press 1980, p. 108.

33）　Gerschenkron, op. cit., p. 17.

34）　Ibid., p. 22f.

35）　リストが提示したものについては，以下をみよ。Margaret Hirst, *Life of Friedrich List and Selections from His Writings*. London: Smith, Elder & Co 1909, and Keith Tribe, *Strategies of Economic Order: German Economic Discourse 1750-1950*. Cambridge: Cambridge University Press 1995, ch. 3.

36）　ハミルトンとリストのアメリカンシステムの関係については，Keith Tribe, op. cit., p. 45f で強調されている。

37）　Lars Magnusson, *The Tradition of Free Trade*. London: Routledge 2004, and Keith Tribe, op. cit., p. 61.

38）　Friedrich List, *The National System of Political Economy*. London: Longmans, Green & Co 1909, p. 280.

39）　Ibid., p, 100.

40）　Ibid., p. 100

41）　Joseph Schumpeter, *Imperialism and Social Classes* (edited by P.M. Sweezy). New York: Augustus M. Kelley 1951, p. 84. シュンペーターの帝国主義論にかんする評価としては，Evelyn Kolm, *Dier Ambitionen Österreich- Ungarns im Zeitalter des Hoch Imperialismus*. Frankfurt am Main: Peter Lang 2001, pp. 293 f をみよ。

42）　Joseph Schumpeter, op. cit., p. 122.

43）　Ibid.

44）　Philip Harling, *The Waning of Old Corruption: The Politics of Economical Reform in Britain 1779-1846*. Oxford: Oxford University Press 1996, p. 5.

45）　とくに，1844 年のシレジア職工の暴動については，Hermann Beck, *The Origins of the Totalitarian Welfare State in Prussia*. Ann Arbor: University of Michigan Press 1997, pp. 169f をみよ。

46）　Ibid.

47）　A.J.P. Taylor, *The Struggle for Mastery in Europe, 1848-1918*. Oxford: Clarendon Press 1988, p. xix.

48）　Eric J. Hobsbawm, *The Age of Capital*. London: Weidenfeld & Nicolson 1975, p. 243.

49）　A.J.P. Taylor, op. cit, p. xxii.

50）　André Armengaud, 'Population in Europe 1700-1914'. In Carlo Cipolla (ed.), *The Fontana Economic History of Europe*, vol. 3. London: Fontana/Collins 1975, p. 29.

51）　Angus Maddison, *Dynamic Forces in Capitalist Development*. Oxford: Oxford University Press 1991, p. 49.

52）　W.A. Cole and Phyllis Deane, 'The Growth of National Incomes'. In H.J. Habakkuk and M. Postan (eds), *The Cambridge Economic History of Europe*, vol. VI. Cambridge: Cambridge University Press 1965, p. 25.

53）　A.J.P. Taylor, op. cit., p. xxvii.

54）　これと似た見解として，Charles Tilly, *Coercion, Capital and European States, AD 990-1992*. Oxford: Blackwell 1990, pp. 114ff をみよ。

四　ヨーロッパの工業化　第一部

1）　Gareth Stedman-Jones, *Languages of Class: Studies in English Working-class History 1832-1982*. Cambridge: Cambridge University Press 1983.

2）　Paul DiMaggio, 'Interest and Agency in Institutional Theory'. In his *Institutional Patterns and Organizations: Culture and Environment*. Cambridge: Ballinger 1988, p. 3f.

3）　一例として，たとえば，Tony Pierenkemper and Richard Tilly, *The German Economy during the Nineteenth Century*. New York: Berghahn Books 2004, p. 71f をみよ。

4）　Mancur Olson, *Power and Prosperity: Outgrowing Communist and Capitalist Dictatorships*. New York: Basic Books 2000, p. 1.

5）　Ibid, pp. 40f.

6）　Frank Dobbin, *Forging Industrial Policy: The United States, Britain and France in the Railway Age*. Cambridge: Cambridge University Press 1994.

7）　概観にかんしては，Lars Magnusson and Jan Ottosson (eds), *The State, Regulation and the Economy: An Historical Perspective*. Cheltenham: Edward Elgar 2000 の議論をみよ。比較史的観点から鉄道を論じたものとして，C.A. Dunlavy, *Politics and Industrialization: Early Railroads in the United States and Prussia*. Princeton, NJ: Princeton University Press 1994 をみよ。

8）　Patrick K. O'Brien, 'Mercantilist Institutions for the Pursuit of Power with Profit: The Management of Britain's National Debt, 1765-1815.' London School of Economics, Working papers in Economic History, no. 95(2006). また，以下をみよ。Patrick O'Brien, 'Central Government and the Economy, 1688-1815'. In Roderick Floud and Donald McCloskey (eds), *The Economic History of Britain since 1700,* vol. 1:*1750-1860*. Cambridge: Cambridge University

Press 1994; John Brewer, *The Sinews of Power: War, Money and the English State 1688-1783*. London: Unwin Hyman and Knopf 1989.

9） Fernand Braudel, *The Identity of France: People and Production,* vol II. London:Collins 1990. 全般的提示としては，Niall Ferguson, *The Cash Nexus: Money and Power in the Modern World*. New York: Basic Books 2001 をみよ。

10） ベルリン銀行からの視点として，この危機がどのようにみえたのかということについては，以下をみよ。Gerhard Masur, *Imperial Berlin*. New York: Basic Books 1970. そしてオーストリアについては，George R. Marek, *The Eagles Die: Franz Joseph, Elizabeth and their Austria*. New York: Harper and Row 1974.

11） Paul Bairoch, 'European Trade Policy 1815-1914'. In Peter Mathias and Sidney Pollard (eds), *Cambridge Economic History of Europe*, vol. VIII. Cambridge: Cambridge University Press 1989, p. 53

12） Paul Bairoch, op. cit., pp. 53f.

13） 保護主義（関税）は，19 世紀の（とくにイギリスで）完全になかったわけではなかったが，われわれが信じていると考えられる以上に重要であったという議論については，以下をみよ。John V.C. Nye, *War, Wine and Taxes: The Political Economy of the Anglo-French Trade, 1689-1900*. Princeton, NJ: Princeton University Press 2007. 自由貿易が，これまでの文献で通常認められていたよりも，18 世紀における役割は限定されていたことを強調する概観として，Ronald Findlay and Kevin O'Rourke, *Power and Plenty*. Princeton, NJ: Princeton University Press 2007, pp. 395f をみよ。

14） この議論については，Barry Supple, 'The State and the Industrial Revolution 1700-1914'. In Carlo M. Cipolla (ed.), *The Fontana Economic History of Europe*, part 3. London: Fontana 1973, pp. 310f., 351f. の議論をみよ。

15） たとえば，Michael Fores, 'The Myth of a British Industrial Revolution'. *History*, 66, 1981, pp. 181-98 をみよ。

16） After Joel Mokyr, 'Accounting for the Industrial Revolution'. In Roderick Floud and Paul Johnson, op. cit., p. 4. また，Nicolas F.R. Crafts, *British Economic Growth during the Industrial Revolution*. Oxford: Oxford University Press 1985 をみよ。

17） Gregory Clark, 'The Secret History of the Industrial Revolution', University of California UC Davis, Economic History Working Papers, 2001.

18） C. Knick Harley,'Cotton Textile Prices and the Industrial Revolution', *Economic History Review*, 51, 1998. また，C. Knick Harley,'Reassessing the Industrial Revolution', in Joel Mokyr (ed.), *The British Industrial Revolution: An Economic Perspective*. Boulder, CO: Westview Press 1993.

19） Pat Hudson,'Industrial Organisation and Structure'. In Roderick Floud and Paul Johnson, op. cit., p. 37.

20） とくに，Alfred D. Chandler Jr, *Scale and Scope: The Dynamics of Industrial Capitalism*. Cambridge, MA: Belknap Press 1990 は，この点を強調する。

21) この後で上梓された影響力のある作品には Phyllis Deane, *The First Industrial Revolution*. Cambridge: Cambridge University Press 1965 などがある。オーソドックスな見解に対する重要な導入文献として，以下もみよ。R.M. Hartwell (ed.), *The Causes of the Industrial Revolution in England*. London: Methuen 1967 にある，編者自身の序文。そして，Joel Mokyr (ed.), *The British Industrial Revolution: An Economic Perspective*. Boulder, CO: Westview Press 1993.

22) T. S. Ashton, *The Industrial Revolution, 1760-1830*. Oxford: Oxford University Press 1966, p. 6.

23) Ibid., p. 11.

24) Ibid., p. 14.

25) Bernard De Mandeville, *The Fables of the Bees. or Private Vices, Publick Benefits*, 6th edn. London: J. Tonson 1732, p. 21. 泉谷治訳『蜂の寓話——私悪すなわち公益』法政大学出版局，1985 年，32-33 頁。

26) John Brewer, op. cit. また，Phyllis Deane, op. cit., p. 23 をみよ。

27) 植民地主義がイギリス経済にどのように影響を与えたか——またその逆——については，P.J. Cain and A.G. Hopkins, *British Imperialism,* vol. 1: *Innovation and Expansion, 1688-1914*. London: Longmans 1993 をみよ。

28) たとえば，Patrick O'Brien and L. Prados de la Escosura, 'The Costs and Benefits of European Imperialism from the Conquest of Ceuta 1415 to the Treaty of Lusaka, 1974', *Revista de Historia Ecónomica*, 14, 1988, and Patrick O'Brien, 'Imperialism and the Rise and Decline of the British Economy, 1688-1989', *New Left Review*, 238, 1999.

29) Bernard Semmel, *The Rise of Free Trade Imperialism*. Cambridge: Cambridge University Press 1970.

30) Phyllis Deane, 'The British Industrial Revolution'. In Mikulas Teich and Roy Porter (eds), *The Industrial Revolution in National Context*, Cambridge: Cambridge University Press 1996, pp. 20f.

31) Ibid.,p.21.

32) D.E. Schremmer, 'Taxation and Public Finance in Britain, France and Germany'. In Peter Mathias and Sidney Pollard, op. cit.

33) Philip Harling, *The Waning of Old Corruption: The Politics of Economical Reform in Britain 1779-1846*. Oxford: Oxford University Press 1996, p. 177.

34) Peter Jupp, *The Governing of Britain 1688-1848*. London: Routledge 2006, p. 136.

35) Ibid.

36) Patrick O'Brien,'The Impact of the French Revolutionary and Napoleonic Wars 1793-1815 on the Long-run Growth of the British Economy', *Review*, 12 1989, pp. 373f.

37) Philip Harling, op. cit., p. 9.

38) Sarah Palmer, *Politics, Shipping and the Repeal of the Navigation Laws*. Manchester:Manchester University Press 1999.

39）　John V.C. Nye, op. cit.

40）　Peter Jupp, op. cit., pp. 136f.

41）　とりわけ，Ron Harris,'Government and the Economy'. In Roderick Floud and Paul Johnson, op. cit., p. 207 をみよ。

42）　Ursula R.Q. Henriques, *Before the Welfare State: Social Administration in Early Industrial Britain.* London: Longmans 1979, pp. 95f.

43）　Eric Hobsbawm, *Industry and Empire*. Bungay, Suffolk: Penguin Books 1971, p. 229.

44）　Ursula R.Q. Henriques, op. cit., pp. 117f.

45）　Peter Jupp, op. cit., p. 139f をみよ。

46）　Frank Dobbin, op. cit., p. 208.

47）　James Foreman-Peck and Robert Millward, *Public and Private Ownership of British Industry, 1820-1990*. Oxford: Clarendon Press 1994, p. 20.

48）　Ibid., p. 29.

49）　Frank Dobbin, op. cit., p. 158. また，James Foreman-Peck and Robert Millward, op. cit., pp. 13f をみよ。

50）　Ibid., p. 158

51）　Ibid., p. 158.

52）　Alfred D. Chandler, op. cit., part III. また，刃物産業の特別な事例について（シェフィールド）は，Lars Magnusson, *The Contest for Control: Metal Industries in Sheffield, Solingen, Remscheid and Eskilstuna during Industrialisation*. Oxford:Berg, 1994, pp. 42f をみよ。

53）　Patrick O'Brien and Caglar Keyder, *Economic Growth in Britain and France, 1780-1914*. London: George Allen & Unwin 1978, and Nicholas F.R. Crafts,'Industrial Revolution in England and France: Some Thoughts on the Question Why Was England First?', *Economic History Review*, 30, 1977. また，イギリスとフランスの比較にかんする一般的議論については，François Crouzet, *Britain Ascendant: Studies in Franco-British Economic History*. Cambridge: Cambridge University Press 1985, ch. 2 をみよ。

54）　Jean Marczewski, 'The Take-off Hypothesis and French Experience'. In Walt W. Rostow (ed.), *The Economics of Take-off into Sustained Growth*. New York: St Martin's Press 1963. p. 129. 19 世紀のフランス経済の概観については，以下をみよ Alan S. Milward and S. B. Saul, *The Economic Development of Continental Europe 1780-1870*. London: George Alien & Unwin 1973, chs 4 and 5; Louis Bergeron, *L'Industrialisation de la France au XIXe siècle*. Paris:Hatier 1979; Denis Woronoff, *Histoire de l'industrie en France*. Paris: Editions de Seuil 1994.; 最後になるが，重要なことに，より最近の非常に興味深いものに，Patrick Verley, *La Revolution industrielle*. Paris: Éditions Méréal/ADHE 1992.

55）　Arthur Louis Dunham, *The Industrial Revolution in France, 1815-1848*. New York: Exposition Press 1955, p. 4.

56）　Tihomir J. Markovitch, 'The Dominant Sector of French Industry'. In Rondo Cameron (ed.), *Essays in French Economic History*. Homewood, IL: Richard D. Irwin Inc., p. 230.

57） Charles Sabel and Jonathan Zeitlin,‘Historical Alternatives to Mass-production’, *Past & Present*, 108, 1985.

58） Jean-Marc Olivier,‘Petites industries, grands developments, France, Suisse, Suéde (1780-1939)’. Dossier, Université de Toulouse 2008. また，Patrick Verley, *L'Échelle du monde: essai sur l'industrialisation de l'Occident*. Paris: Gallimard 1997 を参照せよ。

59） William Reddy, *The Rise of Market Culture: The Textile Trade and French Society, 1750-1900*. Cambridge: Cambridge University Press 1984, p. 27.

60） Eugén Weber, *Peasants into Frenchmen*. Stanford, CA: Stanford University Press 1976.

61） François Crouzet, op. cit., p. 19f.

62） 以下の事柄については，次の文献をみよ。Louis Bergeron, op. cit.; Claude Fohlen,‘The Industrial Revolution in France 1700-1914’. In Carlo Cipolla (ed.), *The Fontana Economic History of Europe*, vol. 4. London: Fontana 1973; and François Crouzet,‘France’. In Mikulas Teich and Roy Porter, op. cit.

63） William Reddy, op. cit., p. 75f.

64） Claude Fohlen, ‘The Industrial Revolution in France’. In Rondo Cameron, op. cit., pp. 201f.

65） Theodore Zeidin, *France 1848-1945,*vol. 1: *Ambition, Love and Politics*. Oxford: Oxford University Press 1973, p. 113.

66） Claude Fohlen, *The Industrial Revolution in France 1700-1914*, op. cit., p. 8.

67） Georges Ribeill, *La Revolution ferroviaire*. Paris: Belin 1993, ch. l.

68） Frank Dobbin, op. cit., p. 96.

69） Georges Ribeill, op. cit., pp. 17f.

70） François Caron,‘French Railroad Investment, 1850-1914’. In Rondo Cameron, op. cit., p. 330.

71） Arthur Louis Dunham, op. cit., pp. 230f.

72） Maurice Lévy-Leboyer, *Les Banques européennes et l'industrialisation internationale*. Paris: Presses Universitaires de France 1964, p. 417.

73） Tom Kemp,‘Economic and Social Policy in France’. In Peter Mathias and Sidney Pollard (eds), *The Cambridge Economic History of Europe*, vol. III. Cambridge: Cambridge University Press 1989, p. 719. 19 世紀の国家の役割にかんするケンプの議論は，一方では，フランスの自由市場のリベラリズムの一例であるが，他方ではほとんど無限大の介入の事例を提供することで，特徴づけられる。

74） Rondo Cameron,‘The Crédit Mobilier and the Economic Development of France’, *Journal of Political Economy*, 61, 1953.

75） Tom Kemp, op. cit., pp. 712f.

76） François Crouzet,‘France’, op. cit., p. 57.

77） Ibid., pp. 57f. 上で述べたことと，イギリスのフランスワインからの保護については，John C. Nye, op. cit.

78） E.H. Kossman, *The Low Countries 1780-1940*. Oxford: Oxford University Press 1978, p.

118.

79） Ibid., pp. 151 f.

80） Pierre Lebrun, Marinett Bruwier, Jan Dhont and Georges Hansotte, *Essais sur la révolution industrielle en Belgique 1770-1847*. Brussels: Palais des Académies 1983, pp. 75f, 164f.

81） ベルギーの産業革命については，たとえば，以下をみよ。Alan Milward and S. B. Saul, op. cit., pp. 437ff.; Jan Dhondt and Marinette Bruwier,'The Low Countries 1700-1914'. In Carlo Cipolla (ed.), *The Fontana Economic History of Europe*, vol. 4:1. London: Fontana 1973; Sidney Pollard, *Peaceful Conquest: The Industrialization of Europe 1760-1970*. Oxford: Oxford University Press 1981; and Herman van der Wee,'The Industrial Revolution in Belgium'. In Mikulas Teich and Roy Porter op. cit., and Pierre Lebrun et a1., op. cit.

82） Pierre Lebrun et a1., op. cit., pp. 261f., 31 Of.

83） Angus Maddison, *Dynamic Forces in Capitalist Development: A Long-run Comparative View*. Oxford: Oxford University Press 1991, p. 29.

84） E.H. Kossman, op. cit., p. 135.

85） Ibid., pp. 135f.

86） Ibid., p. 169.

87） Pierre Lebrun et a1., op. cit., pp. 482f.

88） Ibid., p. 496.

89） E.H. Kossman, op. cit., p. 178.

90） Pierre Lebrun et a1., op. cit., p. 557.

91） E.H. Kossman, op. cit., p. 233.

五　ヨーロッパの工業化　第二部

1） 以下の事柄については，たとえば，つぎの文献をみよ。Sidney Pollard, *Peaceful Conquest: The Industrialization of Europe 1760-1970*. Oxford: Oxford University Press 1981; Knut Borchardt,'Germany 1700-1914'. In Carlo Cipolla (ed.), *The Fontana Economic History of Europe*, vol. 4, part 1. London: Fontana 1973; Alan Milward and S.B. Saul, *The Economic Development of Continental Europe*. London: George Allen & Unwin 1973; and Richard H. Tilly, *Vom Zollverein zum Industriestaat: Die Wirtschaftssoziale Entwicklung Deutschlands 1854 bis 1914*. Munich. Deutsche Taschenbush Verlag 1990.

2） Geoff Eley (ed.), *Society, Culture and the Stale in Germany 1870-1930*. Ann Arbor: University of Michigan Press 1996.

3） Donald Winch and Patrick O'Brien (eds), *The Political Economy of British Historical Experience 1688-1914*. Oxford: Oxford University Press 2002, p. 4.

4） Gary Herrigel, *Industrial Constructions: The Sources of German Industrial Power*. Cambridge: Cambridge University Press 1996.

5） Gary Herrigel, op. cit., p.77.

6） Richard H. Tilly, op. cit., p. 106.

7） Clive Trebilcock,‘Germany’. In his *The Industrialization of the Continental Powers, 1780-1914*. New York: Longmans 1997. 同様の見解としては，以下をみよ。W.R. Lee (ed.), *The Paradigm of German Industrialisation*. London: Routledge 1991 and Richard H. Tilly, op. cit.

8） Volker Hentschel,‘German Economic and Social Policy, 1815-1939’. In Peter Mathias and Sidney Pollard (eds), *The Cambridge Economic History of Europe*, vol. VIII. Cambridge: Cambridge University Press 1989, p. 770.

9） Tony Pierenkemper and Richard Tilly, *The German Economy during the Nineteenth Century*. New York: Berghahn 2004, pp. 7 If.

10） Wolfram Fischer, *Die Staat und der Anfänge der Industrialisierung in Baden 1800-1850*. Berlin: Dunker & Humblot 1962.

11） W.O. Henderson, *The State and the Industrial Revolution in Prussia 1740-1870*. Manchester: Manchester University Press 1958, p. xvii.

12） Colleen A. Dunlavy, *Early Railroads in the United States and Prussia*. Princeton, NJ: Princeton University Press 1994, p. 16 をみよ。

13） たとえば，Hubert Kiesewetter, *Industrielle Revolution in Deutschland 1815-1914*. Frankfurt am Main: Suhrkamp 1989, pp.l44f をみよ。

14） Volker Hentschel, op. cit., p. 764

15） Richard H. Tilly, op. cit.

16） Tony Pierenkemper and Richard Tilly, op. cit., p. 71.

17） Volker Hentschel, op. cit., pp.762f.

18） Ibid., p. 766.

19） このことと，以下の事柄にかんしては，Colleen A. Dunlavy, op. cit., pp. 52f をみよ。

20） Ibid., p. 159.

21） Ibid., p. 235

22） Hans-Ulrich Wehler, *Das Deutsche Kaiserreich 1871-1918*. Göttingen: Vandenhoek & Ruprecht 1973, p. 75.

23） Colleen A. Dunlavy, op. cit., pp. 110f に引用。

24） 1870 年以降のドイツの「階級の基盤」にかんする刺激的な議論として，Geoff Eley,‘Introduction’. In Geoff Eley, op. cit.

25） Hans-Ulhrich Wehler, op. cit., p. 99

26） David Blackbourne and Richard J. Evans (eds), *The German Bourgeoisie: Essays on the Social History of the German Class from the Late Eighteenth to the Early Twentieth Century*. London: Routledge 1991, pp. 13f.

27） Richard H. Tilly, op. cit., p. 116.

28） Gary Herrigel, op. cit., p. 85.

29） Geoff Eley, op. cit., p. 97.

30） Herbert Matis,‘Austria: A Multinational Setting’. In Mikulás Teich and Roy Porter (eds), *The Industrial Revolution in National Context: Europe and the USA*. Cambridge: Cambridge

University Press 1996, p. 230.

31）　たとえば，以下をみよ。David F. Good,‘Issues in the Study of Habsburg Economic Development’. In Herbert Matis (ed.), *The Economic Development of Austria since 1870*. Cheltenham: Edward Elgar 1994, pp. 7f.

32）　David F. Good, op. cit., pp. 8f. また，以下をみよ。 Scott M. Eddie,‘Economic Policy and Economic Development in Austria-Hungary, 1867-1913’. In Peter Mathias and Sidney Pollard (eds), op. cit., p. 816.

33）　Marcus German,‘Proto-industrialization in Austria’. In Sheilagh C. Ogilvie and Markus Cerman (eds), *European Proto-industrialization*. Cambridge: Cambridge University Press 1996.

34）　Milan Myska,‘Proto-industrialization in Bohemia, Moravia and Silesia’. In Sheilagh C. Ogilvie and Markus Cerman, op. cit., pp. 206f.

35）　オーストリアの工業化にかんする文献には，アレグザンダー・ガーシェンクロンによる以下のものもある。Alexander Gerschenkron, *An Economic Spurt that Failed: Four Lectures in Austrian History*. Princeton, NJ:Princeton University Press 1977; David F. Good, *The Economic Rise of the Habsburg Empire, 1750-1914*. Berkeley: University of California Press 1984; David Good,‘The Economic Development of Austria-Hungary’. In Richard Sylla and Gianni Tonioli (eds), *Patterns of European Industrialization in the Nineteenth Century*. London: Routledge 1991; Herbert Matis, *Österreichs Wirtschaft 1848-1913*. Vienna: Dunker & Humblot 1972; and Herbert Matis (ed.), *The Economic Development of Austria since 1870*, op. cit.

36）　Scott M. Eddie, op. cit., p. 871.

37）　David F. Good,‘Issues in the Study of Habsburg Economic Development’, op. cit., pp. l0f

38）　Herbert Matis,‘Guidelines of Austrian Economic Policy’. In Herbert Matis (ed.), *The Economic Development of Austria since 1870*, op. cit., pp. 20f.

39）　Ibid., p. 22

40）　Paul Bairoch,‘European Trade Policy, 1815-1914’. In Peter Mathias and Sidney Pollard (eds), op. cit., p. 41.

41）　Matis,‘Guidelines of Austrian Economic Policy’, op. cit., p. 23.

42）　Scott M. Eddie, op. cit., pp. 876f.

43）　Francis R. Bridge, *The Habsburg Monarchy among the Great Powers, 1815-1918*. Providence, RI and Oxford: Berg 1990, p. 1.

44）　Herbert Matis ,‘Guidelines of Austrian Economic Policy 1848-1918’, op. cit., pp. 20f.

45）　Scott M. Eddie, op. cit., p. 823.

46）　Herbert Matis,‘Austria: A Multinational Setting’, op. cit., p. 234.

47）　David F. Good,‘Issues in the Study of Habsburg Economic Development’, op. cit., p. 8.

48）　Francis R. Bridge, op. cit., p. 85.

49）　Carlo Poni and Giorgio Mori,‘Italy in the Longue Durée’. In Mikulás Teich and Roy Porter (eds), op. cit., p. 152.

50）　Ibid., p. 157.

51）　Carlo Marco Belfanti,‘The Proto-industrial Heritage: Forms of Rural Proto-industry in Northern Italy in the Eighteenth and Nineteenth Centuries’. In Sheilagh C. Ogilvie and Markus Cerman (eds), op. cit., p. 155.

52）　たとえば，Alan S. Milward and S. B. Saul, *The Development of the Economies of Continental Europe 1850-1914*. London: George Alien & Unwin 1977, pp. 215f をみよ。

53）　Alexander Gerschenkron, *Economic Backwardness in Historical Perspective*. Cambridge, MA: The Belknap Press 1966.

54）　Vera Zamagni, *The Economic History of Italy*. Oxford: Oxford University Press 1993, p. 103.

55）　Ibid., p. 108.

56）　Alan S. Milward and S B Saul, *The Development of the Economies of Continental Europe 1850-1914*, op. cit., p. 254.

57）　Ibid., p. 254.

58）　Ibid.

59）　Ibid., p. 257.

60 ）　Carlo Poni and Giorgio Mori, op. cit., p. 166.

61）　Ibid., p.l68f.

62）　Luciano Cafagna,‘Italy 1830-1914’. In Carlo Cipolla (ed.), op. cit., 279f.

63）　鉄道については，以下をみよ。Vera Zamagni, op. cit., p. 164f. and Gianni Toniolo, *An Economie History of Liberal Italy, 1850 to 1918*. London: Routledge 1990, p. 65.

64）　Vera Zamagni, op. cit., pp. 166f.

65）　Paul Bairoch, op. cit., p. 41.

66）　Vera Zamagni, op. cit., p. 112.

67）　Ibid., p. 181. また Gianni Toniolo, op. cit., p. 96 をみよ。

68）　Alan S. Milward and S. B. Saul, op. cit., pp. 260f.

69）　Ibid., pp. 262f.

70）　Zamagni, op. cit., pp. 107f, 166.

71）　Carlo Poni and Giorgio Mori, op. cit., p. 174.

72 ）　たとえば，以下をみよ。Lennart Jörberg, *Growth and Fluctuations of Swedish Industry 1869-1912*. Lund: Gleerups 1961; Lennart Jörberg,‘Några tillväxtfaktorer i 1800-talets svenska industriella utveckling’. In Ragnhild Lundström (ed.), *Kring industrialismens genombrott i Sverige*. Stockholm: W&W 1966; Lennart Jörberg and Olle Krantz,‘Economic and Social Policy in Sweden 1850-1939’. In Peter Mathias and Sidney Pollard (eds), op.cit., pp. 1048f. また，Lars Magnusson, *An Economie History of Sweden*. London: Routledge 2000, pp. 110f を参照せよ。

73）　Lennart Schön, *Industrialismens förutsättningar*. Lund: Liber förlag 1982 をみよ。

74）　スウェーデンのプロト工業化については，以下をみよ。Lars Magnusson,‘Proto-industrialization in Sweden’. In Sheilagh C. Ogilvie and Markus Cerman (eds), op. cit.; and Lars Magnusson and Maths Isacson, *Proto-industrialization in Scandinavia*. Leamington Spa: Berg

1986.

75)　以下をみよ。Lars Magnusson, *An Economie History of Sweden*, op. cit., ch. 6 and Lennart Schön, *En modern svensk ekonomisk historia*. Stockholm: SNS förlag 2000.

76)　要約として，以下をみよ。Lars Magnusson *An Economic History of Sweden*, op. cit., p. 47f; Olle Krantz,'Production and Labour in the Swedish Manufactories during the 18th Century', I-II. *Economy and History*, 9: 1 and 2 (1976), and Per Nyström, *Stadsindustrins arbetare före 1800-talet*. Stockholm: Tidens förlag.

77)　Klas Nyberg,'Köpes: ull, Säljes: kläde. Yllemanufakturens företagsformer i 1780-talets Stockholm'. Diss: Ekonomisk historiska institutionen, Uppsala universitet, 1992, and Christer Persson, *Stockholms klädesmanufakturer 1816-1848*. Stockholm: Acta Universitatis Stocholmiensis, Stockholm Studies in Economic History 1993.

78)　グリーペンステートについては，以下をみよ。Per T. Ohlsson, *Hundra är av tillväxt. Johan August Gripenstedt och den liberala revolutionen*. Stockholm: Brombergs 1994, and Olle Gasslander, J.A. *Gripenstedt statsman och företagare*. Lund: Gleerups 1949.

79)　Jörgen Kyle,'Statliga utgifter i Sverige under 1800-talet'. *Historisk Tidskrift* 1987.

80)　Göran B. Nilsson, *Andre Oscar Wallenberg*, I-III. Stockholm: Norstedts 1984, 1989, 1994.

81)　Per T. Ohlsson, op. cit., p. 101 からの引用。

82)　たとえば，Sverker Oredsson, *Järnvägarna och det allmänna*. Lund: Gleerups 1969 をみよ。

83)　Arthur Montgomery, *Svensk Tullpolitik 1816-1911*. Stockholm: Norstedts 1921.

84)　Torbjörn Nilsson, *Elitens svängrum: Första kammaren, staten och moderniseringen*. Stockholm: Almqvist & Wiksell International 1994.

85)　Magnusson, *An Economic History of Sweden*. London: Routledge 2000, p. 181 からの引用。

六　西欧から最初に派生した工業化

1)　Alfred D. Chandler Jr, *Scale and Scope: The Dynamics of Industrial Capitalism*. Cambridge, MA: Harvard University Press 1990.

2)　このことについては，Alfred D. Chandler, op. cit., pp. 18ff をみよ。

3)　David Traxel, *1898: The Birth of the American Century*. New York: Alfred A. Knopf 1998.

4)　Ibid., pp. 89f.

5)　Ibid., p. 257.

6)　Thorstein Veblen, *Absentee Ownership and Business Enterprise in Recent Times* [1923]. New York: Augustus M. Kelley 1964, p. 249. また，Thorstein Veblen, *The Instinct of Workmanship* [1914]. New York: Augustus M. Kelley 1964, esp. ch. 7 もみよ。

7)　Lars Magnusson, *The Tradition of Free Trade. London*: Routledge 2004, ch. 5 をみよ。古典的文献は，いまなお Joseph Dorfman, *The Economic Mind in American Civilization, 1606-1865*. New York: Viking Press 1946.

8)　Lars Magnusson, op. cit., pp. 93ff.

9)　Alexis de Tocqueville, *Democracy in America*, vol. II. London: Everyman's Library 1994, pp.

41f.

10） ボウエンについては，Joseph Dorfman, op. cit., p. 835f をみよ。また，Byrd L. Jones,'A Quest for National Leadership: Institutionalization of Economics at Harvard'. In William J. Barber (ed.), *Breaking the Academic Mould: Economists and American Higher Learning in the Nineteenth Century*. Middleton, CT: Wesleyan University Press 1988, pp. 97 をみよ。

11） Francis Bowen, *The Principles of Political Economy*. Boston, MA: Little Brown and Company 1856, p. vi.

12） Ibid., p. 3.

13） Phyllis Deane, *The State and the Economic System: An Introduction to the History of Political Economy*. Oxford: Oxford University Press 1989, pp. 72f をみよ。

14） Oliver Putnam, *Tracts on Sundry Topics of Political Economy* [1834]. New York: Augustus M. Kelley 1970, p. v.

15） 一般的概観として，Stanley Engerman and Robert E. Gallman (eds), *The Cambridge Economic History of the United States*, vol. II: *The Long Nineteenth Century*. Cambridge: Cambridge University Press 1998.

16） Rondo Cameron, *A Concise Economic History of the World*. Oxford: Oxford University Press 1989, p. 226 をみよ。

17） ターナーのテーゼについては，古典的作品の Richard Hofstadter, *The Progressive Historians*: *Turner, Beard, Parrington*. New York: Alfred A. Knopf 1968 が，現在なお目立つ作品である。

18） Lars Magnusson, op. cit., pp. 100f.

19） Henry C. Carey, *Harmony of Nature*. Philadelphia, PA: Carey, Lea & Blanchard 1836, p. 112.

20） Stanley Engerman and Robert E. Gallman, op. cit. をみよ，また，以下を参照せよ。Douglass North, *The Economic Growth of the United States, 1790-1860*. New York: W.W. Norton 1966; Cynthia Taft Morris and Irma Adelman, *Comparative Patterns of Economic Development, 1850-1914*. Baltimore, MD: Johns Hopkins University Press 1988; and Lance Davis, Richard A. Easterlin and William N. Parker (eds), *American Economic Growth*. New York: Harper & Row 1972.

21） アメリカ合衆国における産業革命の概観としては，以下をみよ。William N. Parker, *Europe, America and the Wider World*, vol. II. Cambridge: Cambridge University Press 1991; Peter Temin, *Iron and Steel in Nineteenth Century America*. Cambridge: Cambridge University Press 1964; Stanley Engerman and Robert E. Gallman, op. cit.; Richard Franklin Bensel, *The Political Economy of American Industrialization*. Cambridge: Cambridge University Press 2000, p. 19ff. and Douglass North,'Industrialization in the United States'. In H.J. Habakkuk and Michael Postan (eds), *The Cambridge Economic History of Europe*, vol. VI, part 2. Cambridge: Cambridge University Press 1965.

22） Philip Scranton, *Proprietary Capitalism: The Textile Manufacture of Philadelphia 1800-1865*. Cambridge: Cambridge University Press 1983 をみよ。

23） H.J. Habakkuk, *American and British Technology in the Nineteenth Century: The Search for Labour-saving Invention. Cambridge*: Cambridge University Press 1967, pp. 15f.

24） Ibid., pp. 91 f. この主題について多くのことを書いたナタン・ローゼンベルクとの比較については，たとえば *Exploring the Black Box: Technology, Economics and History*. Cambridge: Cambridge University Press 1994, part 2. をみよ。

25） Douglass North,'Industrialization in the United States', op. cit., p. 691 をみよ。

26） Angus Maddison, *Dynamic Forces in Capitalist Development: A Long-run Comparative View*. Oxford: Oxford University Press 1991, p. 49.

27） Moses Abramovitz and Paul A. David,'American Macroeconomic Growth in the Era of Knowledge-based Progress: The Long-run Perspective'. In Stanley L. Engerman and Robert E. Gallman (eds), *Cambridge Economic History of the United States*, vol. III. Cambridge: Cambridge University Press 2000, p. 8.

28） Douglass North,'Industrialization in the United States', op. cit., p. 673.

29） Angus Maddison, op. cit., p. 7.

30） Richard Franklin Bensel, op. cit., pp. 19ff をみよ。

31） Robert W. Fogel, *Railroads and American Economic Growth: Essays in Econometric History*. Baltimore, MD: Johns Hopkins University Press 1964.

32） William N. Parker,'Revolution and Continuities in American Development'. In Mikulas Teich and Roy Porter (eds), *The Industrial Revolution in National Context*. Cambridge: Cambridge University Press 1996, p. 356.

33） アメリカ合衆国の経済発展に対する鉄道の重要性については Colleen A. Dunlavy, *Early Railroads in the United States and Prussia*. Princeton, NJ: Princeton University Press 1994 もみよ。

34） Charles Beard and Mary Beard, *The Rise of American Civilization*. New York:Macmillan 1930, ch. 25.

35） Alfred Chandler, op. cit., p. 56.

36） たとえば，Frank Dobbin, *Forging Industrial Policy: The United States, Britain and France in the Railway Age*. Cambridge: Cambridge University Press 1994, pp. 30f をみよ。

37） Richard H.K. Vietor,'Government Regulation of Business'. In Stanley L. Engerman and Robert E. Gallman, vol. Ill, p. 1012.

38） Alexander Hill Everett, *British Opinions on the Protection System*. Boston, MA: Nathan Hale 1830, p. 43. エヴェレットについては，Lars Magnusson, op. cit., pp. 95ff.

39） Alexander Hill Everett, op. cit., p. 10.

40） Robert P. Porter, 'Free Trade Folly' [1884] in Lars Magnusson (ed.), *Free Trade and Protectionism in America: 1822-1890*, vol. 3. London: Routledge 2000, p. 76.

41） Paul Bairoch,'European Trade Policy, 1815-1914'. In Peter Mathias and Sidney Pollard (eds), *Cambridge Economic History of Europe*, vol. VIII. Cambridge: Cambridge University Press 1989, p. 140.

42) Judith Goldstein, *Ideas, Interests and American Trade Policy*. Ithaca, NY: Cornell University Press 1993, p. 23.

43) Ibid., and Tom E. Terrill, *The Tariff, Politics and American Foreign Policy 1874-1901*. Westport, CT: Greenwood Press 1973.

44) Joseph Dorfman, *The Economic Mind in American Civilization*, vol. III. New York:Viking Press 1946, pp. 11f.

45) Tom E. Terrill, op. cit., pp. 12, 109f.

46) Alfred E. Eckes Jr, *Opening America's Market: US Foreign Trade Policy since 1776*. Chapel Hill: University of North Carolina Press 1995, p. 31.

47) Ibid., p. 49.

48) Richard Franklin Bensel, op. cit., p. 125.

49) Alfred E. Eckes Jr, op. cit., p. 30.

50) Frank Dobbin, op. cit., p. 41.

51) Ibid, p. 53.

52) Colleen A. Dunlavy, op. cit., pp. 111f.

53) Frank Dobbin, op. cit., p. 29.

54) Ibid.

七 結 論

1) Asa Briggs, *Victorian People*. Harmondsworth: Pelican Books 1965, p. 24 からの引用。

2) Henry Carey, 'The Harmony of Interests' [1851]. In Lars Magnusson (ed.), *Free Trade and Protectionism in America 1822-1890*, vol. I. London: Routledge 2000, p. 453.

3) Ibid., p. 222.

4) Ibid., p. 453.

5) 最近の修正主義者の見解については，以下をみよ。Gregory Clark,'What Made Britannia Great? How Much of the Rise of Britain to World Dominance by 1850 Does the Industrial Revolution Explain?' In Timothy J. Hatton, Kevin O'Rourke and Alan M. Taylor (eds), *The New Comparative Economic History: Essays in Honour of Jeffrey G. Williamson*. Cambridge, MA: MIT Press 2007.

玉木　俊明（たまき・としあき）

1964年生まれ，1993年同志社大学大学院文学研究科文化史学専攻博士後期課程単位取得退学，1993－96年日本学術振興会特別研究員，1996年京都産業大学経済学部専任講師，助教授をへて現在京都産業大学経済学部教授

〔主要業績〕『近代ヨーロッパの誕生――オランダからイギリスへ』講談社選書メチエ，2009年，『北方ヨーロッパの商業と経済　1550-1815年』知泉書館，2008年，*The Rise of the Atlantic Economy and the North Sea / Baltic Trades, 1500–1800,* Stuttgart, 2011（編著）,“Amsterdam, London und Hamburg – A Tale of Three Cities. Niederländishce Beiträge zur europäischen Wirtschaft und zum Aufstieg des british Empire”, *Hamburger Wirtschafts-Chronik* Neue Folge Band 7, 2007-2008, “The Baltic as a shipping and information area: The role of Amsterdam in Baltic integration in early modern Europe”, *Asia Europe Journal,* Vol.8., No3, 2010, ミルヤ・ファン・ティールホフ著『近世貿易の誕生――オランダの「母なる貿易」』（共訳, 2005年, 知泉書館）, デヴィド・カービー，メルヤ－リーサ・ヒンカネン著『ヨーロッパの北の海――北海・バルト海の歴史』（共訳，刀水書房，2011年）

〔産業革命と政府〕　ISBN978-4-86285-126-0

2012年2月10日　第1刷印刷
2012年2月15日　第1刷発行

著　者　玉　木　俊　明
発行者　小　山　光　夫
製　版　ジ　ャ　ッ　ト

発行所　〒113-0033 東京都文京区本郷1-13-2
電話03（3814）6161 振替00120-6-117170
http://www.chisen.co.jp
株式会社　知泉書館

Printed in Japan　印刷・製本／藤原印刷